U0712037

法律溯源丛书 | 主编 张晋藩

明清

刑事证据制度研究

杨晓秋 ◎ 著

中国政法大学出版社

2017·北京

声　明　　1. 版权所有，侵权必究。
　　　　　　2. 如有缺页、倒装问题，由出版社负责退换。

图书在版编目（CIP）数据

明清刑事证据制度研究/杨晓秋著. —北京：中国政法大学出版社，2017.8
ISBN 978-7-5620-7713-8

Ⅰ．①明… Ⅱ．①杨… Ⅲ．①刑事诉讼—证据--司法制度--研究—中国—明清时代　Ⅳ．①D925.213.4

中国版本图书馆CIP数据核字（2017）第209002号

书　名	明清刑事证据制度研究 MINGQING XINGSHI ZHENGJU ZHIDU YANJIU
出版者	中国政法大学出版社
地　址	北京市海淀区西土城路25号
邮　箱	fadapress@163.com
网　址	http://www.cuplpress.com（网络实名：中国政法大学出版社）
电　话	010-58908633（第七编辑部）58908334（邮购部）
承　印	固安华明印业有限公司
开　本	880mm×1230mm　1/32
印　张	9
字　数	210千字
版　次	2017年8月第1版
印　次	2017年8月第1次印刷
定　价	31.00元

General Preface 总　序

　　中国是世界著名的文明古国之一，法制的历史不仅悠久而且辗转相承历 4000 余年而迄未中断，其连续性、系统性、典型性为世界法制历史之最。因而被公认为中华法系，自立于世界法系之林，其影响及于东方世界。

　　中国古代的法律体系发展至唐代已经成熟和基本定型，内含刑法立法、行政立法、民事立法、经济立法、诉讼立法等内容，成为诸法并存的相当完备的法律体系。不仅如此，在古代重伦常关系的国情影响下，调整尊卑伦常秩序的礼的规范不断入律，形成了"德礼为本，刑罚为用"的互相结合的法制特殊的发展规律，成为中华法系的主要表征。

　　在 4000 多年的中国法制历史中，蕴涵了古圣先贤杰出的理性的法律思维，并且综合了儒法墨道诸子百家的学说为一炉，构建了中国法制发展深厚的文化基础。

　　在 4000 多年的法制历史中，也凝聚了治国理政的丰富经验，成为一座宏大的智库，为我们建设法治中国储备了最丰富的资源。

　　中国古代是以农立国的政治经济文化发展不平衡的统一多

民族的大国，在这样的国情背景下，中国法制历史的发展与国情息息相关，带有深刻的国情烙印，形成了独立的发展传统。但历史的发展是不能斩断的，尽管世易时移，固有的国情的因子仍与当代中国有着千丝万缕的联系。所以，要尊重法制历史的传统。

总之，中国法制历史有着极其深厚的法文化的积淀，也有着在治国理政上可为当代借鉴的史鉴价值，而且还为我们建立当代的中华法系提供参考。

基于此，我们编辑了"法律溯源丛书"，选取法制史学杰出的青年才俊的著作，编辑成书，期望在法学这个春生的花圃中，植下一株新葩，借以弘扬中华传统法文化，开启一个新的智库之门，以有裨于依法治国的宏大事业。本书以青年的法制史学者为主要对象，但也不限于此，切盼法史界的学者共同维护滋养这株新葩，使她茁壮成长。

张晋藩
2016 年 12 月 3 日

Preface 序 言

　　欣闻杨晓秋独立撰写的学术专著《明清刑事证据制度研究》业已出版，令我感到由衷的高兴。杨晓秋是我指导的博士研究生，2011 年入学，2014 年毕业，获得博士学位。她在学期间，勤奋向学、刻苦努力，不仅学业优异，而且在研究明清刑事证据制度方面取得了前人没有企及的成果。毕业后，经对原有内容的不断补充完善，使该著作终于问世。

　　杨晓秋由于参加了我主持的教育部项目《中国传统证据制度的嬗变与借鉴》（标准文号：09YJA820087），其撰写的明清部分，也成为该项目的最终成果《中国证据制度的传统与近代化》的重要组成部分，且颇具创新性。

　　应当说，证据制度是整个司法制度的核心内容之一，也是全部司法活动的灵魂，贯穿于刑侦、诉讼、审判工作的始终。但长久以来，我国学术界对于中国古代证据制度，特别是刑事证据制度（包括明清刑事证据制度）的研究，一直少有问津，对于明清刑事证据制度更缺乏专门、系统、全面的整理与研究。这不能不说是一个重大缺憾。现今由晓秋同学填补了这一学术空白，实属难能可贵。她认为我们祖先在中国的社会环境中，独创了一套司法证据制度。虽然有些内容已经落伍，但其中的许多观念、制度依然对现今社会发挥潜移默化的作用。例如，在数千年间形成的经久不衰的司法文明精神与"慎""中""平""权"的核心价值理念。即以"慎刑"为指导，以"中道"为理想，以"公平"为目标，以"权衡"为灵活运用手段，综合处理司法各项事务的精神原则。与此同时，明清时期也存在厂卫干预司法以及大兴"文字狱"等严重弊端，但瑕不掩瑜。当时的勘验方面，注重证据采集与鉴别；诉讼中，强调双方对质；审判中，要求确证支撑判决；疑案审理层层上报与高官会审制度等。这些内容依然有重要的可资借鉴的价值。

值得指出的是，晓秋对明清刑事证据制度的研究，没有停止在法律制度，特别是司法制度规定的层面上，而是将该时期制度的本然性研究与司法活动的实然性研究有机地结合，从而得出了比较公正、客观的研究结论。这一点特别值得肯定。另外，我们通常总是说，不同学科的交叉、不同研究方法的比较，总会生出新的学术增长点与创新性的研究成果。晓秋就是运用了历史学与法学相结合的方法、社会学与法学相结合的方法、比较法学的方法，对明清与唐宋进行纵向比较，从而揭示中国古代刑事证据制度演化的基本线索，明清刑事证据制度的本原，以及与前此制度相比所具有的重大变化。即证据客观性内容减弱，主观性内容增强；其证据制度的合法性内容弱化，而不法性内容增加；以及在皇权制约下，法官自由裁量权相对减弱；等等。凡此种种，不一而足。

总之，杨晓秋的《明清刑事证据制度研究》一书，是带有学术创新的独著，对于研究明清时期的法制，特别是司法制度，具有重要的学术价值与司法实践的借鉴价值，是值得认真通读的一部好书。

我作为老师，有感而发，援笔为序。

郭成伟

2017 年 8 月 22 日

Contents 目 录

总　序 …………………………………………………………… 1

序　言 …………………………………………………………… 3

导　论 …………………………………………………………… 1

第一章　基本概念释义 …………………………………………… 6
　第一节　证　据 ………………………………………………… 6
　第二节　刑事证据 ……………………………………………… 10

第二章　刑事司法基本理念 ……………………………………… 12
　第一节　慎 ……………………………………………………… 12
　第二节　中 ……………………………………………………… 16
　第三节　平 ……………………………………………………… 19
　第四节　权 ……………………………………………………… 21

第三章　中国传统刑事证据制度的演变 ………………………… 25
　第一节　先秦刑事证据制度 …………………………………… 25
　第二节　秦汉刑事证据制度 …………………………………… 28
　第三节　唐宋刑事证据制度 …………………………………… 34

第四章　明清刑事证据类型 ·········· 46

　第一节　口　供 ·········· 46

　第二节　实物证据 ·········· 58

　第三节　勘验结论 ·········· 67

　小　结 ·········· 71

第五章　刑事证据采集 ·········· 72

　第一节　口供采集 ·········· 72

　第二节　实物证据采集 ·········· 132

　第三节　勘验结论采集 ·········· 138

　小　结 ·········· 162

第六章　以证据为核心之刑事审判 ·········· 164

　第一节　证据为案件准理依据 ·········· 164

　第二节　证据为案件定性依据 ·········· 170

　第三节　证据为定罪依据 ·········· 174

　第四节　证据状态与案件审理结果关系 ·········· 204

　第五节　影响法官运用证据之因素 ·········· 228

　小　结 ·········· 248

第七章　结　论 ·········· 250

参考文献 ·········· 261

后　记 ·········· 274

导　论

之所以选择明清刑事证据制度作为研究对象，源于我的导师郭成伟教授的一项研究课题，即《中国传统证据制度的嬗变与借鉴》。我有幸承担了该课题中明清刑事证据部分的研究，使我对目前该领域的研究状况有所把握、研究意义有所感悟，并因接触到大量有关明清证据制度的史料，使得我对明清刑事证据制度形成了自己的一些看法，这些看法或有所不当，但也期冀对该问题的研究有所裨益。

证据是诉讼活动的基石。无论是传统诉讼抑或现代诉讼，无论是民事诉讼抑或刑事诉讼，其核心均在证据。在中国古代司法实践中，司法官吏鞫狱断刑、定分止争，与现代法官审理案件、解决纠纷本质上并无二致，亦即必须有理有据，并遵行一定规则。自清末修律以来，中国从西方国家移植全新法律体系，并在借鉴大陆法系和英美法系模式、经验基础上，逐步构建中国证据法学制度体系。按照西方国家模式引进的证据制度必然面临着本土化问题。学界在反思清末修律以来法学发展"得与失"的同时，也在试图从传统法律文化中寻找解决方案。虽说中国传统司法、证据制度已经失去了其实际效力，且是当时中国特定政治、经济、社会环境的产物，已无法适应现代中国社会。但它毕竟是中国人独创的一套司法证据制度，它的兴起、发展变化以及没落消亡，均可作为历史借鉴。一个时代终结，并不意味着其影响从此绝对断裂与消失，其观念、制度总会以某种方式在今天潜移默化地发挥着作用。正如陈顾远先生所言："盖历史之进展有如水波之相推，其起灭皆非偶然，现行法制不过是法制史体系下之后一阶段而已！过去法制不特为现行法制之直接渊源，且为现行法制之有效鉴镜，数典不能忘祖，饮水更须思源。"〔1〕梁启超先生亦言："历史的目的在将过去的真事实予以新意义或新价值，以供现代人活动之借鉴。"〔2〕然而，在中国传统诉讼制度与文化研究中，证据制度与文化研究甚为薄弱。因此，将古代证据制度作为研究对象便显得意义非凡。

明清是中国封建社会最后时期，这一时期证据制度与文化沿袭了两千多年的中华传统法律体系，为日趋完善时期。且是由古代向近代逐渐转型、"承上启下"之关口，选择这一时期证据制度作为研究对象更具历史和现实意义，但目前尚缺乏对明清刑事证据制度专门、系统、全面的整体性研究，仍基本处于这样一个阶段，即将其作为古代传统司法制度或证据制度研究之一部分。即便是在这样的研究中，其所占分量也大多是轻微的，表现形式大多是零散的，难以让人窥其全貌。因此，对证据类型的研究尚有待深入，对证据收集、审查和判断的研究尚显不足，对判例判牍的研究尚需进一步挖掘。由此凸显了全面、系统、深入、独立开展明清刑事证据制度研究的必要性与迫切性。

以明清刑事证据制度作为研究对象，全书结构分为三大部分：第一部分是为本书主体研究所做的铺垫。一为基本概念铺

---

〔1〕 陈顾远：《中国法制史概要》，商务印书馆 2011 年版，第 8 页。
〔2〕 梁启超：《中国历史研究法》，上海古籍出版社 1998 年版，第 184 页。

垫。明晰何为明清语境下的证据内涵及其所具有的基本特性，并将对证据合法性与主观性和客观性的探究作为创新之处，即明清刑事证据制度呈现出客观性削弱，主观性相对加强的特点，且合法性相对弱化，刑事证据制度法律规定与司法实践严重背离。二为文化铺垫。对中国传统法律文化中无时无刻不在影响立法和司法活动，仿佛已经植入司法官体内的一些经久不衰的核心价值理念进行阐释，并将其概括为"慎""中""平""权"。在司法实践中，"慎"为指导之原则、"中"为期望之理想、"平"为追求之目标、"权"为运用之手段。三为制度铺垫。为更好地理解明清刑事证据制度的状态，对中国传统证据制度的演变进行了梳理。纵观中国传统证据制度的历史演变，是前后承继、不断发展完善的过程。早在先秦时期神判法便渐渐淡出历史舞台，取而代之的是依法据证断罪；秦汉时期刑事证据制度开始确立；唐宋时朝，刑事证据制度有了重大发展；明清时期，刑事证据制度则有了进一步的完善。第二部分为主体部分，即对明清刑事证据制度的具体探讨，核心为刑事证据在司法实践中的具体运用。通过该探讨展示了明清刑事证据制度的实然状态。其一，证据类型的体系已经相当完善，涵盖了言辞证据、实物证据、勘查检验结论等。这些证据相互配合，形成有力的证据链条，以明案情。与前朝相比，变化在于口供的地位得以提升，鞠问刑名，必据犯人招草。口供成为定罪必备条件。并且，取消了唐朝零口供定罪的法律规定，应该说是刑事证据制度之倒退。实物证据相对于口供而言，其客观性更强，而口供相对于实物证据而言，其主观性更强，更易受口供提供者主观因素影响。因此，从明清刑事证据类型相关制度规定上来看，证据主观性加强，客观性减弱。其二，证据采集内容已经相当丰富，涵盖了采集主体、时间、地点、手段、限制、责任等。

采集制度在前朝基础上有所变化，如采集方法愈加完善，采集经验愈加丰富，证据采集主体随着司法机构的调整亦随之发生变化。在此时期，两个弊端凸显，一是非法刑讯，二是厂卫特务机构对司法权力的滥用。酷刑拷问下所得证据之真实性实难保证，因无法忍受拷讯而诬服之现象比比皆是。尤其明朝厂卫特务机构滥施刑讯，任意编造口供，使得证据之客观性大打折扣，相应地，主观性却大为加强。其三，刑事审判过程以证据为核心。案件受理需证据支撑，案件定性需证据支撑，案件裁断需证据支撑。但在一定框架内，法官拥有自由裁量之权力。尤其是在疑难案件中，因证据不足，法律规定缺失，其自由裁量权之运用相对广泛。然而，无论怎么运用，司法官都必须要受到规制，即他们的自由裁量只能是在皇权制约下之相对自由裁量。第三部分则是对全部研究的概括总结，指明了明清刑事证据制度特点及明清两朝之间刑事证据制度的差异。

本书的研究路径是从明清刑事证据制度相关规定及各类判例判牍入手，展现该时期刑事证据制度和司法实践实际状况，并分析这一时期证据特点，尤其是证据属性所呈现出的特点。并将制度本然与司法实然进行比对、印证，以揭示明清刑事证据制度法律规定与司法实践相背离，即证据合法性受到冲击之现象。并主要采用了三种研究方法：其一，历史学与法学相结合之分析方法。本课题在论证过程中采纳历史学与法学相结合之分析方法，试图还原明清刑事证据制度的历史真实与法律真实。首先，秉承"论从史出"观点，以历史事实为考察根据。就明清证据制度而言，对于条文引述、具体诉讼案件解析及司法官吏经验总结，均以历史资料为依据。其次，使用法学，尤其是证据法学分析方法，架构、整合相关历史资料，厘清明清刑事证据制度特点及其递进演化关系，摒弃以往研究中的一些偏见。其二，社会学研究方法。法律是社会产物，法律制度为一种社会制度，法律规范为一种社会规范，其与政治制度、思想道德、风俗习惯均有密切关系。因而，要运用社会学分析方法，在研究证据制度时，着力挖掘其运行背后政治、思想、道德、风俗、习惯、文化、心理等影响因素，从而更好地反映制度背后社会和生活实景，为把握证据制度及其实际运行状况提供理论支撑。其三，比较研究方法。比较研究是学术创作基本方法之一。本书以古代刑事诉讼程序为线索，不仅将明清刑事证据理念、证据种类及具体运用进行横向比较，而且与唐宋相关制度规定进行纵向比较，以突出各自特点，并体现明清刑事证据制度与前朝相比发生的变化，揭示中国古代刑事证据制度演化轨迹。另外，将该时期内刑事证据制度层面之条文与实践层面之刑事证据运用相比较，意在展现"实然"的司法场景。

跟以往的研究相比，本书首次对明清刑事证据制度进行了全面、系统、深入的研究，并提出了自己的一些看法。如明清刑事证据制度的属性呈现客观性相对削弱，主观性相对加强的特点；明清刑事证据制度合法性相对弱化，法律规定与司法实践严重背离；明清司法官所拥有的自由裁量权实为"皇权制约下之相对自由裁量权"等。虽说写作本书的意义显而易见，但对我来说又力难堪任。不仅由于明清时期，尤其是清朝的资料浩如烟海，无法穷尽，导致在资料把握和运用上有所欠缺，而且因本人所学专业限制，导致诉讼法理论基础比较薄弱，在理论分析和运用上仍有不足之处。因此，书中存在缺陷或留有空白均在所难免，欢迎大家批评指正。

第一章
基本概念释义

第一节　证　据

中国传统司法制度中，并无证据法定概念，亦没有学者或司法官尝试对证据内涵作出界定。即便是现代，证据定义也是千差万别。更有学者认为，无法给证据下一精准定义，"证据制度蕴含着丰富的内涵，而不是固定不变和僵化。试图寻找放之四海皆准的定义是不现实的，也是违背人类的一般认识规律和特殊诉讼规律的。"[1]

但是，对证据内涵实有必要作出界定，否则该文章便成为无源之水，无本之木。"证据"一词的汉语起源，尤其是其作为法律意义词汇的起源，至今未见有人进行确切考察，抑或确实难以考察，以笔者学识，对该问题进行探究未免显得捉襟见肘。但笔者还是试图尝试在所掌握的有限资料基础上，对"证据"一词作一简单梳理，提出一点粗浅看法。《后汉书·缪肜传》中出现证据一词（不敢妄言为证据一词之最早使用），"而肜独证据其事"。唐代大诗人韩愈所作《柳子厚墓志铭》中亦出现证据

---

〔1〕　汪建成：《理想与现实——刑事证据理论的新探索》，北京大学出版社2006年版，第37页。

一词，"议论证据古今，出入经史百子"。在这里，证据为动词，意为考证、证明之意。古汉语中，证据两个字往往分开使用。从古代法律规定和司法实践中辨析，"证"有现代意义上证据之意，尤其指人证，如"据众证定罪"，"众证明白，即同狱成"，"赃证明确"，"赃证未的"等；"据"则为依据、根据之意，如"赃各有据""无赃无据"等。那么，将"证""据"两字合并，具有现代意义上证据的属性，并应用于诉讼活动中又源于何时呢？对此进行考证需要大量时间和原始材料，需留待以后慢慢进行。但据笔者手头所掌握资料来看，可以断言的是，至少在清朝已出现与现代意义相近之"证据"一词。"若证据可凭，即应按律拟结。"[1]"若因奸而谋，……须审认有奸，证据确凿，方足征信。"[2]这里所使用的"证据"即定案凭据，为名词。因此，笔者认为"证据"一词在先秦时期是以动词形态出现，其涵义为证明。随着司法证据制度不断发展、完善，其越来越靠近现代意义上作为名词使用之证据，其涵义为证明材料。但鉴于所掌握原始资料的有限性，该理解也并非是最终的。本书在明清时期语境下探讨证据内涵，将其界定为进入司法官视野的用于证明案件真实情况的材料。

为更好地理解证据内涵，有必要对证据属性作出说明。

（1）证据兼具客观性与主观性。该问题亦是现代证据学一直探讨的问题。何为证据客观性？"证据的客观性是指作为案件证据的客观物质痕迹和主观知觉痕迹，都是已经发生的案件事

---

〔1〕（清）祝庆祺等编：《刑案汇览三编》（一），北京古籍出版社 2004 年版，第 175 页。

〔2〕（清）王又槐撰：《办案要略·论命案》，华东政法学院语文教研室注译，群众出版社 1987 年版，第 3~4 页。

实的客观反映，不是主观想象、猜测和捏造的事物。"[1]"证据的客观性即证据所应具有的客观存在性……要求只有客观存在着的事物、事实、案件或事件的反映以及其他客观存在的材料，才可以成为证据；而任何纯主观的东西，诸如推断、假设、猜测、臆想、梦幻，等等，都不得采用为证据。"[2]概言之，证据客观性即是证据必须是无关乎主观臆断的一种客观存在。

部分学者认为证据不仅仅具有客观性，其应为主客观矛盾统一体。"证据的主观性是不言而喻的，是必然的，证据的客观性处在矛盾的主要方面，是决定事物性质的方面，因而也是本质的方面。主观性只有和客观性相吻合，才有价值；如果证据的主观性和它的客观性相分离，主观性则毫无价值，因为主观性没有捕捉住客观性。"[3]并借此将证据分为客观证据和诉讼证据，"诉讼外的证据不具有主观性，诉讼中的证据必具有主观性。前者为客观证据，后者为诉讼证据"。[4]

本书认为，证据应兼具客观性与主观性。不具有客观性，就无从体现案件真实；没有司法官对于证据进行判断、认定，以区分哪些证据可以采信，哪些证据被排除于定案范围以外，便不存在案件审理与案情认定，又何来审判而言？而在证据判定过程中，必然会融入判定者主观因素。如同一份口供，不同司法官对其真假认定结果可能会有差异；同一具尸体，不同司

---

[1] 陈光中、徐静村主编：《刑事诉讼法学》，中国政法大学出版社1999年版，第163页。

[2] 何家弘主编：《证据调查实用教程》，中国人民大学出版社2000年版，第64页。

[3] 汤维建："关于证据属性的若干思考和讨论——以证据的客观性为中心"，载何家弘主编：《证据学论坛》（第1卷），中国检察出版社2000年版，第400页。

[4] 汤维建："关于证据属性的若干思考和讨论——以证据的客观性为中心"，载何家弘主编：《证据学论坛》（第1卷），中国检察出版社2000年版，第400页。

法官可能会作出迥异之检验结论；同一个物证，不同司法官认定其与案件关联程度大小可能相去甚远。这正是认定过程有意无意掺入个人主观因素的结果。可以说，证据认定的实质即为判断者之主观心路历程。该主观心路历程结果的产生，受到诸多主观因素影响，如判断者经验、好恶、认知能力以及价值观影响。另外，古代刑事证据认定与运用总是渗入情理因素，而情理因素的把握又缺乏客观标准，导致其主观性愈加明显。学者龙宗智对此多有阐释，"观察是证据的主要来源。……这些观察，其体验的可靠性不可避免地受到观察者观察能力、观察方法以及观察条件的影响。无论何种观察，其客观性都是有限的。"[1]并由此得出主观性导致盖然性的结论，"在据以判断的知识、据以判断的材料以及判断过程与方法都具有主观性及不确定性的情况下，判断结论的或然性（盖然性）即成为不可避免。即使达到最优的证明状态，也只能是'最大限度'的盖然性。正是由于上述原因，采用证据学方法获得的'心证'，可以说并非科学意义上的'证实'，而只是一种具有一定主观性的'确证'。"[2]

客观性即客观存在之属性，主观性即主观认定之属性，客观性事实要通过主观认定方能完成。主观认定结果与客观事实一致，两者统一；主观认定结果偏离客观事实，则两者对立。

（2）证据合法性。"合法性，也称为法律性，是指证据的形式、收集、出示和查证，都由法律予以规范和调整，作为定案根据的证据必须符合法律规定的采集标准，为法律所容许。"[3]

---

〔1〕 龙宗智：《证据法的理念、制度和方法》，法律出版社 2008 年版，第 14 页。

〔2〕 龙宗智：《证据法的理念、制度和方法》，法律出版社 2008 年版，第 16~17 页。

〔3〕 陈光中、徐静村主编：《刑事诉讼法学》，中国政法大学出版社 1999 年版，第 163 页。

该属性不仅仅为现代证据所具有，传统证据同样具有。合法性包涵证据收集主体合法、方式合法、程序合法等。依古代证据制度规定，并非任何人都能成为提供或收集证据的主体。司法官依据职权收集证据，当事人、证人作为参与诉讼人提供证据。某些人因为作为当事人或证人的资格被取消或受到限制，便无法成为提供证据主体；而证据收集方式亦必须合法。以最为通用的一种证据收集方式——刑讯而言，刑讯实施者、刑具、刑讯度的把握等均具有法定标准；此外，证据还须依法定程序收集。如检验尸伤时，首先做好查验前准备，即将原告、被告、证佐拘齐，录取口供并追起凶器。其次要当场检验并填写尸格。可见，证据合法性毋庸置疑。

（3）证据关联性。"关联性，也称相关性，是指证据必须与案件事实有实质性联系，从而对案件事实有证明作用。"[1]对此无需多言，因缺少关联性便缺少证明能力，证明能力不在，又如何起到证明作用。

第二节　刑事证据

刑事证据是刑事法律核心内容之一，其功能在于在刑事诉讼中起到证明作用。在古代中国，民刑合一，没有单独刑事法律和民事法律来分别作为审理民刑案件的依据。因此，中国传统诉讼中亦未使用"刑事诉讼"与"民事诉讼"概念，但法典体例上虽民刑不分，法律体系区分是存在的。正如张晋藩先生所言："断言中国古代只有刑法，没有民法，无疑是混淆了法律体系与法典体例两个不同概念所致。因此，必须明确中国古代

---

[1] 陈光中、徐静村主编：《刑事诉讼法学》，中国政法大学出版社1999年版，第163页。

法律体系是由若干部门法，如刑法、民法、行政法、诉讼法所构成的，是诸法并存，也是民刑有分的。"[1]早在《周礼·秋官》中已有民事、刑事诉讼区分。如"以两造禁民讼"，"以两剂禁民狱"。《郑注》："讼，谓以财货相告者。""狱，谓相告以罪名者。""就此可知民事与刑事诉讼，在古代之司法机关，已有划然之区分，实无疑议。"[2]徐珂在其《清稗类钞》中亦对刑事诉讼和民事诉讼作出了明确划分："诉讼二字，为法律名词，因权利或其他事项诉于官吏而判其曲直也。属民事者曰民事诉讼，即凡因私权关系如田宅钱债即契约等涉讼事件而起诉者也，在法称为私诉。属刑事者曰刑事诉讼，即因身体财产生命之被害而起诉者也，在法称公诉。"[3]

―――――――――

〔1〕 张晋藩：《中国法律的传统与近代转型》，法律出版社 2009 年版，第 254 页。

〔2〕 徐朝阳：《中国古代诉讼法·中国诉讼法溯源》，中国政法大学出版社 2012 年版，第 21 页。

〔3〕 徐珂编撰：《清稗类钞》（第 3 册）"诉讼类"，中华书局 1984 年版，第 977 页。

第二章
刑事司法基本理念

　　中国传统法律文化中，经久不衰的一些核心价值理念始终对立法和司法活动产生着影响，自然也就不可避免地影响着作为司法活动组成部分之证据运用活动。这些理念仿佛植入了司法官体内，无时无刻不渗入他们对案件的审理与裁决过程中。笔者将其核心理念理解为"慎""中""平""权"四个主要方面。在司法实践中，"慎"为指导之原则、"中"为期望之理想、"平"为追求之目标、"权"为运用之手段。

第一节　慎

　　慎刑之司法理念在中国古代早已有之，《尚书·立政》中便多次提到"庶狱庶慎"，并强调"兹式有慎，已列用中罚"。这种理念一直持续存在于中国古代社会，直至明清，并被司法官奉为圭臬。"夫易称明慎，书称审克，记称慎测。胥占犹并于两刑，五听必参之三讯，圣贤之于刑何其贵详而不贵异，贵审而不贵速，若斯也，夫刑佽也，佽成也。"〔1〕

　　"慎"之基本精神就是要求在审案时要时刻保持审慎态度，

───────────────

〔1〕（明）余懋学：《仁狱类编》"审祥"，《续修四库全书·子部·法家类》，上海古籍出版社 2002 年版，第 659 页。

用刑要慎重，要反复斟酌，不可轻易断案，以免冤枉无辜，以达到罪罚一致，不偏不倚的结果。在证据领域中，则要求不轻信口供，要将口供与其他证据相互印证，只有对各种证据反复参验、论证，始得真相。因此，最好的法官应如北朝（经历西魏到北周）苏绰在《恤狱讼奏》中评判法官优劣时所言，是常怀"慎"心、常戒"慎"行之法官。"夫戒慎者，欲使治狱之官精心悉意，谋究事源。先之以五听，参之以证验，妙睹情状，穷鉴隐伏，使奸无所容，罪人必得。然后随事加刑，轻重皆当。赦过矜愚，得情勿喜，又能消息情理，斟酌礼律，无不曲尽人心。远明大教，使获罪者如归，此则善之上也。"[1]

　　在人命案中更是要慎刑、慎杀。人死不能复生，中国古人对于人命重视尤甚，因为这不仅关乎每个个体，而且关乎"天人合一"之和谐思想，枉杀人命，上天就会对世人进行惩罚。"窃惟人命至重，死不复生，刑不可息。一夫衔冤，六月飞霜；一妇衔冤，三年大旱。诚匪细故，汉文之时，罪疑者尽以予民后之论者，谓有刑措之风，令我皇上敬天勤民，无所不至。而于刑狱一事，尤加慎重，屡行诏敕，此实千古一时之会生民之幸。"[2]在古代，如遇天有不测风云，大灾大难，常常被视为滥刑之结果（我们可以将滥刑视为慎刑反面），是因滥刑导致天地不和，才降此灾难。于是，古代常将慎刑与恤刑联系在一起，最能体现钦恤之意的便是赦免。这样的实例在各朝各代屡见不鲜，不胜枚举。另有各种恤刑措施，如录囚，无辜或案情不明则量情豁免。"为审放狱囚以理冤抑以弥天变事。照得：一夫含

---

〔1〕 转引自杨鸿烈：《中国法律发达史》，中国政法大学出版社 2009 年版，第185 页。

〔2〕 （明）应槚等撰：《审录疏略》，明抄本，新加坡国立大学图书馆微缩胶片，第 12 页。

冤，三年不雨；一妇受屈，六月飞霜。古今圣鉴。即今旱涝为虐，田禾枯槁，由本院奉职无状所致。除痛加反复修省外，诚恐各该司府州县牢狱淹禁无辜，大多冤抑无伸，致干天和示谴，理所不然。况天气炎热，尤当悯恤。牌行本道，文到之日，即便巡历所属，将见监囚犯逐一研审。除真犯外，倘有蹊涉暧昧，事由牵注，无辜被诬，或各官喜怒无常，爱憎不公等情，量情豁免。或事有相干，暂令保（似）〔释〕。用图圄少空，冤抑获伸，和气致详，灾变可回矣。"〔1〕

对疑案尤其应慎重。"按察有专司，亦矜疑之宜慎"，〔2〕明代著名法官李渔在论及人命案件时，断言其中疑案颇多，对这类案件进行处理一定要审慎，不要自恃聪明，锻炼成狱。"人命中疑狱最多，有黑夜被杀，见证无人者；有尸无下落，求检不得者；有众口齐证一人，而此人夹死不招者；有共见打死是实，及吊尸检验，并无致命重伤者。凡遇此等人命，只宜案候密访，慎勿自恃摘伏之明，炼成附会之狱。《书》曰：'罪疑惟轻。'又曰：'宁失不经。'夫以皋陶为士，安有疑罪？不经之人岂可失出！明断如古人，犹慎重若此，况其它乎？今之为官者苟能阙疑慎狱，即是窃比皋陶，其自命正复不小。彼锻炼成狱者，不及古人远矣，何聪明之足恃哉？"〔3〕只有在折狱时持慎虑之心，才能得折狱要义，以防以是为非，以非为是，殃及池鱼，枉害民命。"夫邻子取疑于窃鈇，邻父取猜于请筑，事固有迹，

---

〔1〕 （明）苏茂相辑，郭万春注：《新镌官板临民宝镜》首卷下，"新奇合用告示体式·清狱〔牌〕"，杨一凡主编：《历代珍稀司法文献》（第7册），社会科学文献出版社2012年版，第762页。

〔2〕 （清）周梦熊辑：《合例判庆云集》，杨一凡、徐立志主编：《历代判例判牍》（第3册），中国社会科学出版社2005年版，第1044页。

〔3〕 （清）李渔：《资治新书》卷首《慎狱刍言·论人命》，《明清法律史料辑刊》（第1编），国家图书馆出版社2008年版，第12~13页。

然而情不然者，况狱情之微暧乎？往牒所载，情本虚也，而证则近实；事本枉也，而迹则涉真；将以为非也，而公听并观则疑，于是将以为是也。而市虎蚊雷又疑于非。是故，有行得而邑灾者矣，有鱼网而鸿罗者矣，有城殃而池及者矣。有韩祸而赵嫁者矣，诸若此类。岂惟典狱者无由致详，即被枉者亦无以自白；岂惟当局者为之眯目，即旁观者亦为之怵心。苟非假以岁月，持以从容，而徒以疑似之见，致天齐之刑，其不至于枉民命而害良善者几希。夫五娘之辟，莫须之冤，固千古之所甚恨也。典狱君子，诚能鉴往辙之覆而不为众言之淆，持慎虑之从而不轻文网之比，其于折疑之义庶矣乎。"[1]

　　"慎"之价值理念在中国传统司法领域并非只停留在理论层面，并被切实应用于司法实践中。如董公芳为大理寺正时，"山西太原民白政，与邑人王选构怨，杀之，投尸于河。事觉，政复诬选妻同谋杀，既成狱。公疑彼为夫妇三十年，生子十余人，安得有此？乃尽拘里邻质之，且以事迹语言反复核验，始得其情，政遂服辜，选妻得免论。"[2]再如，何文肃公乔新任河南按察使时，"钧州民赵甲饮陈乙酒，乘夜渡河溺死。而甲之子讼于官，谓乙与甲斗，杀而投诸河。乙以锻炼自诬服，系坐数年。公谳之曰：'酒肆民居栉比，使斗必有闻之者。肆距河且十里，负尸投之，必有见之者。奈何以单词成罪乎？'令有司验甲尸脑，皮里有砂石，仵作定为溺死。遂破械出之。"[3]案件只有审慎对待，反复斟酌，无可疑之处，方可由此定案，始不致冤滥。

<hr />

[1]　（明）余懋学：《仁狱类编》卷二十一，《续修四库全书·子部·法家类》，上海古籍出版社 2002 年版，第 802 页。
[2]　（明）余懋学：《仁狱类编》"董公覈诬妻"，《续修四库全书·子部·法家类》，上海古籍出版社 2002 年版，第 645 页。
[3]　（明）余懋学：《仁狱类编》"文肃验溺死"，《续修四库全书·子部·法家类》，上海古籍出版社 2002 年版，第 645 页。

"慎"实为中国古代社会指引司法实践之基本原则。

第二节　中

"中"不仅为中国古代社会哲学之至高境界，亦是中国传统法律理念之核心，其贯穿于法律制定与实施中。"中"融入中国传统文化血液之中，由此构成"中道"之重要概念。作为影响中国传统思想观念形成之儒家思想创始人孔子创建中庸思想，认识到万事万物运行的内在规律，即为"时中"，"不勉而中，不思而得，从容中道"，[1]并将其"天道尚中"思想作为社会制定典章制度之标准和范式，也可以说，孔子中庸思想的实质就是以"天道尚中"为圭臬，来规范人类社会活动，维持社会秩序。

"中"在甲骨文中本意是表示旗帜中间。《说文解字》对"中"字解释为：中，内也。从口。｜，上下通。孔子将其和庸（用）联系起来，使"尚中"成为指导人们实践之方法论。中庸思想强调"不偏不倚""过犹不及""允执厥中"。

"中"之理念运用于司法领域所要达到的目标可以概括为罪刑相适应，为此，提倡"非佞折狱，惟良折狱，罔非在中。"[2]也就是说，只有道德品行良好的司法官，才能使案件判决符合"中"之原则的要求。事实上，优良的品格只是司法官应具备的品质之一，还须达到悲天悯人、体恤众生之思想境界，才能真正实现"中"之刑罚理念。因此，《吕刑》又说："哀敬折狱。

---

〔1〕　李慧玲、吕友仁注译：《礼记·中庸》，中州古籍出版社 2010 年版，第265~266 页。

〔2〕　王世舜、王翠叶译注：《尚书·吕刑》，中华书局 2012 年版，第 330 页。

明启刑书胥占，咸庶中正。其刑其罚，其审克之。"〔1〕在这里，其实是将"中"的理念同"慎"的理念相结合，以"慎"为指导，以"中"为目的。无论"惟良折狱"抑或"哀敬折狱"，均有慎用之意。

"中罚"作为适用法律之传统理念在中国古代法律思想与司法实践中一直被延续下来。譬如，《韩诗外传》就有"听狱折中者，皋陶也"之记述。可见，这位被称为"司法之圣"的皋陶，便是决狱"适中"之典型代表。《尚书·立政》强调在断狱时"兹式有慎，以列用中罚"。"中罚"即刑罚适中，也即为刑罚的实施要做到"咸庶中正"〔2〕。《管子·小匡》亦云："决狱折中，则民无所措手足。"《尚书·吕刑》更是系统地阐述了刑罚尚中原则，将刑罚是否中正作为判断"详刑"之标准，"今往何监，非德于民之中，尚明听之哉！哲人惟刑，无疆之辞，属于五极，咸中有庆。受王嘉师，监于兹祥刑"；诉讼中，折狱官要"两造俱备，师听五辞。五辞简孚，正于五刑"，为折狱设计了不偏不倚之操作流程。量刑上，则提出"刑罚世轻世重"之观念，"上下比罪，无僭乱辞，勿用不行，惟察惟法，其审克之！上刑适轻，下服；下刑适重，上服。"除《尚书》外，前秦法律文献亦有诸多类似记载。如"举正于中，民则不惑"〔3〕，"求民情，断民中"〔4〕，"爱百姓故刑罚中，刑罚中故庶民安"〔5〕。北朝的苏绰在《恤狱讼奏》中对赏罚须得中有较详尽论述："人

---

〔1〕 王世舜、王翠叶译注：《尚书·吕刑》，中华书局2012年版，第330页。

〔2〕 王世舜、王翠叶译注：《尚书·吕刑》，中华书局2012年版，第330页。

〔3〕 杨伯峻编著：《春秋左传注》（修订本），中华书局1981年版，第511页。

〔4〕 吕友仁、李正辉注译：《周礼·秋官司寇》，中州古籍出版社2010年版，第325页。

〔5〕 李慧玲、吕友仁注译：《礼记·大传》，中州古籍出版社2010年版，第141页。

受阴阳之气以生，有情有性，性则为善，情则为恶，善恶既分，而赏罚随焉。赏罚得中则恶止而善劝；赏罚不中则民无措手足，则怨叛之心生，是以先王重之，特加戒慎。"而法官审案，"惟当率至公之心，去阿枉之志，务求曲直，念尽平当，听察之理，必穷所见，然后拷讯以法，不苛不暴，有疑则从轻，未审不妄罚，随事断理，狱无停滞。"〔1〕《唐律疏议》也因"得其中"而得到赞誉，"然则律虽定于唐，而所以通极乎人情法理之变者，其可画唐而遽止哉？非常无古，非变无今，然而必择乎唐者，以唐揆道得其中，乘之则过，除之即不及，过与不及，失其均矣。"〔2〕"（唐律）繁简得其中，宽严亦俱得平，无可再有增减者矣。"〔3〕

有学者将这一思想同西方正义观念进行比较，认为同为追求正义之表现，"这一思想与'天平'或'秤'密切相关。可资比较的是，古希腊之'正义'观念，实际上也是强调事物的'比例关系'，亦即确保各种力量之间的适度比例。可见，西方古人用'天平'来象征法律之'公正'，与中国古人对'中（秤）'的诠释非常一致。"〔4〕

"中"与"和"常为一体，"中者，天下之所终始也；而和者，天地之所生成也。夫德莫大于和，而道莫正于中。中者，天地之美达理也，圣人之所保守也。《诗》云：'不刚不柔，布政优优。'此非中和之谓与？是故以中和理天下者，其德大盛，

---

〔1〕 转引自杨鸿烈：《中国法律发达史》，中国政法大学出版社 2009 年版，第 185 页。

〔2〕 （元）柳赟：《唐律疏议·序》，转引自郭成伟："略论中国传统司法文化中的文明精神"，载《人民法院报》2012 年 6 月 8 日，第 6 版。

〔3〕 （清）薛允升：《唐明律合编·序》，法律出版社 1999 年版，第 1 页。

〔4〕 徐忠明："'法'的故事：早期中国司法的起源和理念"，载《案例、故事与明清时期的司法文化》，法律出版社 2006 年版，第 339 页。

能以中和养其身者，其寿极命。"〔1〕只有不偏不倚，不枉不纵，轻重咸宜，方能和谐有序。

第三节　平

《说文解字》说："法，刑也，平之如水，从水。"〔2〕可见，"法"字本身就蕴含着人们对法律最原始的认识和期待——"平"，即公平。这不仅是现代，亦是古代人们所追求之法律理想。古人对此多有论及。《管子》说："尺寸也，绳墨也，规矩也，衡石也，斗斛也，角量也，谓之法。"〔3〕韩非说："圣人之为法也，所以平不夷矫不直也。"〔4〕明清时期司法官依然追求"平"之司法理念，"罚重五刑，宜存平恕。"〔5〕

平允之法律理念是传统社会自上而下的理想，从皇帝所下敕文中便可见一斑。"弘治四年二月，皇帝敕谕刑部、都察院、大理寺：朕惟刑以辅治，用之贵得其平。刑平，则善有所劝，要恶有所惩，而人心服。天道不平，则不足以劝善惩恶而人服。（敕天下诸司）心不服，天道乖变之，未诚有不能免焉。"〔6〕因此，在立法上要公平，在司法处罚上要轻重得宜，"特立法公

〔1〕（汉）董仲舒著，周桂钿译注：《春秋繁露·徇天之道》，中华书局 2011 年版，第 207 页。

〔2〕（汉）许慎：《说文解字》，中华书局 1963 年版，第 202 页。

〔3〕《管子》卷二"七法"，颜昌峣：《管子校译》，岳麓书社 1996 年版，第 60 页。

〔4〕（清）王光慎撰，钟哲点校：《韩非子集解》卷十四《外储说右下》，中华书局 1998 年版，第 343 页。

〔5〕（清）周梦熊辑：《合例判庆云集》，杨一凡、徐立志主编：《历代判例判牍》（第 3 册），中国社会科学出版社 2005 年版，第 1055 页。

〔6〕《皇明条法事类纂》卷三十八《刑部类》，刘海年、杨一凡主编：《中国珍稀法律典籍集成》乙编（第 5 册），科学出版社 1994 年版，第 488 页。

平。察词辨色也，详审其情。罪所当重者，重之以惩恶，勿务（始）〔姑〕息。而不故纵恶长奸之非。罪所当轻者，轻之改宥过，毋事苛刻而致有郁结称冤之叹。"〔1〕"爰敕法司官广集廷议，详译明律，参以国制，增损剂量，期于平允。"〔2〕刑罚贵在"平"，这样方服人心。否则，不足以劝善惩恶，人心亦不服。人心不服，天道都会变。

"平允"在具体案件处理中表现为不枉不纵，其涵义主要有二：一是有罪者应得到惩罚，无罪者应得到开释。"庶人者明正典刑，出者不罹无妄，法之平也。"〔3〕二是所处刑罚与所犯罪行相适应，即罪罚允当。在疑案司法审判中，往往运用"平允"之司法理念作为断案指导原则。"疑案"证据不充分，将嫌犯释放，过于放纵，将嫌犯按原有罪名依律处罚，又过于严苛，于是，依"罪疑惟轻"折中处断，以达情法允当，不枉不纵。如，《盟水斋存牍》中"强盗黄崇贵黄崇遇"一案，两被告被他人供出，又被事主指认（只是涂面闻声），但无赃证。以强盗罪处斩，证据不足；就此释放，又疑于过纵，遂依据"已行不得财"之律徒配，"庶得其平耳"。〔4〕

中国古代有"一命抵一命"之说，其理论基础亦为公平理念。"抵命"不仅仅是民间原始同态复仇之诉求，并得到官方认可。"万历十六年正月内题奉钦依：'今后审录官员，凡审共殴下手拟绞人犯，果于未结之前，遇有原谋助殴重伤之人监毙在狱，

〔1〕《皇明条法事类纂》卷三十八《刑部类》，刘海年、杨一凡主编：《中国珍稀法律典籍集成》乙编（第5册），科学出版社1994年版，第488页。

〔2〕田涛、郑秦点校：《大清律例》御制序文（顺治三年），法律出版社1999年版，第1页。

〔3〕（明）颜俊彦：《盟水斋存牍》，中国政法大学出版社2002年版，第677页。

〔4〕（明）颜俊彦：《盟水斋存牍》，中国政法大学出版社2002年版，第238页。

与解审中途因而病故者，准其抵命。'"〔1〕冤命不能无抵，一命亦不可两抵，该思想被司法官普遍接受。

第四节　权

中国传统司法理念中，强调天理、国法与人情衡平，任情、任法均非裁判最佳状态。惟协调"罪与罚"关系，在各种律例之间，乃至律例之外上下权宜比较，考虑轻重，进而作出"情法两尽"的裁决，才是司法官追求之最佳效果。《刑案汇览》有言："而其用之也，要在随时随事比附变通，期尽乎律例之用，而后可以剂情法之平……不穷其理于律例之中，未足为明慎也；不通其意于律例之外，亦未足为明慎也。天下刑名汇于刑部，凡值省题达各案，刑部详加核议，苟有可疑，必援彼证此，称物而类比之，剖析毫厘，律例之用于是乎尽。情与法皆两得矣。"〔2〕甚至可以说，这种情理法权衡已经达到了你中有我、我中有你之地步，"无论是依律还是依情理，知县审断中对依据的适用都不是非此即彼的关系，即便知县的判决未能严格依照律例，也不代表会完全无视律例的存在；即使知县的判决严格依照律例，也不代表没有考虑情理的因素。因此，知县审断的依据是情、理、律多元一体的而非单一的。"〔3〕

之所以情理法权衡被法官如此推崇，颇为重要的理由是，如此权衡出来的裁判结果具有"可接受性"。所谓可接受性，是指

〔1〕　怀效锋点校:《大明律》附录《真犯死罪充军例》，法律出版社1999年版，第318页。

〔2〕　(清)祝庆祺等编:《刑案汇览三编》(一)序，北京古籍出版社2004年版，第1页。

〔3〕　里赞:《晚清州县诉讼中的审断问题——侧重四川南部县的实践》，法律出版社2010年版，第223页。

社会成员对裁判结果心服口服，从内心深处认可这种裁决之正当性。对于传统社会民众而言，法律的知悉程度是相当低的，他们的头脑中存在更多的是天理和人情，判断一件事是否妥当，亦是看其是否合情合理。案件裁决如果在不违背法律基本精神前提下，融入情理因素，既可以使案件得到圆满解决，亦可以使民众信服。这对于法律实施效果而言是双赢。这种可接受性，更有利于司法制度良性运转，也更有利于对民众进行法制教育和维护社会稳定秩序。"因为当事人接受它，所以尊重它；因为社会公众接受它，所以它对社会公众具有普遍的指导意义。"[1]"裁判的可接受性是法律能够道德化和具有教育功能的关键；审判尽管表面上看起来是一个发现真实的过程，而实际上则是一个剧场，是一场戏剧，公众通过参与而从中吸收应当如何行为的信息；尽管促进裁判事实精确性的措施通常也会促进裁判事实的可接受性，但是事情却并不总是这样；不仅如此，有些证据原则只能这样理解：它们的目的不是获得裁判事实的精确性，而是获得裁判事实的可接受性。"[2]

在明清司法实践中，运用"权"之司法理念判案处罚颇为常见。兹举例一二：

> 杨氏为尼智喜之妹，嫁与马家，丈夫不到四十岁就去世，自己带着女儿无法生存，便又嫁与张望云。望云家有二子，亦贫。杨氏只好把两个女儿交哥哥照料，望云亦将其一子送出去做佣。望云经常责骂，甚至殴打杨氏。小儿子骚胡只有十四岁，因望云庇护，对继母恣行无礼。一日，望云一早出

---

〔1〕 易延友："证据法学的理论基础——以裁判事实的可接受性为中心"，载《法学研究》2004 年第 1 期，第 100 页。

〔2〕 See Charles Nesson, "The Evidence or the Event?, Judicial Proof and the Acceptability of Verdicts", 92 *Harv. L. Rev.*, 1359.

去耕田，母子互骂，族里已很是讨厌听到这种声音，闭门掩耳。一会儿，杨氏、骚胡各自向望云哭诉。杨氏及幼女有伤，说是为骚胡所砍。而骚胡，则言是杨氏持刀杀他，误伤其女，惶恐中自己又伤了自己。望云漠然对待此事，智喜则告官。没有证人能证明双方孰是孰非。主审县官认为此事不适合完全依据法条来办理，比较好的方式是情法结合，"本县以为兹事尚可情联，不宜纯用法剖"。于是，"责骚胡而训之以继母之不可犯，呼望云而教之以抚其妻而诫其子，曲譬杨氏而谕以恩义之不可复离。"对望云和其子予以训诫，督其悔改。又劝杨氏不要离开。同时，为防止以后类似情形发生，责令亲族邻佑监督。"又虞决罚既施，怨怼不解，责令亲族邻佑共立保领一纸，倘望云更纵骚胡以凌其母者，众共讦之，宽典不再。"

司法官借此表达自己裁断缘由，"法既不可必伸，而情又不能曲缔……即不尽如律乎，不可谓非法之权也已。"[1]司法官正是在情、法之间权衡，以真正解决问题为根本出发点。

《云间谳略》亦记载一人命事：

姜梦麟殴死许才，但是限外身死。许才之子此后亦因此故死亡。就此案法官判词如下："一家两鬼，俱梦麟一念不戬坑之。今既以限外无抵法，亦宜置之尺籍，以实行伍，令凶狠者视为戒石。第例以威逼，则许才无自尽之情形；例以忿争，则梦麟无执持之凶器。舍此而徒以殴伤本律论，则罪且仅止一杖，遣则情无以蔽法，杖则法无以蔽情。而查不遣不

---

〔1〕（明）张肯堂：《䇏辞》"张望云"，杨一凡、徐立志主编：《历代判例判牍》（第4册），中国社会科学出版社2005年版，第348页。

杖之间，徒律有难稳合。今且细酌情与法而折衷之，其殴而不遽死也，即仅谓之殴可；其因殴而卒至于死也，即谓之笃疾亦可。合无援引本律，坐以城旦，仍断给十金，以瘗才骨，又再断田三十八亩以赡其后。……详批：姜梦麟之狱，谳者屡矣。而许才之死，或以为病，或以为殴，致生觥觥。不知夫殴期距死期的有四十二日，则辜限甚远，于人命已无死法矣。引殴人笃疾律配，而厚追埋葬，以恤死者，于情法已平，照原详速发。"[1]

依法判，太轻，无以抵两命；判重则于法无据，所以在两者之间权衡，折中处断，以达到情法两平。

――――――――

〔1〕（明）毛一鹭撰：《云间谳略》卷八"一件人命事"，杨一凡、徐立志主编：《历代判例判牍》（第3册），中国社会科学出版社2005年版，第550~552页。

第三章
中国传统刑事证据制度的演变

纵观中国传统证据制度的历史演变，是前后承继、不断发展完善的过程，其中所发生的种种变化亦是社会条件、政治形势、经济状况、文化形态及思想观念等诸多因素综合影响之结果。早在先秦时期神判法便渐渐淡出历史舞台，取而代之的是依法据证断罪；秦汉时期刑事证据制度开始确立；唐宋时朝，刑事证据制度有了重大发展；明清时期，刑事证据制度则有了进一步的完善。

第一节 先秦刑事证据制度

先秦时期，刑事案件的审判已经逐渐摆脱神判的束缚，刑事证据制度开始萌芽，体现为物证等证据形式的确立、五听审理方式的运用、疑罪从赎原则之滥觞。

一、证据形式确立

先秦的证据形式主要有物证、言辞证据和勘验报告。

（一）言辞证据

其包括当事人之口供和证人证词。"两造具备，师听五辞。

五辞简孚，正于五刑。"〔1〕"两，谓囚，证。造，至也。两至具备则众狱官共听其入五刑之辞。五辞简核，信有罪验，则正之于五刑。"并，"两，谓两人，谓囚之与证也，非徒两人而已。两人为囚狱证，不为两敌至者，将断其罪，必须得证。两敌同时在官，不须待至，且两人竟理，或并皆为囚，各自须证。故以两为囚与证也，两至具备，谓囚证具足。各得其辞，乃据辞定罪。与众狱官共听其辞，观其犯状，斟酌入罪，或入墨、劓，或如宫、割。故云：'听其如五刑之辞也'。"〔2〕这里强调了定罪要有当事人口供，并要有证人之口供，这样证据才"具足"。对单方无证词的，须查实，且要兼听诉讼双方的供辞，不可因轻信一方而偏袒。"明清于单辞，民之乱，罔不中听狱之两辞。无或私家于狱之两辞。"〔3〕而且，对于认定供词的真伪颇为审慎。"要囚，服念五六日，至于旬时，丕蔽要囚。"〔4〕对于囚犯的判决要经过多日的考虑，以示慎重。

先秦时期已经开始运用刑讯作为获取言辞证据之手段。"仲春之月，……命有司省囹圄、去桎梏、毋肆掠，止狱讼。"〔5〕肆掠即为拷讯。在仲春之月不许拷讯，即意味着在其他时间可为拷讯，也便能说明在当时已经采用该方法来获取口供。

（二）物证

物证制度早在西周时期即已经存在，《周礼·秋官·司厉》记载，"司厉，掌盗贼之任器、货贿，辨其物，皆有数量，贾而楬之，入于司兵。"郑玄注："任器、货贿，谓盗贼所用伤人兵

---

〔1〕 王世舜、王翠叶译注：《尚书·吕刑》，中华书局 2012 年版，第 325 页。
〔2〕 《尚书·吕刑》，《十三经注疏》，中华书局 1979 年影印本。
〔3〕 王世舜、王翠叶译注：《尚书·吕刑》，中华书局 2012 年版，第 331 页。
〔4〕 王世舜、王翠叶译注：《尚书·康诰》，中华书局 2012 年版，第 187 页。
〔5〕 （清）阮元校刻：《十三经注疏·礼记正义》卷十五《月令》，中华书局 1980 年版，第 133 页。

器及所盗财物也。"由此可知，在贼盗案件中，作案工具和所盗取之赃物均得到重视，专人掌管，作为定罪之依据。

（三）勘验报告

该证据类型在西周时便已在司法实践中运用。"孟秋之月，……命理瞻伤、察创、视折、审断，决狱讼。"[1]"理"是决狱职官，即负责审案之司法官。"瞻""察""视""审"是以肉眼对伤情进行检验，而"伤""创""折""断"则是几种伤情。据东汉蔡邕解释说："皮曰伤，肉曰创，骨曰折，骨肉皆绝为断。言民斗辨而不死者，当以伤、创、折、断、深浅、大小正其罪之轻重。"[2]即为，发生人身伤害案件时，要对各种伤情进行检验，以作为案件处断之依据。虽然，此时之检验水平尚属初级，仍处于只用肉眼检验之阶段，但无法否认该种证据类型业已存在。

二、五听辨别证据真伪

《周礼》中五听断狱之记载可谓开此途径之先河，"以五声听狱讼，求民情：一曰辞听（观其出言，不直则烦）；二曰色听（观其颜色，不直则赧然）；三曰气听（观其气息，不直则喘）；四曰耳听（观其听聆，不直则惑）；五曰目听（观其眸子，不直则眊然）。"[3]将五听作为断狱之手段，是将心理学原理应用于司法实践。所谓做贼心虚，理亏或犯罪之人常常会表现出与常

〔1〕（清）阮元校刻：《十三经注疏·礼记正义》卷十五《月令》，中华书局1980年版，第144页。

〔2〕转引自沈德咏、宋随军主编：《刑事证据制度与理论》（上），人民法院出版社2006年版，第20页。

〔3〕吕友仁、李正辉注译：《周礼·秋官·小司寇》，中州古籍出版社2010年版，第330页。

人不同之状态。比如说话语无伦次（辞）；神态慌张、面红耳赤（色）；不能心平气和，呼吸急促（气）；因惶恐而神情恍惚，无法听清问话（耳）；因心虚而不敢正视审问官（目）。于是，司法官便可通过综合衡量这些因素来判断言辞之真实性。在五听中，辞听最为紧要，司法官须注意倾听观察，并擅于发现言语之前后矛盾之处，辨别真伪，即"察辞于差"。[1]

三、疑罪从赎的缘起

对于证据不足的疑难案件在先秦时期便已有了解决之途径，可视为疑罪处理原则之滥觞。皋陶言，"与其杀不辜，宁失不经。"[2]对于证据不足之疑案，宁可宽松处置，不依常法，也不能错杀无辜，体现了从轻处断原则。另，《尚书》中记载了疑罪从轻之具体解决方案："五刑之疑有赦。墨辟疑赦，其罚百锾，阅实其罪。劓辟疑赦，其罚惟倍，阅实其罪。剕辟疑赦，其罚倍差，阅实其罪。宫辟疑赦，其罚六百锾，阅实其罪。大辟疑赦，其罚千锾，阅实其罪。"[3]可见，当时便已用"赎"之方式对待疑罪。这对后世影响深远，唐宋时期"疑罪从赎"不仅载入法条，更被司法实践所广泛应用。

第二节　秦汉刑事证据制度

秦汉时期是刑事证据制度逐步确立时期，证据相关内容逐

---

[1] 王世舜、王翠叶译注：《尚书·吕刑》，中华书局 2012 年版，第 330 页。
[2] 王世舜、王翠叶译注：《尚书·大禹谟》，中华书局 2012 年版，第 359 页。
[3] 王世舜、王翠叶译注：《尚书·吕刑》，中华书局 2012 年版，第 327～328 页。

渐制度化，并形成了自己的特点。

一、确立口供核心地位

秦汉时期，口供在刑事证据中居于核心地位，尤其是被告口供。可以说，审断是围绕录取被告真实供辞而展开的。人证、物证等证据的使用，某种程度上讲，是为了印证被告供辞之真实性。没有被告供认，一般不能定罪。因此，要反复询问当事人和证人，并加以记录。"凡讯狱，必先尽听其言而书之，各展其辞，虽智（知）其訑，勿庸辄诘。其辞已尽书而毋解，乃以诘者诘之。诘之有（又）尽听书其解辞，有（又）视其他毋解者以复诘之。"[1]

如果被告不招认，可以实施拷讯，直至获取被告口供作为定罪依据。值得关注的是，在汉代时期，不仅可以拷讯被告，亦可以拷讯证人，以获取证言。如曾任西汉最高司法官廷尉的杜周，对于重大案件证人拷掠众多，以至于一听说要逮证人时，人们便纷纷逃匿。"连逮证案数百……会狱，吏因责如章告劾，不服，以掠笞定之。于是闻有逮证，均亡匿。"[2]

二、限制性刑讯

刑讯在秦汉时期是获取口供的主要方式，如被告不招认，便使用拷讯手段强制其招认。但秦汉时期的拷讯为有条件拷讯，

---

〔1〕 睡虎地秦墓竹简整理小组编：《睡虎地秦墓竹简·封珍式·讯狱》，文物出版社 1990 年版，第 148 页。

〔2〕 （汉）班固著，（唐）颜师古注：《汉书·杜周传》，中华书局 1962 年版，第 2260 页。

只有对多次更改口供或虽理屈词穷却仍拒不认罪之被告方可实施。且以拷讯方式获取口供时，需要在记录中予以说明。"诘之极而数讪，更言不服，其律当治（笞）谅（掠）者，乃治（笞）谅（掠）。"[1]

并且，在秦代，将通过拷讯获取口供的方式视为下策。"治狱，能以书从迹其言，毋治（笞）谅（掠）而得人请（情）为上；治（笞）谅（掠）为下；有恐为败。"[2]汉代通过刑讯获取口供亦为法律所允许，但对其亦有限制性规定。汉景帝年间专门制定了《箠令》，对刑讯工具及行刑均作出了具体规定："笞者，箠长五尺，其本大一寸，其竹也，末薄半寸，皆平其节。当笞者，笞臀。毋得更人，毕一罪乃更人。"[3]东汉章帝亦曾说："律云：掠者唯得榜、笞、立。"[4]

可见，秦汉法律虽允许通过刑讯方式获取口供，但对刑讯采取审慎之态度，可不采用的情形下最好不采用，即便采用，也要受到一些条件限制，以防止因拷掠造成冤假错案。

三、勘验制度发展

秦汉时期的司法官吏已经懂得通过现场勘查来获取一些犯罪的痕迹和其他证据。秦简《封珍式》中所载之《贼死》《经死》《穴盗》即为三个典型的现场勘验报告，从中能够看出当时

---

[1] 睡虎地秦墓竹简整理小组编：《睡虎地秦墓竹简·封珍式·讯狱》，文物出版社 1990 年版，第 148 页。

[2] 睡虎地秦墓竹简整理小组编：《睡虎地秦墓竹简·封珍式·治狱》，文物出版社 1990 年版，第 147 页。

[3] （汉）班固著，（唐）颜师古注：《汉书·刑法志》，中华书局 1962 年版，第 426 页。

[4] （宋）范晔撰，（唐）李贤等注：《后汉书》卷三《肃宗孝章帝纪》，中华书局 1965 年版，第 146 页。

勘查所涵盖内容。

第一，人命案件须勘查现场方位和死者外在基本状况。如《经死》爰书载："丙尸系其室东内中北癖权，南向，以枲索大如大指，旋通系劲，旋终在项。索上终权，再周结索，余末袤二尺。头上去权二尺，足不傅地二寸，头北傅癖，……权大一围，袤三尺，西去堪二尺，堪上可道终索。"[1]这里记录了勘查所得丙之尸体位置与形状，位置为其家东侧卧室，形态为悬挂在北墙之房梁上。具体情形为：麻绳做成的绳套系在脖子上，绳子挂在房檐上，绕檐两周后打上结，留下的部分长二尺。尸体头部距离房檐二尺，脚离地面二寸，头和背均贴在墙上。房椽粗有一围，长有三尺，西侧距离地上的土台有二尺，在土台上可以悬挂绳索。

第二，盗案须勘查现场基本状况及罪犯所留下痕迹。《穴盗》爰书中所载记录，颇能说明当时盗案现场勘查状况。"内后有小堂，内中央有新穴，穴彻内中。穴下齐小堂，上高二尺三寸，下广二尺五寸，上如猪窦状。其所以埱者类旁凿，迹广□寸大半寸。其穴壤在小堂上，直穴播壤，破入内中。内中及穴中外壤上有膝、手迹，膝、手各六所。外壤秦綦履迹四所，袤尺二寸。其前稠綦袤四寸，其中央稀者五寸，其踵稠者三寸。其履迹类故履。内北有垣，垣高七尺，垣北即巷殹。"[2]这里详细记载了洞穴位置、尺寸形状、土壤堆放状况以及罪犯所遗留之手印、脚印等其他痕迹的情形。

而秦汉时期对尸伤检验在先秦基础上亦有所发展。主要体

---

〔1〕 睡虎地秦墓竹简整理小组编：《睡虎地秦墓竹简·封珍式·经死》，文物出版社1990年版，第158页。

〔2〕 睡虎地秦墓竹简整理小组编：《睡虎地秦墓竹简·封珍式·穴盗》，文物出版社1990年版，第160页。

现为两点。

第一，检验更为详尽。如"某头左角刃痏一所，背二所，皆纵头背，衰各四寸，相奊，广各一寸，皆肙中类斧，脑角出皆血出，被污头背及地，皆不可为广衰；它完。衣布禅裙、襦各一。其襦背直痏者，以刃决二所，应痏。襦背及中衽□污血。"[1]该爰书详细记载了死者受伤部位、伤口尺寸、类似何物所伤以及出血情况等。又如，"□□一所，广二寸、衰六寸。左臂二所，皆广二寸、长六寸；又手中创二所，广半寸、长三寸。右臂二所，其一□。"[2]

第二，掌握了对某些特殊病因和死因之检验技巧。如对麻风病的检验："辞曰'以三岁时病疕，眉突，不可知其何病，毋它坐'。令医丁诊之，丁言：'丙毋眉，艮本绝，鼻腔坏。刺其鼻不嚏。肘膝到两足下踦，溃一所。其手毋胈。令号，其音气败。疠殹。'"[3]明确了麻风病患者基本特征及检验方法。又如对缢死案件之检验："……视舌出不出，头足去终所及地各几何，遗矢溺不殹？乃解索，视口鼻喟然不殹？及视索迹郁之状。道索终所试脱头；能脱，乃□其衣，尽视其身、头发中及篡。舌不出，口鼻不喟然，索迹不郁，索终急不能脱，□死难审殹。即死久，口鼻或不能喟然者。"[4]该记载指明了自缢而死之人的表征，如何通过检验区分是否死于自缢。

[1] 睡虎地秦墓竹简整理小组编：《睡虎地秦墓竹简·封珍式·贼死》，文物出版社1990年版，第157页。

[2] 甘肃省文物考古研究所等编：《居延新简——甲渠侯官与第四燧》，文物出版社1990年版，第324页。

[3] 睡虎地秦墓竹简整理小组编：《睡虎地秦墓竹简·封珍式》，文物出版社1990年版，第156页。

[4] 睡虎地秦墓竹简整理小组编：《睡虎地秦墓竹简·封珍式·经死》，文物出版社1990年版，第158~159页。

四、创设疑难案件特殊解决途径——据证奏谳

汉代谳狱制度基本形成于汉高祖刘邦时。汉高祖七年（公元前 200 年）制诏御史："狱之疑者，吏或不敢决，有罪者久而不论，无罪者久系不决。自今以来，县道官狱疑者，各谳所属二千石官，二千石官以其罪名当报之，所不能决者，皆移廷尉，廷尉亦当报之。廷尉所不能决，谨具为奏，传所当比律令以闻。"[1] 此为疑狱层报制度，从县道官吏至二千石官，二千石官至廷尉，廷尉至皇帝，此成为汉代谳狱制度形成之基础。景帝时又对谳狱制度作了补充。"法令度量，所以禁暴止邪也。狱，人之大命，死者不可复生。吏或不奉法令，以货赂为市，朋党比周，以苛为察，以刻为明，令亡罪者失职，朕甚怜之。有罪者不伏罪，奸法为暴，甚亡谓也。诸狱疑，若虽文致于法而于人心不厌者，辄谳之。"[2] 强调了司法审判应当秉公执法，不可枉法。哪怕已断决之案件合于法令，但当事人不服，也须将之视为疑案"谳之"。

汉代疑案虽然并非均为证据不足之疑案，但证据不足仍为疑案重要组成部分。《后汉书·孔融传》即载有一起"谳狱"事例，因证据无法确实，奏谳，直至皇帝下诏定案。"山阳张俭为中常侍侯览所怨，览为刊章下州郡，以名捕俭。俭与融兄褒有旧，亡抵于褒，不遇。时融年十六，俭少之而不告。融见其有窘色，谓曰：'兄虽在外，吾独不能为君主邪？'因留舍之。后

---

〔1〕（汉）班固著，（唐）颜师古注：《汉书·刑法志》，中华书局 1962 年版，第 426 页。

〔2〕（汉）班固著，（唐）颜师古注：《汉书·景帝纪》，中华书局 1962 年版，第 35 页。

事泄，国相以下，密就掩捕，俭得脱走，遂并收褒、融送狱。二人未知所坐。融曰:'保纳舍藏者，融也，当坐之。'褒曰:'彼来求我，非弟之过，请甘其罪。'吏问其母，母曰:'家事任长，妾当其辜。'一门争死，郡县疑不能决，乃上谳之。诏书竟坐褒焉。"这里孔融因为为其哥哥孔褒的老朋友张俭提供庇护，官府追究孔融、孔褒责任，而孔融、孔褒及他们的母亲争相要承担罪责，郡县因证据不足视为疑案上谳廷尉，最后皇帝下诏仅仅追究孔褒的责任。

第三节　唐宋刑事证据制度

唐宋王期是我国古代社会发展的鼎盛时期，《唐律疏议》与《宋刑统》为中华法系代表作，无论是内容还是立法技术、篇章体例，都堪称先秦以来中国古代法制集大成者。其证据制度，尤其是刑事证据制度亦更加系统化、规范化。

一、重视五听察情

五听察情源远流长，《唐律疏议·断狱》曰:"诸应讯囚者，必先以情，审察辞理，反复参验。"[1]唐朝要求司法官吏首先通过"五听"来审察被告供词真伪，同时也将其用于判断原告及证人等证词的真伪，从而认定案件事实。宋律延续唐之规定，《宋刑统》【议】曰:"故拷囚之义，先察其情，审其辞理，反复案状，参验是非。……若不以情审察及反复参验，而辄拷者，合杖六十。"[2]宋代思想家王介甫对五听理论作了进一步阐释。

---

〔1〕　刘俊文点校:《唐律疏议·断狱》，法律出版社1999年版，第592页。
〔2〕　薛梅卿点校:《宋刑统·断狱》，法律出版社1999年版，第538页。

"听狱讼，求民情，以讯鞫作其言，因察其视、听、气、色，以知其情伪，故皆谓之声焉。言而色动，气丧，视听失，则其伪可知也。然皆以辞为主，辞穷而尽得矣，故五声以辞为先，色、气、耳、目次之。"[1]将"五听"之"辞听"视为首。

在唐宋时期司法实践中，五听方式得以广泛应用。如唐朝曾有金都御使杨武，便擅于运用五声之法查明案情。有人盗米，不知谁为盗贼，杨武便叫人将几十个邻居带来，让他们跪在庭上，自己却不问不理，只顾做他事。"忽厉声曰：'吾得盗米者矣'。其一人色动。"过了很长时间，又厉声说已经知道谁是盗米之人，该人"愈益色动"。杨武就指着他说，第几行第几个人就是盗贼。"其人遂服"。[2]另，有人盗田里的瓜，杨武便令取盗者足迹。然后将村中壮年之士带到庭上，让他们在早已经布好的灰上走过，并言"合其迹者即盗也"。最后一个人"辗转有难色，且气促甚"。一审问，果为盗贼。[3]

宋时王靖少卿提点河东刑狱时，有命案。拷打十几人，均未能破获，只能将人释放。王靖看了案牍后，指明一人为真贼。叫人讯问，果然服罪。"是亦耐掠隐抵者也，其能使之服罪何哉？盖察其疑辞，而见其本情，已识其为真贼矣，于是曲折诘问，攻其所抵，中其多隐，辞穷情得，势自屈服，斯不待于掠治也。然则鞫情之术，或先以其色察之，或先以其辞察之，非负冤被诬审矣，乃检事验物而曲折讯之，未有不得其情也。"[4]此亦

[1] （明）邱浚撰：《大学衍义补》卷一六〇，京华出版社1999年版，第436页。
[2] （清）周尔吉：《历朝折狱纂要》，全国图书馆文献缩微复制中心1993年版，第123页。
[3] （清）周尔吉编：《历朝折狱纂要》，全国图书馆文献缩微复制中心1993年版，第123页。
[4] （宋）郑克撰：《折狱龟鉴》卷一，杨一凡、徐立志主编：《历代判例判牍》（第1册），中国社会科学出版社2005年版，第395页。

为在五听基础上察情理，然后反复讯问，以明事实真相之实例。

二、拷讯规范化

拷讯一直是获取口供，尤其是被告口供之基本手段，自先秦至秦汉再至唐宋，无一例外。唐宋时期律文对拷讯的规定愈加详尽，愈加规范。

依唐律规定，实施刑讯须具备两个前提：一是必须先审察供词，反复验证，仍是无法确定案情的，方可实施；二是必须先立案，由长官同判，方可实施，以防止主审官意气用刑。"诸应讯囚者，必先以情，审察辞理，反复参验，尤未能决，事须讯问者，立案同判，然后拷讯。"[1]如果违反上述规定，私自拷打，则"杖六十"。[2]而在实施刑讯过程中，亦不得违反限制性规定。主要有三：一是刑具之限制。只能使用"杖"，其他工具均为非法。"拷囚于法杖之外，或以绳悬缚，或用棒拷打，但应行杖外，悉为〔他法〕。"另对行杖之具体规格予以明确，"杖皆削去节目，长三尺五寸。讯囚杖，大头径三分二厘，小头二分二厘。常行杖，大头二分七厘，小头一分七厘。笞杖，大头二分，小头一分五厘。"[3]二是用刑度、量之限制。唐律规定："诸拷囚不得过三度，数总不得过二百，杖罪以下不得过所犯之数。"【疏】议曰："拷囚每讯相去二十日。若讯未毕，更移他司，仍须拷鞫，即通计前讯以充三度。"[4]三是用刑部位之限制。"决笞者，腿、臀分受。决杖者，背、腿、臀分受。须数

---

〔1〕 刘俊文点校：《唐律疏议·断狱》，法律出版社1999年版，第592页。
〔2〕 刘俊文点校：《唐律疏议·断狱》，法律出版社1999年版，第592页。
〔3〕 刘俊文点校：《唐律疏议·断狱》，法律出版社1999年版，第598页。
〔4〕 刘俊文点校：《唐律疏议·断狱》，法律出版社1999年版，第593页。

等。拷讯者亦同。"〔1〕否则，便要受到惩处。"若拷过三度及杖外以他法拷掠者，杖一百，杖数过者，反坐所剩；以故致死者，徒二年。"〔2〕

宋律在承继唐律基础上，对刑讯作出了更为慎重的规制，除非证词、验状明确，不得拷掠。"验诸证信，事状疑似，犹不首实者，然后拷掠。"〔3〕太祖时下诏："令诸州获盗，非状验明白，未得掠治。其当讯者，先具白长吏，得判乃讯之。凡有司擅掠囚者，论为私罪。"〔4〕之后，"【准】建隆三年十二月六日敕节文：宜令诸道、州、府指挥推司官吏，凡有贼盗刑狱，……如是勘到宿食行止，与元通辞款异同，或即支证分明，及赃验见在，公然抗拒，不招情款者，方得依法拷讯，仍须先申取本处长吏指挥。"〔5〕与唐朝相比，此改变有二：一是将"事状疑似"而拷讯之前提发展为"支证分明，赃验见在"仍不伏罪者。拷讯必建立在已经掌握一定证据基础之上，即供词与实际状况不符或人证、物证等证据皆在，被告却抵赖不认。这在一定程度上减少了因拷讯而屈打成招的弊端，是宋代在刑讯方面取得的质的进步。二是废除了"长官同判"制度，仅仅取得长吏同意即可刑讯。

另，唐宋律中明文规定了可以拷讯原告。"诸拷囚限满而不首者，反拷告人，其被杀、被盗家人及亲属告者，不反拷。拷

〔1〕 刘俊文点校：《唐律疏议·断狱》，法律出版社1999年版，第598页。
〔2〕 刘俊文点校：《唐律疏议·断狱》，法律出版社1999年版，第594页。
〔3〕 薛梅卿点校：《宋刑统·断狱》，法律出版社1999年版，第538页。
〔4〕 《宋史·刑法志》，高潮、马建石主编：《中国历代刑法志注译》，吉林人民出版社1994年版，第392页。
〔5〕 《宋史·刑法志》，高潮、马建石主编：《中国历代刑法志注译》，吉林人民出版社1994年版，第542页。

满不首，取保并放。"[1]即凡是经过三次拷讯，被告仍不认罪的，要反拷原告之人，倘使原告亦不认罪，则原、被告双方均可取保候审，同时释放。此规定既体现了依证据断案之原则（无证据即要将嫌犯释放），又避免淹禁。

三、注重物证

唐宋时期，特别注重物证在查明案情中的作用，不盲目听信口供及证人证言。虽然口供仍是定罪主要证据，但因物证地位提升，使得口供呈现出弱化的趋势，出现了"零口供"判决之明确法律规定。

《唐律》曰："若赃状露验，理不可疑，虽不承引，即据状断之。"【疏】议曰："［若赃状露验］，谓计赃者见获真赃，杀人者检得实状，赃状明白，理不可疑，问虽不承，听据状科断。"[2]即，在盗案中，如赃物等物证确凿，在凶杀案中，尸伤检验等的确，犯罪情节已查清，从情理而言亦无可怀疑，那么即使犯罪嫌疑人拒不招供，也可直接依据实物证据判决。在此情形下，物证在断决中起到了决定性作用。

宋承袭唐之规定，并在此基础上，进一步提升了物证在审判中之地位。《宋刑统》规定："诸犯罪事发，有赃状露验者，虽徒伴未尽，见获者，先依状断之，自后从后追究。"[3]即便没有被告口供，没有同伙证言，但只要物证确凿，亦可据物证先行决断。在司法实践中，司法官也在不断强调物证之重要性。"证以人，或容伪焉，故前后令莫能决；证以物，必得实焉，故

---

［1］ 刘俊文点校：《唐律疏议·断狱》，法律出版社 1999 年版，第 595 页。
［2］ 刘俊文点校：《唐律疏议·断狱》，法律出版社 1999 年版，第 593 页。
［3］ 薛梅卿点校：《宋刑统·断狱》，法律出版社 1999 年版，第 550 页。

盗者始服其罪。"〔1〕"凡据证折狱者，不唯责问知见辞款，又当检勘其事，推验其物，以为证也。"〔2〕

概言之，物证在唐宋时期之重要作用主要体现为两点：其一，有口供情形下，物证用于验证口供之真伪，而不轻信之；其二，没有口供情形下，如果物证确实，亦可定罪。

这在司法实践亦有明显体现。"高防初事周世宗。知蔡州时，部民王乂为贼所劫，捕得五人，系狱穷治，赃状已具，将加极典。防疑其枉，取赃阅之，召乂问：'所失衫袴是一端布否？'曰：'然。'防令校其幅尺，广狭不同，疏密有异。囚乃称冤。问：'何故服罪？'曰：'不任捶楚，求速死耳。'居数日，获其本贼，而五人得释。"〔3〕该案先是依据被告招供，不对物证进行核实，便定案处断，险些造成冤狱。幸亏高防又对物证进行核实，才得以使被冤之人获释。

四、确立众证定罪制度

《唐律》规定："诸应议、请、减，若年七十以上，十五以下及废疾者，并不合拷讯，皆据众证定罪，违者以故失论。若证不足，告者不反坐。"〔4〕在据"众证定罪"原则下，其实质意味着断案没有被告口供，仅有证人证言亦可。因拷讯是获取被告口供之基本途径，该途径被阻隔，便使被告口供缺失成为

〔1〕 （宋）郑克撰：《折狱龟鉴》卷六，杨一凡、徐立志主编：《历代判例判牍》（第1册），中国社会科学出版社2005年版，第460页。

〔2〕 （宋）郑克撰：《折狱龟鉴》卷六，杨一凡、徐立志主编：《历代判例判牍》（第1册），中国社会科学出版社2005年版，第465页。

〔3〕 （宋）郑克撰：《折狱龟鉴》卷六，杨一凡、徐立志主编：《历代判例判牍》（第1册），中国社会科学出版社2005年版，第368页。

〔4〕 刘俊文点校：《唐律疏议·断狱》，法律出版社1999年版，第590页。

极大可能，除非被告自愿交代罪行。据此原则定罪，应符合两点：其一，被告主体限制。只能是两类人，一是具有特殊身份之人，即"议""请""减"之人。二是老弱病残之人。此两类人因不适合进行刑讯，所以不能采取强制性手段使其认罪，只好依证人证言定罪。其二，符合法定证人人数。【疏】议曰："称〔众〕者，三人以上，明证其事，始合定罪。"〔1〕即为必须三个以上的证人证明其有罪，方能定案。如果有三个证人证实有罪，另有三个证人证实无罪，又该如何？唐律对此有明确答复，"是名疑罪"。〔2〕

宋朝对唐律"据众证定罪"之规定沿用不废。因此可言，唐宋时期，证言之重要性得以提高。

五、勘验技术显著提高

唐律勘验之发展主要体现为检验伤痕之严谨性。对于伤人之物、伤人之处及受伤程度等均有详细规定，有利于实践中对案情的把握，进而为刑事案件鉴定及证据认定提供客观标准。

伤人之物不同，所伤之处不同，受伤程度不同则所处刑罚亦不同，因此，在检验结果须明确该些要点。如"诸斗殴人者，笞四十；……伤及以他物殴人者，杖六十；见血为伤。非手足者，其余皆为他物，即兵不用刃亦是"，"他物殴人伤及拔髪方寸以上，各杖八十……若殴人头面，其血或从耳或从目而出，及殴人身体内损吐血者，各加手足及他物殴伤罪二等。"〔3〕此条

〔1〕 刘俊文点校：《唐律疏议·断狱》，法律出版社 1999 年版，第 590 页。

〔2〕 刘俊文点校：《唐律疏议·断狱》，法律出版社 1999 年版，第 591 页。

〔3〕 刘俊文点校：《唐律疏议·断狱》，法律出版社 1999 年版，第 414～415 页。

即涉及伤人之物分为手足与他物；结果分为有伤与无伤；伤害程度分为一般出血、头发被拔、耳目出血、内伤吐血。

唐律规定办案人员检验不实，须承担法律责任。"诸有诈病及死伤，受使检验不实者，各依所欺，减一等。若实病死及伤，不以实验者，以故入人罪论。"[1]

宋代勘验技术取得了更为长足之发展，可谓达到了中国古代勘验之鼎盛时期，尤其是法医检验和司法鉴定等方面。并产生了大量的法医学著作，如《折狱龟鉴》《洗冤集录》《棠阴比事》等。宋慈的《洗冤集录》可以说是宋代勘验技术之最高成就，其诞生标志着中国古代法医学检验技术已相当成熟、完备，此后，《洗冤集录》被历代奉为检验之圭臬。

宋代检验之发展主要体现为：

（1）规范、细化检验程序。明确了报检、初检、复检、无凭检验之程序。凡杀伤人案件，地邻、保甲需要向州县报检，此为其必尽义务。初检、复检各有负责，"诸验尸，州差司理参军……县差尉，县尉阙即以次差簿、丞。"[2]"诸尸应覆验者，在州申州；在县，于受牒时牒尸所最近县。"[3]检验时，先对现场勘验，再对尸体检验。尸体检验在《洗冤集录》中规定甚多，如确定死者身份之检验、伤亡原因及程度之检验等。检验之后须依统一格式填写检验结果，"诸初、父检尸格目，提点刑狱司依式印造。每副初、覆各三纸，以《千字文》为号鉴定，给下州县。遇检验，即以三纸先从州县填讫，付被差官。候检验讫，从实填写。一申州县，一付被害之家（无，即缴回本司），一具

〔1〕 刘俊文点校：《唐律疏议·断狱》，法律出版社1999年版，第509页。
〔2〕（宋）宋慈：《洗冤集录·条令》，杨一凡主编：《历代珍稀司法文献》（第9册），社会科学文献出版社2012年版，第6页。
〔3〕（宋）宋慈：《洗冤集录·条令》，杨一凡主编：《历代珍稀司法文献》（第9册），社会科学文献出版社2012年版，第6页。

日时字号人急递，径申本司点检。”[1]无凭检验针对的是尸体腐烂无法检验之情形。对于该种情形的检验，在《洗冤集录》中有专门阐释。“凡检验无凭之尸，宜说头发褪落，曲鬓、头面、遍身皮肉併皆一概青黑，皱皮坏烂，及被蛆虫咂破骨殖显露去处。如皮肉消化，宜说骸骨显露，上下皮肉併皆一概消化，祇有些小消化不及，筋肉与骨殖相连。今来委是无凭检覆，本人生前沿身上下有无伤损它故，及定夺年颜、形状、致死因依。不得兼用手揣捏得沿身上下，并无骨损去处。”[2]

（2）勘验笔录齐备。除了检验完毕，须填写验尸报告（即验状）外，宋代还创制了“检验格目”和“检验正背人形图”。验状应详细记载现场勘验及尸伤检验情形，为此，官方还制定了应验部位统一标准，包括正面、背面、左侧、右侧四面，详细到身体各个部位，以便检验人员能够发现致命伤，致命伤是定案根本。检验格目为南宋时期郑兴裔所创，以解决检验中存在之弊端。“淳熙初，浙西提刑郑兴裔上《检验格目》，诏颁之诸路提刑司。凡检覆必给三本：一申所属，一申本司，一给被害之家。”[3]检验格目分为初验尸格目和复验尸格目，主要记载的是检验之程序性问题，如什么时间、谁报检；什么时间到什么地点检验；是否已查明致命要害伤痕；检验格目发送情况；参加检验人员画押。检验正背人形图是我国最早的尸图，内容基本同验状，只是验状以文字记载，前者则是以图形形态出现，更加直观，一目了然。该图颁布于南宋嘉定年间。“江西提刑徐

---

〔1〕（宋）宋慈：《洗冤集录·条令》，杨一凡主编：《历代珍稀司法文献》（第9册），社会科学文献出版社2012年版，第6页。

〔2〕（宋）宋慈：《洗冤集录·条令》，杨一凡主编：《历代珍稀司法文献》（第9册），社会科学文献出版社2012年版，第44页。

〔3〕《宋史·刑法志》，高潮、马建石主编：《中国历代刑法志注译》，吉林人民出版社1994年版，第455页。

似道言：'检验官指轻作重，以有为无，差讹交互，以故吏奸出入人罪。乞以湖南正背人形随《格目》给下，令于伤损去处，依样朱红书画，唱和伤痕，众无异词，然后署押。'诏从之，颁之天下。"[1]使用该人形图的目的为"吏奸难行、愚民易晓。如或不同，许受屈人径经所属控告。"[2]

（3）检验经验更加丰富、技巧更加高超。宋慈在《洗冤集录》中根据死因不同阐释了不同检验方法，如杀伤、自刑、汤泼死、火死、服毒、病死等，并对容易混淆的死因作出辨析。如，自缢和被人勒死后假装自缢的区分，"真自缢者，用绳索、帛之类系缚处，交至左右耳后，深紫色，眼合、唇开、手握、齿露；缢在喉上则舌抵齿，喉下则舌多出，胸前有涎滴沫，臀后有粪出。若被人打、勒杀，假作自缢，则口眼开，手散，发慢，喉下血脉不行，痕迹浅淡，舌不出，亦不抵齿，项上肉有指爪痕，身上别有致命伤损去处。"[3]又如，自己投井、被人推入井和自己失足落井的尸体区别本不大，都会有被擦碰的伤痕，指甲和头发都会有沙泥，肚子胀等，但仍有须关注之细小区别，"所谓落井小异者，推入与自落井则手开、眼微开，腰身间或有钱物之类；自投井则眼合、手握、身间无物。"[4]显示了宋代丰富的检验经验和高超的检验技巧。

除尸体检验外，活体伤痕检验在宋亦较发达，多发生在伤害和性犯罪案件中。如，《疑狱集》中便记载有该类案件。"钱

〔1〕《宋史·刑法志》，高潮、马建石主编：《中国历代刑法志注译》，吉林人民出版社 1994 年版，第 457 页。

〔2〕张晋藩主编：《中国司法制度史》，人民法院出版社 2004 年版，第 232 页。

〔3〕（宋）宋慈：《洗冤集录》卷三，杨一凡主编：《历代珍稀司法文献》（第9 册），社会科学文献出版社 2012 年版，第 81 页。

〔4〕（宋）宋慈：《洗冤集录》卷三，杨一凡主编：《历代珍稀司法文献》（第9 册），社会科学文献出版社 2012 年版，第 84 页。

惟济留后知绛州，民有条桑者，盗强夺之不能得，乃自斫其右臂，诬以杀人。官司莫能辨，惟济引问，面以食，而盗以左手举匕筋，因语之曰：'他人行刃则上重下轻，今下重上轻，正用左手伤右臂也。'诬者引服。"[1]该案中，通过对手臂伤痕进行检验最终辩诬。另，"宋咸淳间，浙人寓江西。招一尼教其女刺绣。女忽有娠。父母究问，曰：'尼也。'父母怪之，曰：'尼与同寝，常言夫妇咸恒事。'时偶动心，尼曰：'妾有二形，逢阳则女，逢阴则男。'揣之，则俨然男子也，遂数与合。父母闻官，尼不服，验之无状。至于宪司，时翁丹山会作宪，亦莫能明。某官曰：'昔端平丙申年，广州尼董师秀有姿色，偶有欲滥之者，卒揣其阴，男子也。'事闻于官，验之，女也。一坐婆曰：'令仰卧，以盐肉水渍其阴，令犬舐之。'已而阴中果露男形，……申之如其说，验之果然。遂处死。"[2]这便是一起通过特殊活体检验方式以明案情之实例。

宋代对检验之重视，正如宋慈所言："狱事莫重于大辟，大辟莫重于初情，初情莫重于检验。"[3]

六、疑罪从赎法制化

唐宋将疑罪从赎法制化。《唐律疏议》和《宋刑统》均列

---

〔1〕（五代）和凝编纂，（北宋）和㠓附续，（明）张景续编：《疑狱集》卷十一，杨一凡主编：《历代珍稀司法文献》（第9册），社会科学文献出版社2012年版，第303页。

〔2〕（五代）和凝编纂，（北宋）和㠓附续，（明）张景续编：《疑狱集》卷十一，杨一凡主编：《历代珍稀司法文献》（第9册），社会科学文献出版社2012年版，第304页。

〔3〕（五代）和凝编纂，（北宋）和㠓附续，（明）张景续编：《疑狱集》序，杨一凡主编：《历代珍稀司法文献》（第9册），社会科学文献出版社2012年版，第3页。

专条规定疑罪及疑罪之处理原则。"诸疑罪，各依所犯，以赎论。"[1]疑罪从赎便成为法定处理原则。何为疑罪？即为有诸多可疑之处，案情难以明了之罪。"[疑罪]，谓事有疑似，处断难明。"[2]依据唐宋律，大致可分为以下几种情况：一是证明有罪和证明无罪的人数相等。"注云[疑，谓虚实之证等]，谓八品以下及庶人，一人证虚，一人证实，二人以上，虚实之证其数各等；或七品以上，各据众证定罪，亦各虚实之数等。"[3]二是从情理而言，是非均有，且是非大体等同。"[是非之理均]，谓有是处，亦有非处，其理各均。"[4]三是证据不足或证据之间存在矛盾。"[或事涉疑似]，谓赃状涉于疑似，傍无证见之人；或傍有闻见之人，其事全非疑似。"[5]除此三种情形以外，现实中自会有其他疑难案件，律条无法穷尽所有，因此，须以一弹性条款作为总括，即"之类"。"称[之类]者，或行迹是，状验非；或闻证同，情理异。疑状既广，不可备论；不可备论，故云[之类]。"[6]

　　明清时期是刑事证据制度之发展变化时期，其特点主要体现为：证据为刑事诉讼链条之核心；口供地位得以较多提升，定罪必有被告口供，几近无供不定罪之状态，唐宋时期零口供定罪的规定被取消。勘验虽仍以宋代《洗冤集录》为蓝本，但勘验技术和经验均得以提高；同时，因政治因素、社会因素、文化因素等之影响，明清刑事证据属性体现了主观性相对增强，客观性相对减弱，合法性相对淡化之特点。

---

[1]　刘俊文点校：《唐律疏议·断狱》，法律出版社1999年版，第617页。
[2]　刘俊文点校：《唐律疏议·断狱》，法律出版社1999年版，第617页。
[3]　刘俊文点校：《唐律疏议·断狱》，法律出版社1999年版，第617页。
[4]　刘俊文点校：《唐律疏议·断狱》，法律出版社1999年版，第617页。
[5]　刘俊文点校：《唐律疏议·断狱》，法律出版社1999年版，第617页。
[6]　刘俊文点校：《唐律疏议·断狱》，法律出版社1999年版，第617页。

第四章
明清刑事证据类型

明清刑事证据类型虽不及现代丰富，但体系已相当完善，其涵盖了言辞证据、实物证据、勘查检验结论等。这些证据类型的证明效力，或者说证明力的强弱各异，通常情况下，因被告口供为定罪之必备，所以其效力要强于其他证据，其他证据起到辅助、印证作用。但并非绝对，如盗案中之实物证据、命案中之检验结论在定罪量刑中均起到决定性作用。因此，无论何种证据形式均不容小觑，其相互配合形成有力证据链条，以明案情。

第一节　口　供

在明清刑事证据类型中，口供的地位得到了进一步提升，几近到了无供不定案的程度。因此，在此将首先阐释该种证据类型。

一、口供释义

口供在现代证据学中通常是指刑事案件犯罪嫌疑人或者被告人的供述和辩解。在阐释古代证据制度时，我们亦使用口供一词，而且口供在传统刑事证据制度中具有极其重要的地位和作用。究其原因是多方面的，笔者认为最主要有三点：一是，形而上学之唯心主义认识论根源。司法官相信被告人自己供述的事实必定是真实可靠的，谁也不愿意往自己头上栽赃，因为一旦证实被告有罪，必将受到制裁。因而犯罪嫌疑人通常都会坚不吐实，而一旦作出有罪供述，其真实性便极高，"狱辞之于囚口者为款。款，诚也。言所吐者皆诚实也。"[1]这一唯心主义认识论势必导致倚重口供之结果，但这一简单而机械的逻辑却完全忽视了事物本身所具有之错综复杂性，其结果并非尽如人意。二是，司法官为自己的判决寻求正当道德支撑。在中国古代传统司法实践中，往往要取得被告口供作为定罪终极证据。在司法官看来，口供是被告自己承认犯罪事实，以此作为判决依据，不但合法，而且合理。通俗言之，便是：罪犯自己都认罪了，还能有假？这样一来，判决之合法性与妥当性便无可怀疑。"通俗地讲，不是官府对被告进行定罪量刑，而是被告对自己犯罪的认可。"[2]三是，古代科学技术、侦查手段落后。这使得其他证据获取难度大，而口供相对于其他证据而言获取较为容易，因为，取得口供最主要方式是粗暴刑讯，基本没有技术含量可言。

　　当我们将口供一词使用于对传统证据制度研究中时，首要问题是对其内涵作出界定。目前，学者对口供所做解释存在着如下不同：一种认为口供就是被告所做的供述。"古代的口供，又称为'首实'，专指被告人对指控事实的承认。"[3]"口供又

〔1〕（宋）司马光编纂：《资治通鉴》，中华书局1956年版，第6474页。
〔2〕徐忠明：《案例、故事与明清时期的司法文化》，法律出版社2006年版，第80页。
〔3〕谢安平、郭华：《证据法学》，中国人民公安大学出版社2009年版，第47页。

被称为'首实'，即指被告人所作的有关案件的供词。"〔1〕第二
种认为口供既包括原告供词也包括被告供词。"供词包括原被两
造之供词"〔2〕；"口供即原告、被告双方的供词"〔3〕；"口供
指案件的当事人以言辞形式表达案件事实的一种证据，包括被
告人口供和被害人口供"〔4〕。第三种认为口供包括原、被告供
词和证人证言等与案件有关人之陈述。"口供应当作广义上的理
解，不应单指被告发之人的如实供述，实际上中国古代将原告
对事实的陈述、被告对犯罪事实的交代、证人的证词，甚至与
案件有关系之人的陈述皆被称为证词或口供。"〔5〕

笔者赞同第三种观点，这从法律史料中能够得到证实。"口
供"这样的字眼未见诸明清时期法律条文中，但从司法制度运
行实践来看，口供应是被告、原告以及干连佐证等之供述，三者
相互补充，相互印证，构成一个整体。明《折狱新语》记载一判
词："审得生员董应迈之告，缘粪窖发也。今据住人孙论等口供，
谓置于大道；而据应迈等口供，谓顿于僻静。……"〔6〕该案中董
应迈是原告，孙论等是证人，在阐述其陈述时均使用了口供一
词，而被告陈述称为口供这一点又毫无争议，据此，口供应为
所有涉案人所作出的可以用于证明案情之陈述，其范围应界定

〔1〕 王亚琼："试论唐代的证据制度"，中国政法大学 2008 年硕士学位论文，第 9 页。
〔2〕 杨雪峯：《明代的审判制度》，黎明文化事业股份有限公司 1981 年版，第 270 页。
〔3〕 罗昶：《伦理司法——中国古代司法的观念与制度》，法律出版社 2009 年版，第 297 页。
〔4〕 李文玲：《中国古代刑事诉讼法史》，法律出版社 2011 年版，第 206 页。
〔5〕 祖伟："中国古代'据供辞定罪'——刑事证据首要规则及理据解析"，载《法制与社会发展》2008 年第 1 期，第 51 页。
〔6〕 （明）李清：《折狱新语注释》，华东政法学院法律古籍整理研究所，吉林人民出版社 1989 年版，第 220 页。

为：原告、被告供述以及干连佐证之陈述。

二、被告人供述

明代多用"招"来表示被告人供述。"明代以后，'招''供'二字，逐渐演变成不同意义，'供'泛指原告、被告、证人之陈述，'招'则专指被告承认自己有罪之陈述，'招'实为'供'之一种，'供'之范围大，'招'之范围小。"〔1〕

明清时期的刑事审判，极为重视被告人口供，"断罪必取输服供词"。《大明律》"吏典代写招草"条，王肯堂笺释说："鞫问刑名等项，必据犯人之招草，以定其情。"〔2〕犯人"招草"，即被告人供述，是定罪处断必要条件。《大清律例》亦规定："凡诸衙门鞫问刑名等项，必据犯者招草以定罪。"〔3〕即便物证、人证明白无误，仍要采用拷讯等方式，获取被告有罪供述，方据此定罪。明清法律关于"故禁故勘平人"之规定可以为佐证，"若因公事，干连平人在官，事须鞫问，及罪人赃仗证佐明白，不服招承，明立文案，依法拷讯，邂逅致死者，勿论。"〔4〕在其他证据齐备，嫌犯不招认情形下，仍要施以刑讯，以获得定案所需被告口供。原则上犯人应亲写招草，但如果犯人不识字，可允许吏典等人代写。"……若犯人果不识字，许令（在

---

〔1〕 那思陆：《清代州县衙门审判制度》，中国政法大学出版社 2006 年版，第59 页。

〔2〕 （清）薛允升：《唐明律合编》，法律出版社 1999 年版，第 699 页。

〔3〕 田涛、郑秦点校：《大清律例·刑律·断狱》"吏典代写招草"条，法律出版社 1999 年版，第 602 页。

〔4〕 怀效锋点校：《大明律·断狱》"故禁故勘平人"条，法律出版社 1999 年版，第 212 页。

官）不干碍之人（依其亲具招情）。代写。"〔1〕

虽明清法律有关于众证定罪之规定，即"众证明白，即同狱成"之文，"然非共犯有逃亡，并罪在军、流以下，不轻用也。"〔2〕清律规定："内外问刑衙门申办案件，除本犯事发在逃，众证明白，照例即同狱成外；如犯未逃走，鞫狱官详别讯问，各得输服供词，勿得节引众证明白即同狱成之律，遽请定案。"〔3〕可见，众证定罪实非常态。

三、原告供述

原告供词应涵盖其口头或书面诉状中之控诉以及案件审理过程中之供述。

明清时期法律对原告资格设有限制，换言之，原告供述来源受到限制。该种限制主要体现在以下方面：一是对妇人所为限制。"凡妇人除犯恶逆、奸盗、杀人入禁，其余杂犯，责付有服宗亲收领听候。一应婚姻、田土、家财等事，不许出官告状，必须代告。若夫亡无子，方许出官理对；或身受损害，无人为代告，许令告诉。"〔4〕妇人抛头露面，在古代社会本就被视为有伤风化，再加之"无讼"之传统理念，其作为原告起诉实难被允许，除非针对特别严重的犯罪。基于该种精神，妇人不仅在

〔1〕 怀效锋点校：《大明律·断狱》"故禁故勘平人"条，法律出版社1999年版，第212页。

〔2〕 《清史稿·刑法志》（三），高潮、马建石主编：《中国历代刑法志注译》，吉林人民出版社1994年版，第1054页。

〔3〕 （清）昆冈等修，刘启端等纂：《大清会典事例》卷七三九，台湾新文丰出版公司1976年版，第9页。

〔4〕 怀效锋点校：《大明律》附录《大明令》，法律出版社1999年版，第268~269页。

通常情况下被取消原告资格，即便是作为证人或被告，也尽量不让其上堂，"如非至要切勿究出"，"凡词讼牵连妇女者，于吏呈票稿内即除其名，勿勾到案。其有不待呼即至者，不许上堂，祗讯男丁结案。其有大案待质者，祗唤到一次，先取其供，即令归寓。递解妇女，令于二门外听点。其犯奸尚在疑似者，亦免唤讯，祗就现犯讯结。凡所以养其廉耻亦维持风教之一端也"。〔1〕二是对禁囚所为限制。"凡被囚禁，不得告举他事。"〔2〕可能是因为囚犯的品性已经被作了负面定性，其所言不足为信，遂防止其诬陷他人。三是对老幼、笃疾者所为限制。"其年八十以上、十岁以下及笃疾者，若妇人，除谋反、逆叛、子孙不孝，或己身及同居之内为人盗诈、侵夺财产及杀伤之类，听告。余并不得告。官司受而为理者，笞五十。"〔3〕《大明会典》亦云："凡年老及笃废残疾之人，除告谋反、叛逆、子孙不孝，听自赴官陈告外，其余公事，许令同居亲属通知所告事理的实之人代告。"〔4〕其实质并非真正地剥夺了年老、笃疾之人的起诉权，而是将他们的起诉权交由他人代为行使，出于对身体或精神不便之考虑。

最初，原告诉状中供词真实性、可采性并不确定。在庭审时，原告、被告、证人相互质证，这时原告所作供述将与被告供述、证人证言以及物证、查验结论等比对，由司法官作出甄别，如确认真实，则成为法官定案证据。

关于原告供述有如下问题需要明确：

〔1〕（清）徐栋：《牧令书》卷十七《刑名上》，《续修四库全书》，上海古籍出版社2002年版，第564页。

〔2〕怀效锋点校：《大明律》"现禁囚不得告举他事"条，法律出版社1999年版，第179页。

〔3〕怀效锋点校：《大明律》"现禁囚不得告举他事"条，法律出版社1999年版，第179~180页。

〔4〕《大明会典》卷一七七，"问拟刑名"，《续修四库全书·史部·政书类》，上海古籍出版社2002年版，第154页。

第一，原告告发必须具名。《大明律》规定："凡投隐匿姓名文书，告言人罪者，绞。见者，即便烧毁。若将送入官司者，杖八十。官司受而为理者，杖一百。被告言者，不坐。若能连文书捉获解官者，官给银一十两充赏。"〔1〕《大清律例》亦规定："凡投隐匿姓名文书告人言者，绞。""凡凶恶之徒，不知国家事务，捏告悖谬言词，投贴匿名揭帖者，将投贴之人，及知而不首者，俱拟绞立决。""凡布散匿名揭帖，及投递部院衙门者，俱不准行，仍将投递之人，拿送刑部，照例治罪。"〔2〕投匿名文书被视为恶风恶俗。如告诉者有理有据，为维护自身权益即可光明正大地实施该行为。匿名，偷偷摸摸的行为多是栽赃陷害，或至少有此目的之嫌。因此，一旦发现，匿名文书须销毁，不予立案，还须缉拿所投之人，对于给予立案之司法官亦要惩处。清道光年间便有一实例，皇帝亲自下令督办揭获匿名词帖一事。

> "此案昭文县知县续抡升被人指称冒姓捐官等情，该督等查获匿名文书，既知立案不行，即应照例销毁，一面严拿编造之犯，按律惩办，乃遽将该知县撤任查办，转使若辈鬼蜮伎俩得以阴售其奸。该督等如此动作，从此匿名揭告之风又炽矣，办理实属错谬。陶澍、陈銮俱着传旨严行申饬，该督等仍当督饬所属严密根追，务将编造揭帖之犯查拿到案，重治其罪，以警刁风，其续抡升有无劣迹之处，并着查明具奏。钦此。"〔3〕

---

〔1〕 怀效锋点校：《大明律·诉讼》"投匿名文书告人罪"条，法律出版社1999年版，第174~175页。

〔2〕 田涛、郑秦点校：《大清律例·刑律·诉讼》"投匿名文书告人罪"条，法律出版社1999年版，第477页。

〔3〕 （清）祝庆祺等编：《刑案汇览三编》（四），北京古籍出版社2004年版，第373页。

《临民宝镜》中记载一案，原告即因投匿名文书告人而被处以绞刑。

> "审得吴正险如墉隼，奸似城狐。预报睚眦之仇，则匿名而告罪。好承角牙之讼，辄隐砾而投词。一纸飞书，陷应辂于死地。数行诬状，系施卿以为囚。非张宝证明，定成滥狱。不设计赚出，谁得真情。是为乱法之奸民，宜入绞刑之宪纲。"[1]

第二，原告供述不得被擅自删改，否则将被治罪。有例可证：

> "河抚题：县役王广居主使张居诬告侯秀林赌博，并差役索诈钱文，致侯秀林情急自尽。迨侯张氏具呈控诉，王广居复嘱令王守业删减呈词，王守业希图酬谢，转嘱刘瑾端将侯张氏所告王广居唆使诬告及诈赃各重情，于呈内悉行删去，实实朋比为奸。王守业、刘瑾端均应比照吏典代写招草条，增减情节，致非有出入，以故出入人罪论，故出入人罪未决放减一等律，于王广居绞罪上减一等，各杖一百，流三千里。（道光八年案）"[2]

第三，原告不得进行诬告。明清法律对诬告反坐之规定基本同于唐宋，相异之处主要在于刑罚趋严，并且附加赔偿经济损失之法律责任（诬告者对被诬者）。《大明律》规定："凡诬告人笞罪者，加所诬罪二等；流徒、杖罪，加所诬罪三等；各

〔1〕（明）苏茂相辑，郭万春注：《新镌官板临民宝镜》卷七，杨一凡主编：《历代珍稀司法文献》（第7册），社会科学文献出版社2012年版，第221页。
〔2〕（清）祝庆祺等编：《刑案汇览三编》（四），北京古籍出版社2004年版，第508~509页。

罪止杖一百，流三千里。若所诬徒罪人已役，流罪人已配，虽经改正放回，验日于犯人名下追征，用过路费给还。若曾经典卖田宅者，着落犯人备价取赎。因而致死随行有服亲属一人者，绞。将犯人财产一半，断付被诬之人。……至死罪，所诬之人已决者，反坐以死。……未决者，杖一百，流三千里，加役三年。……"[1]兹以一判例验证之：

"审得毛舜勋与毛柱台有讼田之仇，乃居弟死为奇，遂以人命见告。当日在县相验，即畏虚躲匿，不待更讯而烛其诞也。今被告毛柱台、毛明富俱已物故，无可更质。舜勋应坐诬重拟。念讼田有因，姑从杖治。其毛柱台所买之田，据毛允略称系已卖，与舜勋无涉。或中有影占，行县清丈分界，以杜争端。招详。布政司批：毛舜勋以争田小忿，籍弟死而诬告多人。迫开棺相验，惧罪潜逃，狡而忍矣，宜从配律，杖不尽辜。仰候院详示行檄。察院批：毛舜勋修讼之隙，居人命为奇，杖有余辜。依拟赎发，库收缴。"[2]

毛舜勋借着弟弟去世的机会，诬告为仇人所杀，因此被判杖刑。

四、证人证言

证人证言作为口供的一种，虽不如被告口供效力高，但其作用亦不容忽视。犯罪现场亲眼看见人命案件之人、当事人、

〔1〕 怀效锋点校：《大明律·诉讼》"诬告"条，法律出版社1999年版，第176页。

〔2〕 （明）颜俊彦：《盟水斋存牍》"强盗何文华"，中国政法大学出版社2002年版，第507页。

街坊四邻等均可为证人。"继母告子不孝，及伯、叔父、母、兄、姊，伯、叔祖、同堂伯、叔父母、兄姊奏告弟侄人等打骂者，俱行拘四邻亲族人等，审勘是实，依律问断。"[1]"告义子女，义妇、义孙、妾子、前妻、前夫之子不孝者，必审其四邻。"[2]街坊四邻由于耳听目见对于邻里之事往往能够获取较多信息，因此其证言通常对查明案情真相具有较大意义。

　　基于案情需要，司法机关可以将证人羁候于衙门中，但必有文案。《大明律》规定："若因公事内干连平人在官无招，误禁致死者，杖八十。有文案应禁者，勿论。"[3]将证人关押致死，有文案的（即虽然无罪，但如果是重要证人，立有文案的）不承担责任，无文案的，杖八十。事实上，存在着众多因案件久不能决，证人被淹禁于狱现象。成化元年（公元 1465 元）八月，监察御史赵敬奏请，经刑部、都察院议定通行：凡文武官犯罪逃匿者，照依律例，就据众证定罪，证佐先行发落，不得淹禁。[4]在司法实践中，常有证人被长期拖累，影响无辜。

　　证人作证所负基本责任便是提供真实供词，否则须承担不利法律后果。《大明律》"狱囚诬指平人"条规定："……若鞫囚而证佐之人不言实情，故行诬证，及化外人有罪，通事传译番语不以实对，致罪有出入者，证佐人减罪人罪二等。……通事与同罪。"[5]《大清律例》亦规定："凡因在禁诬指平人者，以诬告人（加三等）论；其本犯罪重（于加诬之罪）者，从

----

〔1〕（明）苏茂相辑，郭万春注：《新镌官板临民宝镜》卷首下，杨一凡主编：《历代珍稀司法文献》（第 4 册），社会科学文献出版社 2012 年版，第 19 页。

〔2〕《明宣宗实录》卷一八九，北京大学图书馆藏影印本，第 3879 页。

〔3〕怀效锋点校：《大明律·断狱》"故禁故勘平人"条，法律出版社 1999 年版，第 212 页。

〔4〕《明宪宗实录》卷二十，北京大学图书馆藏影印本，第 398 页。

〔5〕怀效锋点校：《大明律·断狱》"狱囚诬指平人"条，法律出版社 1999 年版，第 217 页。

（原）重（者）论。""词内干证，令与两造同具甘结，审系虚诬，将不言实情之佐证，按律治罪。"〔1〕

明清法律对于伪证责任规定较唐律有了较大变化，而最为明显之变化在于构成条件。唐律关于证人作伪要求已经实际引起司法官员误判之结果，且在客观方面仅仅要求"不吐实情"。而明律增加了主观要求——"故行诬证"，将客观伪证发展为主观伪证颇为合理。清律基本同明律。另外，清代对生员这一类特殊群体作伪证有特别规定，"代人扛帮作证，审系虚诬，地方官详请褫革衣顶，照教唆词讼本罪者，以枉法从重论，其讯明事属有因，并非捏词妄证者，亦将该生员严加戒饬，倘罔知悔改，该教馆查明再犯案据，开扫劣行，申详学政黜革。"〔2〕此外，规定"若非实系证佐之人挺身硬证者，与诬告人一体治罪。"〔3〕这比对普通伪证之处罚要严厉得多，因为诬告要加等反坐。这体现了明清时期对于伪证行为加大了打击力度。

证人证言大多时候是作为辅助证据而存在，但就笔者所掌握司法实践判例来看，有时，证人证言可单独为结案证据。

"……此案已革署荣河县知县、候补知县王兴存于该县职员王丕显呈控村人阻枭麦石，经该革员断令捐麦一百石，散给本村贫民三十余石之外，余麦六十余石令其交县，赈济阖县贫民。该革员辄思乘机勒索，或令交麦，或令折价交银，继复令其交麦，迭次勒掯驳换。迨王丕显买麦欲交，被村人阻闹，禀请饬差弹压，复倚势将王丕显父子及保人

---

〔1〕 （清）昆冈等修，刘启端等纂：《大清会典事例》卷八一八，台湾新文丰出版公司1976年版，第3页。

〔2〕 《钦定大清会典事例》，上海古籍出版社2003年版，第53页。

〔3〕 田涛、郑秦点校：《大清律例·刑律·诉讼》"诬告"条例，法律出版社1999年版，第485页。

张国得押逼索银，于麦价之外索赃至千两之多，实属倚势强索，贪婪不职。该革员虽坚不承招，众证明白，自应按律拟定。……"〔1〕

另有一案：

"湘府奏清泉衡阳等县童声尹松涛等京控郡绅杨柄等倚势横行一案，讯系宋濂光等主使。……已革捐贡生宋濂光做就词稿，许给钱文，令尹松涛誊写，与杨佐才等联名赴京诬控，实属用财雇寄，该犯刁健异常，坚不承招，已据杨佐才等切实供证，亦应照例问拟。……"〔2〕

两案中，被告虽均不招承，但因有证人切实口供，便以此直接定罪。

当遇有疑难案件，其他证据无法获取，案情不易作出判断时，寻找佐证这一线索往往能成为案件的突破口。《明宣宗实录》里记有一事：

在宣德九年，因辽东指挥佥事黄顺，与都指挥王祥、张荣等偕行至苏州后荣死。荣弟永等报顺，顺与详等疑其事，擒永。遗械人送行刑部鞫治永，永憾顺擒己，遂诬顺杀荣。逮顺至，论谋杀重罪。顺妻诉冤枉，法司久未决。上（宣宗）曰：顺何有恶于荣，且何所图之，遣御史张聪，锦衣卫千户尹允诣苏州荣等原宿处覆实。皆言荣畏往辽东守边，坐卧口语不已，晚因醉，遂自刎，实非他杀。聪等

〔1〕（清）祝庆祺等编：《刑案汇览三编》（四），北京古籍出版社2004年版，第686~687页。
〔2〕（清）祝庆祺等编：《刑案汇览三编》（四），北京古籍出版社2004年版，第682~683页。

还奏，即释顺还职，并荣弟释之。案得以结束。[1]

在该案陷入僵局，法司久不能决时，到人犯住所地收集证人证言，才得以真相大白，人犯无罪释放。

第二节 实物证据

实物证据包括物证与书证，物证是以其外在形态作为证明依据，书证则是以其所承载思想内容作为证明依据。明清时期加大了对强窃盗犯罪打击力度，并规定该类案件，通常必有物证方能定罪处断，因此，实物证据作用尤显突出。

一、物 证

物证是指能够证明犯罪，作为审判依据之物品。其主要包括犯罪工具、犯罪所侵犯之对象、犯罪痕迹等物品。物证相对于口供而言，最大特点便是客观性和稳定性。盗案中之赃物、命案中之凶器、受赃案中之赃物，其以客观存在与案件事实发生着内在联系，相对于口供而言极少受司法人员或诉讼参与人主观影响。

明清刑事诉讼中，物证表现形式主要有强窃盗案件中之赃物、命案之凶器、受赃案件之赃物、私借官车船案件之车船等，弃毁人器物案件之器物等，私铸、私盐、私茶案件中贩卖之铜钱、盐和茶等，盗马牛畜产案件中被盗之马牛等。而物证在强窃盗案件中之作用凸显。明万历十六年（公元 1588 年）正月内题奉钦依："各处巡按御史今后奉审强盗，必须审有赃证明确及

---

〔1〕《明宣宗实录》卷一一二，北京大学图书馆藏影印本，第 2511~2512 页。

系当时现获者，照例即决。如赃迹未明，招扳续辑，涉于疑似者，不妨再审。其问刑衙门，以后如遇鞫审强盗，务要审有赃证，方拟不时处决。"[1]"响马强盗，执有弓矢、军器，白日邀劫道路，赃证明白，俱不分人数多寡，曾否伤人，依律处决，于行劫处枭示。"[2]清律亦明确物证在强窃案定罪中之关键作用，"凡强盗初到案时，审明伙盗赃数，及起有赃物，经事主确认，即按律定罪。……如系窃贼，审明行窃次数，并事主初供，但搜有真赃，即分别定拟。"[3]

但，这并非说，物证在强盗死刑案件裁决中必不可少，这与物证本身性质有关，因其存在灭失的可能性。"其问刑衙门，以后如遇鞫审强盗，务要审有赃证，方拟不时处决。或有被获之时，伙贼供证明白，年久未获，赃亦化费，伙贼已决无证者，俱行秋后处决。"[4]如果赃证已经化费，不存在了，亦可定罪，但是不得拟断为立即处决，而只能是秋后处决。这表明，物证并非定罪必备条件，而是决定处罚之因素。《折狱新语》一判词正可证实该规定之实际运用。

"审得王明宇与陈思庆、孙六等之聚劫，虽无赃无证，而其情实实非莫须有也。当许春元撞遇明宇而诘伊弟春魁下落，明宇即挺身应云：'不从我为盗，斧斫落水身死。'盖明谓'杀人者，当为人所杀，更迭为之，亦复何伤'？然

---

〔1〕 怀效锋点校：《大明律》附录《大明令·刑令》，法律出版社 1999 年版，第 296 页。

〔2〕 怀效锋点校：《大明律》附录《大明令·刑令》，法律出版社 1999 年版，第 296 页。

〔3〕 （清）昆冈等修，刘启端等纂：《大清会典事例》卷七八三，台湾新文丰出版公司 1976 年版，第 2 页。

〔4〕 （清）昆冈等修，刘启端等纂：《大清会典事例》卷七八三，台湾新文丰出版公司 1976 年版，第 2 页。

若辈狗鼠耳，原非等茶苦于荠甘，而有视死如归之侠气者，故一转念间，而求生之软肠，忽变硬口矣。夫始之挺身直认，原未尝刑之而求其必供也。则今之巧言力辩，亦不必刑之而求其再供也。口自若澜之翻案已如山之定，则取诸初供足矣。明宇之斩，何说之辞？至陈恩庆、孙六等，皆明宇之翼虎而飞者。虽赃无实据，则六人之骈颈就戮，未必不恻然于汤网之祝，然一入其党，即犯死脉矣。依律骈斩，允当厥辜。"〔1〕

该案中虽赃无确据，亦依初供供词定罪处斩。

除在强窃盗案件中重视物证外，在人命案中，凶器、血衣等物证通常亦是定罪处罚的决定性证据。

另外，物证不仅是定罪主要依据，在一定情况下，物证明确亦是拷讯前提。《大清律例》"故禁故勘平人"条规定："若因公事干连平人在官，事须鞫问，及罪人赃仗、证佐明白，不服招承，明文立案，依法拷讯，邂逅致死者，勿论。"该条文后附例进一步明确解释："强、窃盗、人命及情罪重大案件，正犯及干连有罪人犯，或证据已明，再三详究，不吐实情，或先已招认明白，后竟改供者，准用夹讯。"〔2〕其他证据已经明确，被告却仍不招认，动用刑讯无可厚非，哪怕致死，也不需要承担任何责任。

---

〔1〕 （明）李清：《折狱新语注释·盗杀事》，华东政法学院法律古籍整理研究所，吉林人民出版社 1989 年版，第 479 页。

〔2〕 田涛、郑秦点校：《大清律例·刑律·断狱》"故禁故勘平人"条，法律出版社 1999 年版，第 561 页。

二、书　证

书证是一种以文书记载内容及其所包含思想证明案件情况之证据类型。书证应用于诉讼中由来已久，《周礼》中多处讲到书证问题，"地讼，以图正之。"[1]意思是争夺疆界纠纷，以存于官府的丈量土地原图为定案依据。而财物纠纷和债务纠纷则各依券书为凭，"凡以财狱讼者，正之以傅别约剂。"[2]傅别是调整债权债务之借贷契约，约剂是调整商品交易之买卖契约。在之后各朝各代诉讼中，书证一直被广泛使用。但以往研究者大多将对书证之研究囿于民事诉讼范围中，以各种契约和文书为研究核心，将其视为解决户婚、田土案件之有力证据。如置卖田房纠纷，以买契、卖契为依据；户婚纠纷，以婚书为依据；田土、房屋、坟山纠纷，以地界图册为依据；遗产继承纠纷，以分书、族谱、遗嘱、合同等为依据，这也许源于古代对书证法律规定多见于民事诉讼之缘由。其实在刑事诉讼中，书证所起作用亦不容忽视，在某些案件中其作用甚至至关重要。三国时期有一案例：魏国的国渊任魏郡太守时，有人投寄匿名信诽谤朝政，太祖曹操十分恼火，一定要查知此人。国渊请求把匿名信原件留下研究，并且秘而不宣。国渊发现匿名信中多处引用张衡的《二京赋》，便命令属吏选派三个聪明的年轻人向京师中有学问的人学习，他对三个年轻人训示道："要学习不知道的东西。《二京赋》是一部知识广博的书，向为世人所忽略，很少

---

〔1〕 吕友仁、李正辉注译：《周礼·地官·小司徒》，中州古籍出版社2010年版，第113页。

〔2〕 吕友仁、李正辉注译：《周礼·秋官·士师》，中州古籍出版社2010年版，第316页。

有讲授此书的老师，你们要找到这样的老师，跟他学习。"接着又把自己的意图秘密地告诉了他们，十天以后，找到了能够讲授《二京赋》的人，三个年轻人便去跟他学习。官吏借故请他写了一封信，比较这信与匿名书的笔迹，系一人所写，便将其逮捕，经过审讯，终于查清了全部案情。[1]明清时期的各种文书已经相当规范，且可信度高，也便于司法官援引采用，因此，该时期的司法官将书证作为案件审判之有力证据便不足为奇了。就明清时期法律规定和司法实践而言，书证大多运用于以下案件：

一类是"诈伪"案件。在该类案件中，需要将书证和物证综合判断，定罪处罚。清律规定伪造印信罪既要有形质要求（体现为物证），又要有篆文要求（体现为书证）。

《刑案汇览》中记有该类案件：

"河南司查律载：……今河南省题逃军朱亚兆商同杨题名伪造赦文，私雕假印一案，职等详加查核，朱亚兆系照凶恶棍徒拟军在配脱逃改发安置之犯，与未获之同配军犯杨题名等商同逃走，杨题名恐沿路盘诘，起意伪造赦文，朱亚兆以文内未盖印信，虑及被人窥破，随潜揭该县告示印模，雕就假印，杨题名即捏写赦文二张，封筒两个，各盖假印，将假文封固。朱亚兆与杨题名等携带假文分路逃走，朱亚兆被拿获，该抚以朱亚兆私雕假印，与商同伪造制书罪各相等，将该犯依诈伪制书律不分首从拟斩监候。详阅原题内称，查验已获假文，封套有盖用假印，封面上开河南武安县移广东南海县开折，因被水浸湿，残破不全，

---

〔1〕 转引自沈德咏、宋随军主编：《刑事证据制度与理论》，人民法院出版社 2006年版，第27~28页。

内惟准赦面上起字及遵赦发回字样，并该犯供称记得假文内写恩赦，自乾隆五十七年发配起至嘉庆六年止，准其保释，不得誊挪阻滞，即验放行等语，是朱亚兆等所造假文系诈伪，该县给发释放原籍，沿途验放之公文，与昭赦谕赦不同，自应依诈伪州县文书科断，该犯私雕假印，为首应治其伪造印信之罪，乃该抚因起验假文内有恩赦字样，遽将该犯依诈为制书律拟斩监候，实未允协，该司照伪造印信例议驳，尚属平允。惟伪造印信亦应验明假印篆文是否俱全，分别核办。查阅招内虽有令该犯当堂雕刻，篆文与所盖假印无异之语，而所雕篆文是否文质俱全与该县印信相同，并未叙明，若验与该县印篆不同，仍应照未成治罪，应驳令覆验明确，以昭核实。嘉庆七年说帖。"[1]

该案中定罪要点在于：其一，伪造文书内容和形式是否构成"制书"；其二，假印是否为该犯所雕刻；其三，所雕假印篆文是否文质俱全并与该县印信相同。第一点，仅以"恩赦"两字断定为制书不妥，同昭赦谕赦有所不同，所以将该犯定性为诈伪州县文书，这是以书证为凭；第二点，让该犯当堂雕刻与之前所用假印比对，结果相同，遂断定假印为该犯所雕，这是以物证为凭；第三点，关于假印所雕篆文是否文质俱全并与该县印信相同，未予明确，所以需要驳回复验，核实真情，予以准确定案，这又是以书证为凭。

伪造印信须区分成与未成，还须区分伪造与描摹，性质不同，处罚亦不同。"印所重者文，若有篆文，虽非铜铸，亦可以假诈行事；故形质相肖而篆文俱全者，谓之伪造。惟有其质而文不全者，

---

〔1〕（清）祝庆祺等编：《刑案汇览三编》（三），"私雕县印填写遇赦释回文书"案，北京古籍出版社 2004 年版，第 1901 页。

方谓之造而未成。至于全无形质，而惟描之于纸者，乃谓之描摹也。"[1]"万历中，左都御史吴时来申明律例六条：……一、律称伪造诸衙门印信者斩。惟铜铁私铸者，故斩。若篆文虽印，形质非印者，不可谓之伪造，故例又立描摹充军之条。以后伪造印信人犯，如系木石泥蜡之类，止引描摹之例，若再犯拟斩。……旨下部寺酌议，俱从之。惟伪造印文者，不问何物成造，皆斩。报可。"[2]"用木石泥蜡等项，描刻篆文，其文虽印，其形质非印也。始例所（谓）描摹者舆，非伪造也。"[3]即为，如果形质不同，如只是用木石泥蜡等做成，非铜铸，即便印文相同，也只能定性为描摹，而非伪造。只有形质和印文均相同，才能视为伪造。如果形质相同，印文不全，则为伪造未成。作此区分与定性所凭为书证与物证。

司法审判中，司法官依法区分伪造与描摹，依律为不同拟断。

> "审得姚敏捷市棍无赖者也。长恶遂奸，肆无忌惮，辄敢削蜡成印，篆作印文，陆续骗银。有何希贤等质证。改前此积役盗印，视为故常。民间印纸，公然贸易。故敏捷得讬假为真，即何希贤请验印簿，亦恐其出自盗印者之手耳，初不虞其为假也。比本县将其真印比对，觉其文迹模糊，笔划歪斜，县字左旁三纽锋棱转折与铜印殊不尽同，以此定知其假。敏捷始将削蜡私雕之誓（？），焚毁

---

[1] 田涛、郑秦点校：《大清律例》"伪造印信时宪书等"条例，法律出版社1999年版，第510页。

[2] 《明史·刑法志》，高潮、马建石主编：《中国历代刑法志注译》，吉林人民出版社1994年版，第874~875页。

[3] （明）苏茂相辑，郭万春注：《新镌官板临民宝镜》卷九，杨一凡主编：《历代珍稀司法文献》（第7册），社会科学文献出版社2012年版，第713页。

等情从实供出。……看得姚敏捷惯穿窬故智，窃印信大权，虽骤起悔心，终未经自首。赃证俱的，重拟何辞？第削蜡模文，与用铜私铸者终是有间。应照描摹诓骗条例定拟永遣。……"[1]

因形质不同，该案性质定为描摹而非伪造。

一类是造魇魅符书罪。这类罪行据以定罪之依据为符书，且其必有诅咒内容。以实例为据：

"陆康僖公瑜出任刑部员外郎。虑囚江北。庐州大家傲匠构居室，供馈甚薄，匠恨之。以里谚有丁倒户绝之说，乃以钉插蒜瓣中，置于梁上。主翁得之，执匠诉于府，坐匠魇魅当死。公言律造魇魅符书咒诅者以谋杀论，插钉蒜瓣，非符书，亦无咒诅，法不当死，傲匠他比。按：万历癸酉南昌乡官杨某者造室，匠人用法魇魅，以木板三片上书长子夭、中子夭、三子夭，置于东楹。又刻木为官人形，背书孤鸾寡宿四字，置于西楹。室成，杨入居之。不一月，三子尽丧。杨乃召巫者用视鬼法，于两楹间搜得前物。事愬之宪司，拘匠鞫问，具服。余时以抚州推官赴，召过省宪长柴定。宇公询余：'匠当何比'？余曰：'此于魇魅律当死，无它比也。'"[2]

此处所涉及的两个案件，定罪处罚不同，依据便是是否有符书，前者没有，不构成魇魅，所以法不当死；后者符书及其

〔1〕（明）佚名撰：《新纂四六谳语》，杨一凡、徐立志主编：《历代判例判牍》（第4册），中国社会科学出版社2005年版，第78页。
〔2〕（明）余懋学：《仁狱类编》"康僖辩魇魅"案，《续修四库全书·子部·法家类》，上海古籍出版社2002年版，第620页。

诅咒内容俱全，以魇魅论死。书证便成为定罪决定性证据。

一类是文字罪人案件。明清均有"妖书""妖言"罪，便以所言文字为依据定罪。尤其是在清朝，文字狱兴起，在此类案件中，文集、小说、笔记、诗词中所载文句为定罪核心依据。在我国漫长的封建社会中，文字狱一直层出不穷，继秦始皇"焚书坑儒"大兴文字狱后，汉、唐、宋、明各个朝代均有该类案件发生，界至清朝，越演越烈。以当时颇有影响的胡中藻案为例，其被定罪处斩，主要依据为《坚磨生诗》。在这本诗集中，有诸多被视为叛逆之词句，如"一把心肠论浊清"，"一世无日月"，"再泛潇湘朝北海，细看来历是如何?"，"并花已觉单无蒂"，"亦天之子亦莱衣"等，[1]虽说这些只是被牵强附会出来的"证据"，但事实上确是依据这些所谓的"证据"——书证进行了判决。

一类是在科场案中。一般情况下，科场案一旦发生，便要彻查考生试卷，以试卷中所存在问题为依据来惩治相关责任人员。以咸丰年间最大的一起科场案"戊午科场"案为例。该案起因是御史孟传金上奏咸丰帝，一一指出在该次乡试中存在诸多违法行径，奏请严查。其中附理由是"中式举人平龄，朱墨不符。"[2]朱墨不符是指在复查平龄的试卷时，发现草稿不全，试卷中错别字有被改动的痕迹，字体不相符。"草稿不全，诗内'蒸'字误写'烝'字，'澂'字不成字；第二场春秋艺，'耀'误'躍'，'诸侯'误'诗侯'，'肃杀'误'肃役'；第三场第一问策内，'至'字误写'尘'字；第四问策内'澂'字误写

---

[1] 徐珂编撰：《清稗类钞》（第3册），中华书局1984年版，第1050~1054页。

[2] 中国第一历史档案馆：《清代档案史料丛编》（第14辑），中华书局1990年版，第207页。

'街'字。"〔1〕由此，咸丰帝大怒，下旨将该次乡试的试卷全部彻查。结果发现诸多试卷存在问题，其中有一试卷"讹字至三百余"竟得中式。〔2〕据统计，戊午科场案总计惩处91人，其中斩决5人，遣戍3人，遣戍改赎罪者7人，革职7人，降级调用者16人，罚俸一年者38人，等等。〔3〕由此可见，科场案件重要惩处依据之一便是考生试卷中所记载文字，即为书证。

第三节　勘验结论

勘验结论是司法机关对与案件有关的场所、人身、尸体等进行勘查和检验所得出之结论，亦是定罪判刑重要证据。

明清在唐宋基础上，勘验又向前迈进了一大步，最为明显的例证便是对《洗冤集录》修订和补充的著作涌现。具有代表性的有：明代王肯堂之《洗冤录笺释》、王士翘之《慎刑录》、王圻编之《洗冤集览》，还有不知名人撰写之《洗冤捷录》《洗冤法录》；清代王又槐所辑《洗冤录集证》和《重刊补注洗冤录集证》、阮其新所辑《补注洗冤录集证》、朗锦骐撰写之《检验集证》和《检验合参》，等等。并在法律中对检验程序、责任作出了进一步规定。

明清虽然重视以口供定罪，但对查验结论亦十分重视，尤其对于强窃盗案件和人命案件之勘验更是予以多方强调。明成化年间规定："凡盗贼赃仗未真，人命死伤未及勘验，辄加重刑致死狱中者，审勘有无过失明白，不分军民职官，但视酷刑事

---

〔1〕《军机处录副奏折》，咸丰八年十二月二十五日吏部奏析，转引自李国荣："咸丰戊午科场案史实考辩"，载《文献》1986年第4期，第102页。

〔2〕 徐珂编撰：《清稗类钞》（第3册），中华书局1984年版，第1106页。

〔3〕 转引自高中华："肃顺与戊午科场案考论"，载《广西师范大学学报》（哲学社会科学版）2003年第4期，第135页。

例为民。"[1]

一、现场勘查

一旦发生强窃盗案件，须及时勘查事发现场，获取和保留相关证据。《六部处分则例》规定："地方呈报强劫盗案，责令州县印官，不论远近，无分风雨，立即会同营汛飞赴事主之家。查验前后出入情形，有无撞门毁户，遗下器械油捻之类。事主有无拷燎捆扎伤痕，并详讯地邻更夫救护人等，有无见闻影响，当场讯取确供，俱填注通报文内。"《律法须知》中亦有相似阐述，"凡报盗劫，及临时行强、拒捕、抢夺、窃贼、赃满贯之案，均应同营汛会勘，出入情形，印官公出，应移请邻封代勘，将事主房间照向，多少近数，多少间数，盗贼或撬门，或撞门而进，勘明门上有无斧凿所撬，及木石所撞形迹，如系挖洞，应量洞口大小，门内洞口，有无火煤火把油捻器械等物，查明墩台远近。"[2] 由此可见，现场勘查主要针对几点：一是出入情形，是强行闯入抑或撬门溜入，此为确定案件性质为窃为强之需要；二是现场是否留下证物，以为定案证据或破案线索；三是讯问邻居，以获取证人证词。

虽说命案现场勘查要次于尸体和人身检验，"至于命案，以检验尸身为主，查验（即查勘）尚在其次。"[3] 但其对确定案情亦为必要。命案呈报后，地方长官必须开展现场勘查以便及

---

[1] （清）王鸿绪等编：《明史稿》卷七十二，文海影印清敬慎堂刊本，第13页。

[2] （清）吕芝田撰：《律法须知》卷上，杨一凡主编：《历代珍稀司法文献》（第3册），社会科学文献出版社2012年版，第1392页。

[3] 那思陆：《清代州县衙门审判制度》，中国政法大学出版社2006年版，第76页。

时通禀或通详上司。命案现场勘查内容主要包含两类，一是勘查现场环境，如案发现场地理方位，房屋坐落情况、门窗状况；二是勘查尸身外部状况，如尸身所处具体位置及姿势、死者穿着打扮及随身携带物品等，获取案件基本信息。

对现场进行勘查的主要目的是从中获取一些破案线索，提取并保全相关证据。

二、尸伤检验

人命和斗殴案件发生，要立即检验尸伤。明代宪宗时期明确规定："今后有告人命，须先体勘明白，果系应该偿命者，然后如法委官检验，依律问断。"[1]检验分为初检和复检。《大清律例》"检验尸伤不以实"条例规定："凡人命重案，必检验尸伤，注明致命伤痕，一经检明，即应定拟。若尸亲控告伤痕互异者，许再行复检，勿得违例三检，致滋拖累。"[2]但是在司法实践中，却有屡谳屡检情形。《盟水斋存牍》即载有这样的案例。

"审得梁子冲毒死梁于谨。图赖廖公畅等，已经屡谳，三简伤真，似无容置喙矣。但廖氏及左祖廖氏者，均硬称无共殴之事，而耳根、臂膊诸伤何所自来？且以毒死而牙齿又白色，此子冲之犹然哓哓不已也。今再一蒸检，自头及足，逐肢逐节与子冲面质之，其耳根臂膊诸伤皆非致命，而处处黑色，的系中毒。其牙齿之不黑，据件作称。毒蹂酒进，则毒竟入腹不留于齿，亦可不黑。理或有之，总之，

---

〔1〕《皇明条法事类纂》卷四十六，刘海年、杨一凡主编：《中国珍稀法律典籍集成》乙编（第5册），科学出版社1994年版，第833页。

〔2〕 田涛、郑秦点校：《大清律例·刑律·断狱》"检验尸伤不以实"条，法律出版社1999年版，第592页。

子冲二十三日往墟报复，拉于谨与俱，两相撕斗，身有微伤，即问之廖志洪，亦自认共殴，而乘机毒死，抬尸图赖。于谨委死于毒，不死于殴，正不必以无共殴之事为廖公畅等讳也。彼苍在上，万目环瞩，子冲即有百口，又何辞于一斩哉！……"[1]

案件反复审理，前三次检验都以伤为据，而认定死者并非死于毒。如此认定至少有两点合理解释：一是毒死牙齿却为白色；二是身体有伤痕，何来？继而，又再次进行了检验——蒸检，才使伤情的确，"处处黑色，的系中毒。"牙齿为白色，是因为"毒籁酒进，则毒竟入腹不留于齿，亦可不黑"。身体伤痕，同犯供称是在撕斗过程中留下，已有出处，关键是经检验该伤痕并非致命伤，所以案件能够确认是死于毒而非殴。该案即未受法定二检限制，前后进行了四次检验，直至致命伤情确实，案件得以裁断。

人命案件中，勘查和检验均需进行，通常程序是先勘查现场，后检验尸伤，并须作出详细记录，为确定案情保留原始证据。《清稗类钞》中载有一案，颇具代表性。

"当据勘验得，中兴旅馆房屋以所，坐落外城右一区西河中间路北地方，计共平屋四层，西跨院平屋两层，二十四号房在中间第二层正房东首，隔墙小院，北屋一间，向东向南均不通别处。南窗两扇，窗纸有穿孔，窗西边朝南房门，门上布帘，门屈戌已毁。房内靠窗土炕，枕席未动，西墙方桌一张，上置茶壶烟袋零伴，东墙槛阁软包筐子零

---

[1] （明）颜俊彦：《盟水斋存牍》"人命梁子冲"案，中国政法大学出版社2002年版，第54页。

件。房内单靠二，方杌一。尸卧炕前桌旁，仰面右侧，头西足东，左足微曲，地有血迹，旁边小刀一柄。"现场勘查后，继而对尸身进行检验，"又命移尸向光处，检验尸体，当据检验得，死者李玉昌，年一十七岁，身穿蓝夏布长衫，白布坎肩裤，鞋袜全。尸身量长四尺三寸五分，仰面，面色白，致命左乳下尖刀伤一处，斜长七分，宽三分，深入内。合面，穀道污秽，余无故。委系生前受伤身死，凶器小尖刀一柄，比较伤痕相符。"[1]

小　结

明清刑事证据类型体现多样化，口供、实物证据、勘验结论相互作用，印证案件事实。与前朝相比，变化在于口供地位得以提升，鞫问刑名，必据犯人招草，口供成为定罪必备条件，并且，取消了唐朝零口供定罪的法律规定。《唐律疏议》明确规定，如果赃物等实物证据和犯罪情状已经勘验查清，而且从情理上也无可置疑时，即使疑犯不招供，也可根据实物证据直接判决。宋朝沿袭唐朝规定，这项规定表明口供在唐宋时期并非是不可或缺之定案依据，仅仅依据实物证据亦可定罪。明清法律取消了该项规定，反而将口供提高到无其不可的地步，应该说是刑事证据制度之倒退。实物证据相对于口供而言，其客观性更强，而口供相对于实物证据而言，其主观性更强，更易受口供提供者主观因素影响。

因此，从明清刑事证据类型相关制度规定上来看，证据主观性加强，客观性减弱。

---

〔1〕　徐珂编撰：《清稗类钞》（第3册），中华书局1984年版，第1200页。

第五章
刑事证据采集

证据采集是证据运用基础抑或说前提，只有获取了证据才能对之进行印证、分析，鉴别真伪，从而将其作为定案裁决依据，否则证据运用岂非无源之水，无本之木。证据采集内容丰富，涵盖了采集主体、时间、地点、手段、限制、责任等。而不同证据类型其采集内容自当有所不同。

第一节　口供采集

一、口供采集主体

所谓口供采集主体，是指有权对口供实施采集行为之国家权力机构。口供采集行为发生于诉讼审判过程中，因此，刑事诉讼审判机构便成为口供采集之当然主体。

（一）州县

明清时期一般刑事案件初审权基本由事发地本管官司——州县管辖，州县为最基层刑事审判机构，负责搜集证据、羁押人犯、审理案件，因此是口供采集当然主体。明清设县，县设知县，属官主要包括县丞、主簿、典史等。知县掌一县之政，

"严缉捕、听狱讼，皆躬亲厥职而勤慎焉"。[1]"决讼断辟，劝农赈贫，讨猾除奸，兴养立教。凡贡士、读法、养老、祀神，靡非不综。"[2]州设知州，属官有州同、州判、吏目等。"知州掌一州治理，属州视县，直隶州视府。州同、州判，分掌粮务、水利、防海、管河诸职。吏目掌司奸盗、察狱囚、典簿录。"[3]清代在一些边远少数民族聚居、杂居之处设厅，地位与县大致相等，但厅设置较少，所以州、县、厅常以州县连称。州县长官案件审理职责或说权限是有权审结笞杖轻罪，"户婚、田土及笞杖轻罪由州县完结，例称自理。"[4]并且对可能判处徒刑以上案件进行初审，之后上报到省府。

（二）省府

府设知府，主要属官有同知、通判、推官、经历、照磨、司狱等；知府执掌明朝时为"宣风化，平狱讼，均赋役，以教养百姓"。[5]清朝时为"宣布条教，兴利除害，决讼检奸。……地方要政白督、抚，允乃行"。[6]可见，其中均有决狱讼之职，为州县上一级刑事审判机构。府负责审理杖以下案件，同时亦是州县案件审理后面临的第一道复审机构。明初在京都地区南京设应天府，明成祖以后，在北平设顺天府，由长官府尹梳理狱讼，推官理刑名。但实际上，京师刑事案件大多为中

〔1〕《明史》卷五十一《职官四》，《二十四史全译》，汉语大辞典出版社2004年版，第1459页。
〔2〕（清）赵尔巽等纂：《清史稿》卷一一六《职官三》，中华书局1977年版，第3357页。
〔3〕（清）赵尔巽等纂：《清史稿》卷一一六《职官三》，中华书局1977年版，第3357页。
〔4〕《清史稿·刑法志》（三），高潮、马建石主编：《中国历代刑法志注译》，吉林人民出版社1994年版，第1040页。
〔5〕（清）张廷玉等撰：《明史》卷七十五，中华书局1984年版，第803页。
〔6〕（清）赵尔巽等纂：《清史稿》卷一一六《职官三》，中华书局1977年版，第3356页。

央诉讼机构管辖，"京师自笞以上罪，悉由部议。"[1]清朝时京师设顺天府，盛京（陪都）设奉天府。清朝与府同级之设置尚有直隶州和直隶厅，直接隶属于布政司。直隶州下辖县，直隶厅一般不管辖县。

明朝省设提刑按察司、布政司、都指挥司，合称三司。以提刑按察司为地方最高刑事诉讼的审判机构，对徒刑以下案件可自行审决，对流刑以上案件提出意见并报刑部审理，提刑按察使司"掌一省刑名按劾之事。纠官邪，戢奸暴，平狱讼，雪冤狱。"[2]都指挥司负责问理一省内各卫、所军官军人的诉讼。卫所为军事单位，卫内设镇抚，专负卫中刑名事宜，所内亦有镇抚，专司所内刑名事宜。[3]清承明制，但清朝时按察司除复审下级上报的刑案，复核徒刑案件，复审军流死刑案件之外，尚须主办一省秋审事务。

明朝中叶开始设总督、巡抚，当时为中央派遣之临时差使，特定事件完毕即行撤回。清初沿用此制，至乾隆朝时，改为定制，成为地方最高行政首脑，因此，清朝时期省级机构实际包括督抚、布按两级。按察司不再是省级最高司法机关，案件结果仍需呈报督、抚，即为，徒刑案件必须经过督抚之手才能审结，流以上及人命案件，亦由督抚之手咨报刑部，督抚一级便成为全省最高审级。

需特别指出的是，清朝设有"道"，即分守道与分巡道。分守道属布政司，分巡道属按察司，分守道专掌钱谷，分巡道专

---

〔1〕《明史·刑法志》，高潮、马建石主编：《中国历代刑法志注译》，吉林人民出版社1994年版，第899页。

〔2〕《明史》卷五十一《职官四》，《二十四史全译》，汉语大辞典出版社2004年版，第1450页。

〔3〕（清）张廷玉等撰：《明史》卷七十六，中华书局1984年版，第814~815页。

掌刑名。道一级司法职能主要是对直隶州、直隶厅直接受理案件进行审转。"州县一切案犯，由府审转解司（按察司），直隶州一切案犯由道审转解（按察）司，此定章也，而刑律并无明文。"〔1〕具体而言，府所属州县案件之复审与审转由府负责，而直隶州、直隶厅所属县案件之复审与审转由道负责。

（三）三法司

中央审判机构为刑部、大理寺、都察院，号称三法司。刑部为最高审判机关，"总掌天下之刑名及徒隶勾覆关禁之政令"，〔2〕刑部所进行之审判活动包括初审、复审和会审三种。〔3〕大理寺为慎刑机构，执掌复核之职，平反冤狱。明朝大理寺为审判机关最后一级，审理刑部、都察院、五军断事官审理且应复审案件。通常其所为之审理为法律审，而非事实审，而当其参加各种会审时，其地位和刑部、都察院等参加机关相同，为事实审理。清朝时期大理寺的职权降低，通常只是参与会审或会同复核，遇有重大或疑难案件，由刑部、大理寺、都察院三法司会审或遇有特别重大案件，由三法司会同吏、户、礼、兵、刑、工各部尚书及通政使共同审理，即"九卿圆审"。大理寺并会同复核各省及京师地区死刑案件。"（大理寺）掌平天下之刑名。凡重辟，则率其属而会勘。大政事下九卿议者与焉，与秋审、朝审。"〔4〕都察院职责以监察为主，其同十三道监察御史以及在外之提刑按察司通称为风宪衙门。在遇重大、疑难案件，进行"三司会审"或"九卿圆审"或朝审时参与审判，清朝时并参

〔1〕（清）薛允升：《读例存疑》卷四十九，转引自李文玲：《中国古代刑事诉讼法史》，法律出版社2011年版，第431页。

〔2〕《明太祖实录》卷一三〇，北京大学图书馆藏影印本，第2071页。

〔3〕尤韶华：《明代司法初考》，厦门大学出版社1998年版，第6~8页。

〔4〕（清）昆冈等修，吴树梅等纂：《大清会典》卷六十九，《续修四库全书》（第794册），上海古籍出版社2002年版，第661页。

与秋审。

（四）特别审判机构

1. 明朝特别审判机构

除三法司外，许多衙门亦都兼理司法审判。

第一，五军都督府。军人审判机构即五军都督府，负责所管辖军人之诉讼事宜。《大明律》规定："凡军官军人有犯人命，官军衙门约会有司检验归问；若奸盗、诈伪、户籍、田土、斗殴与民相干事件，必须一体约问；与民不相干者，从本管军职衙门自行追问。"[1]五军都督府各设都督，断事官则负责军中诉讼，负责问拟刑名、祥拟罪名。[2]

第二，厂卫特务机构。锦衣卫下设北镇抚司有巡查、缉捕以及兼理狱讼的权力，直接取旨行事。东厂和西厂是由皇帝亲设、由宦官组成之特务机构。明永乐十八年，朱棣设立东厂，由司礼监领导，下设领班司房、掌刑千户、百户等官，其任务是"缉访谋逆、妖言、大奸恶"[3]，并行使审判权，其权力在锦衣卫之上。明成化年间，宪宗又设立西厂，其权力与人数又超过东厂。正德年间，又设立内行厂，辖治东、西两厂。刘瑾被处决后，只剩东厂和锦衣卫。"锦衣卫狱者，世所称诏狱也。……太祖时，天下重罪逮至京者，收系狱中，数更大狱，多使断治，所诛杀为多。后悉焚卫刑具，以囚送刑部审理。（洪武）二十六年，申明其禁，诏内外狱毋得上锦衣卫，大小咸经法司。……成祖幸纲纪，令治锦衣亲兵，复典诏狱。纲遂用其党庄敬、袁江、王谦、李春等，缘借作奸数百千端。久之，族

---

〔1〕 怀效锋点校：《大明律·诉讼》，法律出版社 1999 年版，第 180 页。

〔2〕 杨一凡主编：《皇明制书》（上），黑龙江人民出版社 2004 年版，第 391 页。

〔3〕 《明史·刑法志》（三），高潮、马建石主编：《中国历代刑法志注译》，吉林人民出版社 1994 年版，第 967~968 页。

纲，而锦衣卫典诏狱如故，废洪武诏不用矣。"〔1〕"东厂之属无专官，掌刑千户一，理刑千户一，亦谓之贴刑，皆卫官。"〔2〕厂卫特务机构作为明朝特别刑事审判机构，超越法律，滥用权力，对司法制度，亦当然包括证据制度之破坏极为严重。

　　第三，内阁。明成祖时设内阁，明神宗万历年间，张居正当国，内阁权力达到巅峰。内阁大学士主要执掌是替皇帝处理题本，大多数有关司法审判之题本都经内阁大学士处理，透过票拟，得以参与司法审判以及审核三法司所定判决是否合法、允当。"中极殿大学士（旧名华盖殿），建极殿大学士（旧名谨身殿），文华殿大学士，武英殿大学士，文渊阁大学士，东阁大学士（并正五品），掌献替可否，奉陈规诲，点检题奏，票拟批答，以平允庶政。"〔3〕另外，奉旨（并非定制）参与朝审、奉旨会审大案，皇帝裁决时提供司法审判处理意见。内阁参与会审始于洪熙元年，"洪熙元年，大理寺论囚，上命府、部、通政司、六科同法司于奉天门会审，已特召大学士杨士奇、杨荣、金幼孜等至榻前，谕曰：'比年法司之滥，所拟大逆不道，往往出于罗织。先帝数切戒之，故死刑五覆奏，而法司略不加意。自今审决重囚，卿三人必往同谳。有冤抑者，虽细故必以闻。'阁臣同审录始此"。〔4〕

　　第四，司礼监。因有皇帝授权，明代宦官干预政事与汉唐宦官干政情形迥然不同。"奄宦之祸，历汉唐宋而相寻而已，然

──────────

　　〔1〕《明史·刑法志》（三），高潮、马建石主编：《中国历代刑法志注译》，吉林人民出版社1994年版，第977页。

　　〔2〕《明史·刑法志》（三），高潮、马建石主编：《中国历代刑法志注译》，吉林人民出版社1994年版，第973页。

　　〔3〕《明史》卷七十二《职官一》，《二十四史全译》，汉语大辞典出版社2004年版，第1353~1354页。

　　〔4〕（清）龙文彬撰：《明会要》，上海古籍出版社2002年版，第1256页。

未有若有明之烈也。汉唐宋有干与朝政之奄宦，无奉行奄宦之朝政。"[1]司礼监与内阁均为皇帝秘书机构，司礼监主内，内阁主外。明太祖严禁宦官干政，"内臣不得干预政事，犯者斩"。[2]至明成祖时此规遭到破坏，皇帝授予司礼监批朱权。[3]三法司拟罪，内阁票拟，送皇帝处批朱。另，司礼监可奉旨会审大狱，奉旨主持五年大审。"（五年大审）自成化（十七年）开始。至期，刑部题请敕司礼监官，会同三法司审录。南京则命内守备会同法司举行。"[4]另外，还可奉旨会审热审案件、管辖审理宦官犯罪案件，"嘉靖中，内臣犯法，诏免逮问，唯下司礼监治。"[5]

此外，吏、户、礼、兵、工部、通政司、六科因得以参加会审而具有司法审判权，尚有某些机构或官员因受皇帝指派组成临时法庭审理案件而享有临时司法审判权。如，成化年间，朝廷以播州宣慰使杨爱、宣慰杨友、都指挥使杨纲等"妄造谣言，谋为不轨，邀截实封，阻挡申诉，变乱成法，倚法为奸，贪淫酷暴，败伦伤化，魔魅不道"之理由，组成专案法庭审理之。[6]当然，皇帝作为最高司法官，对于任何案件均可亲自审讯，思宗崇祯十四年亲审吏部郎中吴昌时于左中门，拷讯至折

〔1〕 黄宗羲著，孙卫华校译：《明夷待访录校译》"奄臣上"，岳麓书社2011年版，第107页。

〔2〕《明史》卷七十四《职官三》，《二十四史全译》，汉语大辞典出版社2004年版，第1437页。

〔3〕 各部院及直省司法案件题本奏闻皇帝后，皇帝应以朱笔将其裁决批示于题本之上，此称为批朱或批红。

〔4〕（明）申时行等修，赵用贤等纂：《大明会典》卷一七七，《续修四库全书》（第792册），上海古籍出版社2002年版，第162页。

〔5〕《明史·刑法志》（三），高潮、马建石主编：《中国历代刑法志注译》，吉林人民出版社1994年版，第993页。

〔6〕 何乔新：《勘处播州事情疏》卷五十一，王世贞：《民国丛书集成初编》，商务印书馆1937年版，第54页。

胫流血殿阶。[1]

2.清朝特别审判机构

第一，理藩院。理藩院是专门负责管理蒙古、新疆、西藏各地少数民族事务之最高行政机构。理藩院主要司法审判职能是审理和复核（秋审）蒙古案件。《大清会典》规定："凡蒙古之狱，各以札萨克听之……不决，则盟长听之。不决，则报院（理藩院）。……札萨克、盟长俱不能决者，即将全案遣送赴院。其或札萨克、盟长均判断不公，亦准两造赴院呈诉。"[2]"凡蒙古罪至遣者，令报于院以会于刑部而决焉。死者，则会三法司以定谳。"[3]"（蒙古案件）秋审，满州九卿会院（理藩院）议奏。"[4]

第二，步军统领衙门。步军统领衙门是负责京师地区治安、盗贼缉捕之重要机关，拥有司法审判权。其全称为"提督九门步军巡捕五营统领"，亦称"九门提督"。其司法执掌是审理京师地区杖以下案件，徒以上须送交刑部。"步军统领衙门审理案件，如户婚、田土、钱粮细事，并拿获窃盗、斗殴、赌博以及一切寻常讼案，审明罪止枷杖笞责者，照例自行完结。"[5]

第三，宗人府。宗人府设于顺治时期，顺治、康熙两朝，宗人府对宗室觉罗案件，拥有全权司法审判权。乾隆以后，其

〔1〕（清）王鸿绪等编：《明史稿》卷七十二，文海影印清敬慎堂刊本，第170页。

〔2〕（清）昆冈等修，吴树梅等纂：《大清会典》卷六十八，《续修四库全书》（第794册），上海古籍出版社2002年版，第9页。

〔3〕（清）昆冈等修，吴树梅等纂：《大清会典》卷六十八，《续修四库全书》（第794册），上海古籍出版社2002年版，第652页。

〔4〕（清）昆冈等修，吴树梅等纂：《大清会典》卷六十八，《续修四库全书》（第794册），上海古籍出版社2002年版，第652页。

〔5〕（清）昆冈等修：《钦定大清会典事例》卷一三〇一，上海古籍出版社2003年版。

审判权逐渐缩小，宗室觉罗案件须会同户部或刑部审办。《大清会典》规定："凡宗室觉罗之讼，则会户部刑部而决之。""户婚田土案件，系宗室，由府会户部；系觉罗，由户部会府。人命斗殴之讼，系宗室，由府会刑部；系觉罗，由刑部会府。"[1]

第四，内阁和军机处。通常情况下，内阁和军机处对审判权之参与是间接的。内阁是通过行使票拟权进行参与，军机处通过为皇帝处理奏折——所有有关司法审判之奏折多由其处理——而参与。"（军机处）议大政，谳大狱，得旨则与"。[2]当然，内阁成员经常以个人身份参与审判，如临时奉旨审判重大案件，参与朝审和秋审，并参与接受司法审判最终裁决时之咨询。

除此之外，尚有一些机构亦有相应司法审判权，如八旗都统负责审理旗人之间发生的案件，吏、户、礼、兵、工有权参与会审，通政史司参与会审，并接受京控（以击登闻鼓形式）呈词，五城察院审理京师地区笞杖案件等。

无论是基层州县、府省，还是中央三法司以及上述特别审判机构，负责缉捕、审判之司法官，有权运用各种手段从原告、被告、证人处采集口供，作为判决依据。

二、口供采集对象

口供为中国古代诉讼审判之核心证据，被告口供更是定罪判案之根本依据。口供采集主要针对原告、被告和干连佐证进行。

---

〔1〕（清）昆冈等修，吴树梅等纂：《大清会典》卷一，《续修四库全书》（第794册），上海古籍出版社 2002 年版，第 29 页。

〔2〕（清）昆冈等修，吴树梅等纂：《大清会典》卷三，《续修四库全书》（第794册），上海古籍出版社 2002 年版，第 42~43 页。

（一）原告

原告供词包含其口头、书面诉状及庭审时的供述。原告诉状所提供之供述，真假不一，并非均能作为最后定案依据。案件审讯过程中，司法官会在原告与被告、证人对质及原告供词与其他证据比对中判断原告口供真伪。

作为口供采集对象的原告资格依法受到某些限制，明清法律均明确规定并非任何人都能够提起诉讼。这些人包括被囚禁之人、老幼笃疾妇人及特定身份之人。《大清律例》规定，"凡被囚禁不得告举他（人之）事，……其年八十以上，十岁以下，及笃疾者，若妇人，除谋反、叛逆、子孙不孝，或己身及同居之内为人盗诈，侵夺财产及杀伤之类，听告，余并不得告……。"[1]

（二）被告

相对于原告供词而言，被告供述对审判更为重要，明朝尤其如此。明律"吏典代写招草"条，王肯堂笺释说："鞫问刑名等项，必据犯人之招草，以定其情。"[2]另《大明律》规定："若因公事，干连平人在官，事须鞫问，及罪人赃仗证佐明白，不服招承，明立文案，依法拷讯，邂逅致死者，勿论。"[3]这些规定均说明，必须以口供作为依据方能定罪。只有个别情况例外，如犯罪事发在逃即依"众证定罪"。

口供采集有诸多方式，以刑讯为方式时，有些被告便不能成为采集对象。一是应八议之人；二是七十以上，十五以下，老幼废疾者；三是怀孕妇女。《大明律》"老幼不拷讯"条规定："凡应八议之人，及年七十以上，十五以下，若废疾者，并不合

---

〔1〕　田涛、郑秦点校：《大清律例·刑律·诉讼》"见禁囚不得告举他事"条，法律出版社 1999 年版，第 489 页。

〔2〕　（清）薛允升：《唐明律合编》（五），法律出版社 1999 年版，第 699 页。

〔3〕　怀效锋点校：《大明律·断狱》"故禁故勘平人"条，法律出版社 1999 年版，第 212 页。

拷讯，皆据众证定罪。违者，以故失入人罪论。"〔1〕"……若妇人怀孕，犯罪应拷决者，……皆待产后一百日拷决。若未产而拷决因而堕胎者，官吏减凡斗伤罪三等。致死者，杖一百，徒三年。产限未满而拷决者，减一等。若犯死罪，听令稳婆入禁看视，亦听产后百日乃行刑。未产而决者，杖八十；产讫限未满而决者，杖七十……。"〔2〕除八议之人出于特权阶层的考虑以外，其他人均是老弱病残之人，且不说他们无法承受刑讯所带来的苦楚，他们本身对社会的危害性就很小，实没必要采用这么强暴的手段来获取他们犯罪的证据。清律规定基本同明律，与明律不同之处在于，"三品以上大员，革职孥问，不得遽用刑夹，有不得不刑讯之事，请旨遵行。"〔3〕这其实是作出了一个弹性规定，并非三品以上官员均不能刑讯，实在有必要时，可以请旨，由皇帝决定是否实施，这就意味着存在刑讯之可能性。

（三）证人

证人中以目睹者之证言最为有力。同原、被告一样，证人资格亦会有所限制。

一为八十以上、十岁以下之人。《大明律》"老幼不拷讯"条规定："……年八十以上、十岁以下，……，皆不得令其为证。违者，笞五十。"〔4〕

二为笃疾之人。《大明律》规定："……若笃疾，皆不得令

〔1〕 怀效锋点校：《大明律·断狱》"老幼不拷讯"条，法律出版社1999年版，第215页。

〔2〕 怀效锋点校：《大明律·断狱》"妇人犯罪"条，法律出版社1999年版，第222页。

〔3〕 田涛、郑秦点校：《大清律例·名例律》"应议者犯罪"条，法律出版社1999年版，第87页。

〔4〕 怀效锋点校：《大明律·断狱》"老幼不拷讯"条，法律出版社1999年版，第216页。

其为证。违者，笞五十。"〔1〕清律并解释老幼笃疾者不能作证之原因在于"老幼笃疾之人，法应免罪，恐恃此以罔人，故禁之也。"〔2〕对于老幼笃疾者取消作证资格之规定，最早见于《唐律疏议》，原因是"其八十以上，十岁以下及笃疾，以其不堪加刑，故并不许为证。"〔3〕

　　三为得相容隐之人。《大明律》规定："凡同居（同居谓同财共居亲属，不限籍之同异，虽无服者，亦是），若大功以上亲（谓另居大功以上亲属），及外祖父母、外孙、妻之父母、女婿、若孙之妇、夫之兄弟及兄弟妻，有罪相为容隐；奴婢、雇工人为家长隐者，皆勿论。若漏泄其事，及通报消息，致令罪人隐匿逃避者，亦不坐。（谓有得兼容隐之亲属犯罪，官司追捕罪囚而泄露其事，及暗地通报消息与罪人，使令隐蔽逃走，故亦不坐。）其小功以下相容隐，及泄露其事者，减凡人三等，无服之亲减一等。（谓另居小功以下亲属）若犯谋叛以上者，不用此律。（谓虽有服亲属，犯谋反、谋大逆、谋叛，但容隐不首者，依律科罪，故云不用此律。）"〔4〕又，《大明律·断狱》"老幼不拷讯"条规定："……其与律得相容隐之人……，皆不得令其为证。违者，笞五十。"〔5〕《大明令·刑令》则规定："凡告事者，告人祖父不得指其子孙为证，告人兄不得指其弟为证，告

　　〔1〕　怀效锋点校：《大明律·断狱》"老幼不拷讯"条，法律出版社1999年版，第216页。
　　〔2〕　怀效锋点校：《大明律·断狱》"老幼不拷讯"条，法律出版社1999年版，第216页。
　　〔3〕　刘俊文点校：《唐律疏议·断狱》"议请减老小疾不合拷讯"条，法律出版社1999年版，第591~592页。
　　〔4〕　怀效锋点校：《大明律》，法律出版社1999年版，第18页。
　　〔5〕　怀效锋点校：《大明律·断狱》"老幼不拷讯"条，法律出版社1999年版，第216页。

人夫不得指其妻为证，告人本使不得指其奴婢为证。违者，治罪。"[1]大清律承袭明律，法律上负有相容忍义务之人得以免除作证义务："其于律得相容隐之人（以其情亲有所讳）……皆不得令其为证；违者，笞五十。"[2]

明清律与唐律相比，最大变化为兼容隐之人增加了"女婿和妻之父母"。女婿和妻之父母并不同居，法律亦允许相为容隐，是因当时社会重视入赘女婿现象对证据制度产生了如是影响。因此，薛允升有云："明时最重入赘之婿，律特为此而设，盖此等女婿与妻之父母朝夕相倚，恩若父子，即与同居亲属无异，律内填入此层，或由于此。"[3]

相容忍之人被免除的只是不利于其亲属之证言，如果是有利于其亲属之证言当然是可以提供的。另外，该原则亦有例外，即便是相容忍之人在某些案件中也必须作证，针对的是那些涉及国家利益之案件，当亲情与国家利益发生冲突的时候，亲情势必要让位于国家利益。这类案件主要有两种：一是犯谋叛以上者。"若犯谋叛以上者，不用此律。谓虽有服亲属，犯谋反、谋大逆、谋叛，但容隐不首者，依律科罪。故云不用此律。"[4]二是父为母所杀者。其子"经官审讯，犹复隐忍不言者，照违制律杖一百"。[5]

四为生监。《大清律例》规定："生员代人扛帮作证，……

[1] 怀效锋点校：《大明律》附录《大明令》，法律出版社1999年版，第267页。

[2] 田涛、郑秦点校：《大清律例·断狱》"老幼不拷讯"条，法律出版社1999年版，第573页。

[3] （清）薛允升：《唐明律合编》，法律出版社1999年版，第84页。

[4] 田涛、郑秦点校：《大清律例·名例律》"亲属相为容隐"条，法律出版社1999年版，第121页。

[5] 《大清律例·名例律》"亲属相为容隐"条（乾隆六十年附例），郭成伟主编：《大清律例根原》，上海辞书出版社2012年版，第202页。

其讯明事属有因，并非捏词妄证者，亦将该生严加戒饬；倘罔知悛改，复蹈前辙。该教官查明再犯案据，开报劣行，申详学政黜革。"[1]中国传统中以"息讼"为追求之终极目标，而以"兴讼"为耻，平民尚且如此，何况士人，同样道理士人出庭作证亦认为有损体面。《钦定学政全书》亦规定："至于生监为人作证，如系他人妄行牵连，许本生自行辩明，免其开注。若系无故多事，出身作证，即属不守学规，地方官说明学臣，分别戒饬褫革，照例办理。"[2]

五为妇女。妇女出入公堂，抛头露面在中国古代被视为极为不雅之事，就连家人的颜面也会受到影响，因此，一般情况下，尽量避免让妇女作证。清人袁守定认为"凡词讼牵连妇女者，于吏呈票稿内即除名，勿勾到案。……其犯奸尚有疑似者，亦免唤讯，只就现犯讯结。凡所心养其廉耻，亦维持风教之一端也。"[3]汪辉祖也提到"妇女不可轻唤"，"提人不可不慎，固已事涉妇女，尤宜详慎，非万不已，断断不宜轻传对簿。……盖幽娴之女，全其颜面，即以保其贞操，而妒悍之妇，存其廉耻，亦可杜其泼横。"[4]黄六鸿在《福惠全书》中亦说："非现获奸犯，词内牵连妇女者，不准。"[5]

为避免牵连太多平人，明清法律限制出庭证人人数。明代

---

〔1〕《大清律例·诉讼》"诬告"条，乾隆三十七年附例，郭成伟主编：《大清律例根原》，上海辞书出版社 2012 年版，第 1477 页。

〔2〕（清）素尔纳等纂修：《钦定学政全书》，见沈云龙主编：《近代中国史料丛刊》（第 30 辑第 293 册），台湾文海出版社 1968 年版，第 449~450 页。

〔3〕（清）徐栋：《牧令书》卷十七，"袁守定之'听讼'"，清道光二十八年刊，第 26 页。

〔4〕（清）汪辉祖撰：《佐治药言》"妇女不可轻唤"，见（清）张廷骧编：《入幕须知五种》，台湾文海出版社 1968 年版，第 148~149 页。

〔5〕（清）黄六鸿：《福惠全书》卷十一，清康熙三十八年金陵濂溪书屋刊本，第 3 页。

条例规定：凡遇奏办人命、强盗等项冤枉情事，所指证佐勿过十人。违者，原词立案不行。[1]"票仰府厅州县……其干证着原、被自唤听审，毋令差役滥拘，不得过三名以上。唤到之日一并载入批上，并开明某人名下干证。其有已经审质者，合干文卷亦即封送去。"[2]清道光时期，顺天府宝坻县刊定的状式条例规定："被告不许过五名，干证不许过三名，违者不准。"[3]清乾隆时期黟县衙门刊定之状式条例亦有相关规定："事非命盗，被告不得过三名，应审干证不得过二名。如故违，牵出多人者，不准外，代书责革。"[4]究其原因，自是因为牵涉证人越多，越是伤及无辜。"少唤一个，即少累一个。谚云：堂上一点朱，民间千点血。……如漫不经心，妄准滥传，恐不惟小民多费因而致贫，且或拖累毙命及酿成大案，悔之无及，可不慎哉！"[5]即便这样，在实践中，无辜受牵害之证人依然不少。原因主要在于，为作证方便，证人可以像被告一样被关押，又由于关押管理混乱，常常造成证人大量死亡。道光年间两淮盐运使汤用中曾进行过这样的描述："浙江省城见仁、钱二县系囚报死者纷纷，初以为罪犯也，心骇其多，细询之，则皆外府解省之干连人证，始悉其弊，约计一岁死者不下三百余人。及至皖臬署，去首邑稍远，或月三四至，或月五六至，至则邑门之左

---

[1]《条例备考·通都大例》卷一，转引自罗昶：《伦理司法——中国古代司法的观念和制度》，法律出版社2009年版，第304页。

[2]（明）祁彪佳撰：《按吴亲审檄稿》，杨一凡、徐立志主编：《历代判例判牍》（第4册），中国社会科学出版社2005年版，第475页。

[3]中国第一历史档案馆：《顺天府宝坻县档案》缩微胶片，第28-3-154-202号。

[4]田涛、王宏治、许传玺主编：《黄岩诉讼档案及调查报告》（上卷），法律出版社2005年版，第17页。

[5]（清）汪辉祖撰：《佐治药言》"省事"，见（清）张廷骧编：《入幕须知五种》，台湾文海出版社1968年版，第135页。

右，必有横尸待验，或二或三，其弊与浙等，而死者之数，亦相上下。前岁过保定省城，留心细访，则通岁死者多至五六百人。"〔1〕

明清法律对口供采集对象之限制，体现了我国古代如下法律观。一是等级观念。八议之人，亲、故、功、贤、能、勤、贵、宾均为社会之上层，国家为其设定了各种特殊保护制度，犯罪时，使其得以受到优待，体现其特权性。二是恤刑观念。受儒家"仁"之思想影响，也是统治阶级维护自身统治地位需要，法律制度设计上常常体现"怜悯"之心，对老幼废疾以及妇女给予某些特殊照顾。三是儒家"亲亲得相首匿"观念。该观念基本内涵即为亲属间相互隐瞒罪行无需承担任何刑事责任，那么，亲属之间免除彼此之间作证义务当为其应有之义。在儒家思想占统治地位之传统中国社会，该观念一直存续于司法活动中。四是符合维护社会安宁之需要。"以刑止刑"代表了中国古代法律之最高理想，但实践证明该理想是遥不可及的。法律作为一种治理社会的手段，与"礼"一样是为维护社会安宁而设。老幼废疾、妇女这些弱势群体基本不会做出对统治者产生严重危害之犯罪行为，遂并非统治者重点关注对象，同时，对他们采取宽宥政策，还能体现统治者仁政，何乐而不为呢？

三、口供采集时间

口供来自原告、被告及证人。其采集可以在案件审理过程中之任意时间段内发生，如果由原告呈递诉状，递交诉状的时

---

〔1〕 （清）盛康辑：《皇朝经世文编续编》，见沈云龙主编：《近代中国史料丛刊》（第85辑第847册），台湾文海出版社1970年版，第4678页。

间便应视为原告提交口供时间。审讯当日，审讯程序通常是先审原告，从原告处采集口供，后审被告，从被告处采集口供，再询问证人，最后共同对质，对质过程，即是从原、被告及证人处获取口供的过程。无法辨别供词真伪时，多数情况下将施以刑讯。刑讯不仅可以对被告亦可以对原告及证人实施，直至取得最后定案口供。复审过程中，如被告翻供，会有新供词，因此，在案件最终判决发生之前，均为口供采集时间。

但在特殊时间段内，不允许审理案件，自然意味着不可采集口供。如《大明律》有关于"祭享"规定，在重要祭祀或休假日，官署会停止办公，亦停止审问刑名，如果触犯，反受处分。"凡大祀及庙享，……若百官已受誓戒，而吊丧问疾、判署刑杀文书，及预筵宴者，皆罚俸钱一月。……中祀有犯者，罪同。"[1]

大祀指祭天地，庙享是帝王正庙祭祀，中祀包括祭祀社稷、山川、历代帝王、先师孔子，等等。所有这些祭祀活动期间应予斋戒，不能问理词讼。除斋戒日期外，遇有皇帝登基大典、寿诞、丧葬等，案件审理亦须停止。自此，这些期限应被排除在口供采集时间之外。

四、口供采集地点

第一是在衙门内。口供采集常用地点在衙门内，即"公堂之上"，通过法官庭审进行采集。大多司法官选择在内衙审理案件，因内衙审理相对简单、自如，但也有司法官主张在大堂公开审理案件，清著名刑幕汪辉祖便是如此。其认为在大堂审理

---

[1] 怀效锋点校：《大明律》"祭享"条，法律出版社1999年版，第87~88页。

案件，一方面解决了两造纠纷，另一方面还可以通过该案审理解决一连串相类似案件，从而杜绝同类案件当事人争讼。另，长官在大堂上申明孝友睦渊大义，尚可起到劝民息讼之积极教育目的。"顾听讼者，往往乐居内衙，而不乐升大堂。盖内衙简略，可以起止自如，大堂则终日危坐，非正衣冠尊瞻视不可。且不可以中局而止，形劳势苦，皆以为不便。不知内衙听讼，止能平两造之争，无以耸旁观之听；大堂则堂以下伫立而观者，不下数百人，止判一事，而事之相类者，为是为非，皆可引申而旁达焉。未讼者可戒已，讼者可息。故挞一人，须反复开导，令晓然于受挞之故。则未受挞者，潜感默化，纵所断之狱，未必事事适惬人隐，亦既共见共闻，可无贝锦蝇玷之虞。且讼之为事，大概不离乎伦常，日用即断讼，以申孝友睦渊之义，其为言易入，其为教易周。余前承令宁远，俗素器健，动辄上控，兼好肆为揭帖，以诬官长。余唯行此法，窃禄四年，府道未受一辞，各宪因为余功，乃知大堂理事，其利甚薄也。"[1]

　　第二是在案发现场。案发现场所取口供，及时、准确性高，不会因为时间长模糊了记忆，还可以防止串供。如对于盗案而言，州县正印官常于查勘现场时当场讯问事主被盗房屋形态，是强劫还是窃盗，盗贼情况，被盗时场面，邻居可否能作证，是否留下犯罪证据，并录取口供。"凡盗案报到，即会营往勘，系城中或系乡村，营汛远近，有无邻居，事主住屋几间，坐落方向，从何处入门，何处搜赃，何处出去，或系明火执仗，撞门毁户，抑系逾墙撬壁，临时警觉行强，入室几人，曾否涂面，如何言语禁吓，有无捆缚殴打，初时事主可曾喊叫，邻佑可曾闻声，去时可曾挟架事主，道路可曾遗有器械油捻，取供估赃，

〔1〕（清）汪辉祖：《学治臆说》"亲民在听讼"，见（清）张廷骧编：《入幕须知五种》，台湾文海出版社1968年版，第273~275页。

勒缉通详。"[1]

再如人命案件，也常常在案发现场进行口供采集。"凡遇报人命，即唤其人入署，面谕之曰：'汝速归，鸠齐保邻尸属，于尸所听审。不许搭棚张彩，有杯水之费。'随裹米而往，询明情由，不抵之案，即于尸场发落，告以案结之由，不许入城。应抵之案，只带正犯收禁，告以应得之罪，不许余人入城。"[2]

第三是在监狱。以明神宗时代三大案之一的"挺击案"为例，该案由刑部主事王之寀负责初期审讯，其在四十三年五月二十四的报告称：……本（五）月十一日散饭狱中，末，至斩犯张差，见年壮力强，非风魔人。问：汝是外人，何缘执棍入宫？初招：我迷了。只说告状撞进。臣问：汝若不招再加刑法。伏招：打死罢，不中用了。……臣问：实招有饭。即放面前。差见饭，低头招：不敢说。……[3]这一实例中通过诘问获取口供的地点即在监狱中。

第四是在镇抚司狱。厂卫制度是明朝一大特色，镇抚司狱属锦衣卫，是对犯人进行刑讯、羁押的场所，在那里，狱吏常常用惨酷之刑讯采集口供。据记载，当时厂卫所属镇抚司狱监狱，"其室卑入地，其墙壁数仞，即隔壁嚎呼，悄不闻声。"[4]

第五是在皇宫内。皇帝可以随时亲审案件，在此过程中，势必要收集口供。如在洪武十九年，刑部胡宁、童伯俊等官吏"恣肆受财，纵囚代办公务，书写文案"，明太祖为了严加惩戒

---

[1] （清）徐栋：《牧令书》卷十九，"何耿绳之'强盗'"，清道光二十八年刊，第41页。

[2] （清）徐栋：《牧令书》卷十九，"何耿绳之'强盗'"，清道光二十八年刊，第16页。

[3] 《神庙留中奏疏彙要》（第13册）卷二，第4~5页。转引自杨雪峯：《明代的审判制度》，黎明文化事业股份有限公司1981年版，第254页。

[4] 丁易：《明代特务政治》，中华书局2006年版，第281页。

奸顽之情，于是亲诣太平门，"将各官吏箠楚无数，刖其足，发于本部昭示无罪者。"〔1〕另外，明朝皇帝常常将廷杖作为刑讯方法，在朝廷之上，文武大臣众目睽睽之下，对臣下杖责。明朝之前，虽然也有廷杖之说，但各朝帝王较少使用，自明初太祖朱元璋廷杖致死开国元勋永嘉侯朱亮祖起，廷杖便成了帝王刑讯和责罚臣下之常用方法和制度。明朝使用廷杖，一般由皇帝下令，司礼监监刑，锦衣卫执行。《明史·刑法志》对廷杖使用多有记载："而殿陛行杖习为故事矣。""四十余年间，杖杀朝士，倍蓰前代。"〔2〕

第六是在证人住所。取证原则上以在庭上为主，但遇情况特殊者，法官亦可亲自到证人住所取证，尤其是有些司法官会采用私访方式获取证据。虽说私访在当时遭到某些诟病，认为欠缺实效，但某些判例证实，通过私访往往确能获取有力证据，以定案情。《仁狱类编》中便有一案。"国朝刘季箎永乐年间任刑部侍郎。……杨州民胡氏，夜有贼入其室，杀人而遗刀尸旁。旦视之，柄有邻家苏氏私识，官捕鞫苏。苏曰：家失此刀久矣。不服，既备诸刑，竟诬服。季箎潜使持刀往察其邻。一童子识之曰：我家物也。遂得贼而释苏。"〔3〕作为定案重要凭据的作案工具——凶刀，便是在私访中知道了实际使用者，从而找到了真正的凶手。

〔1〕 参见《御制大诰》"相验囚尸不实第四十二"，刘海年、杨一凡主编：《中国珍稀法律典籍集成》乙编（第1册），科学出版社1994年版，第130页。

〔2〕 《明史·刑法志》，高潮、马建石主编：《中国历代刑法志注译》，吉林人民出版社1994年版，第963页。

〔3〕 （明）余懋学：《仁狱类编》"刘公察诬杀"，《续修四库全书·子部·法家类》，上海古籍出版社2002年版，第644页。

五、口供采集内容

案件类型不同，口供内容自有不同。在此，以人命和盗案为例。

（一）人命案讯取口供内容

不同人命案件问取口供时，其内容侧重点有所不同。以斗殴和谋杀为例。

如若讯问的是斗殴案件，则讯取口供之内容应有斗殴起因，是否死亡及死亡时间，是否为故意，有无同伙及证人等。"须问有无仇怨，如何起衅，及伤处先后，是否是时身死，抑或越几日身死，是否有心，有无同伙共殴，及何人在旁见证，如系同谋共殴，则应问谁人起意谋殴，及殴之先后，并是否原系谋殴泄忿，抑系商谋本要打死。"[1]因此，斗殴案件问供状式为："据供，偶尔口角，互相争斗，用某物于某人某处一下打重，当时殒命，并无同谋及下手之人，此系斗殴杀，按律，'凡斗殴斗人者，不问手足他物金刃并绞监候。'"[2]

如若讯问的是谋杀案，则讯取内容应有谋杀缘由，杀人地点，有否帮手，尸体处理状况，是否得财等。"须问有何仇怨，如何起意，与何人商谋，于何处杀害，及何人加功，先后动手情形，如何埋藏尸首，有无因而得财之处。"[3]所以，谋杀案问供状式为："据供，与某人素有仇隙，因与某人商谋，伺至僻静

---

[1] （清）徐栋：《牧令书》卷十九，"无名之'州县须知'"，清道光二十八年刊，第4页。

[2] （清）黄六鸿：《福惠全书》卷十四，清康熙三十八年金陵濂溪书屋刊本，第11页。

[3] （清）徐栋：《牧令书》卷十九，"无名之'州县须知'"，清道光二十八年刊，第4页。

去处，用某物于某人某处一下，当时殒命，此系谋杀。按律，'凡谋杀人造意者斩监候，从而加功者绞监候，不加功者，杖一百流三千里，杀讫乃坐。'"[1]

（二）盗案讯取口供内容

如若审理强盗案件，则讯取内容应围绕同伙状况，主犯何人，窝主何人及其分得赃物，有无内应，行劫及分赃具体情状等。

徐栋在其所著《牧令书》中阐释颇为详尽。其一，是要问清同伙。包括其数量、姓名、住址、年岁、面貌特征，此问之目的是防止李代桃僵。其二，要问清谁是主谋，如何与其他人约在一起行窃。其三，要问是否有窝藏之人，并问清姓名、住址、年龄、相貌以及分到赃物的具体情形。其四，要问明是否有内应，内应的姓名、住址、年龄、相貌。并要问明内应与事主是否为亲戚朋友，是否同行，分到赃物状况。其五，要问强盗所穿衣服颜色，持有什么样的器械，是否涂面，是否留有记号。其六，要问强劫前聚齐地点，出发时间，怎样行劫，并问明有没有对事主使用暴力、谁负责把风。其七，要问所抢赃物数量、如何分赃。具体到多少银两，成色如何；多少衣物，颜色如何。并问清赃物下落，如已卖，要问卖与何人，得钱多少，买主是否知情；如典当，则问当于何处，得钱多少，当票下落。其八，要问其家里有无同居之人，是否知情，是否分赃。其九，还要问是否犯由别案，强劫时有无杀人放火强奸事宜发生。如果有未获的同伙、窝主、内应等，则应当问清他们的下落。[2]

〔1〕（清）黄六鸿:《福惠全书》卷十四，清康熙三十八年金陵濂溪书屋刊本，第11页。
〔2〕参见（清）徐栋:《牧令书》卷十九，"无名之'审理盗案'"，清道光二十八年刊，第38~39页。

兹以一强匪案供单为例：

"〈前缺十六字〉，二甲人，今年三十四，□人。钟有池死了，母亲丁氏现存，弟兄五人，大哥钟复伦，小的第二，兄弟三人，年幼未有名字。乾隆三十九年，叔子钟天义在四川开县温潭井住家，小的来到那里帮他作工几年。去年七月间，小的到重庆府，有姓刘的雇小的挑木梳到达州，小的就在达州卖糖度日。今年四月二十九日，在达州檀木场撞遇这伙咽匪叫小的跟他入伙，与他们背镖杆木棍随走。小的听他们说，在川北地方杀了人逃来的话。五月初间，记不得日子。这梁山西界坨抢夺，又杀死一个客人，就由来凤、酉阳、彭水县小路上来，沿途到各处场上，向场上要钱。铺户害怕，都凑几串钱给作盘缠，遇有路行客贩抢夺，是常的，也记不清次数。抢获银钱各分使用，亦记不得数目。闰五月十六日，到艾子园店内吃了早饭，走出场口，见有盐贩过路，是刘老十、刘老满、蒋安荣、邹满二、王大满五个赶去，杀死一个盐贩，戳伤一个，抢了二十多□钱。杀死盐贩的是蒋安荣下手。就大齐起身前走，这几天都在山箐歇宿，白昼才到场店买食吃。二十日早上，为首的叫小的出来打听消息，在箐口吃水被差人拿了。小的们一伙共有一百零三人，刘老十、李小八、熊老四、杨老大是四个掌严的大头目。又有小头目，止晓得十几个名姓，其余人多一时记不起来。带有鸟枪九杆，火约（药）铅弹是沿途造的，黄鳝尾镖刀杆子每人各带一根。这二十日晌午，他们拒捕，小的已被拿了，并不在场是实。

据陈正山供：小的名叫陈大满，今年二十一岁，是四川夔州府万县大周里七甲人。父陈良贵现在，母亲死了。弟兄二人，小的为长，兄弟年小。四十三年，因岁荒出门，在湖北宜昌府与人做棕荐过日。今年正月，从宜昌回家。三月间在与宁县人石铺遇着这伙啯噜，由川北下来，叫小的入伙，小的听从。先前止有七八十人，后来添有一百零三人，一路抢〈缺九字〉记不清地名次数。小的实在没有杀人，所抢钱文〈缺十字〉熊老四、李小八四人分散，夜间在山箐住歇，白日才到场店要钱买饭吃。小的在分水了地方跟伤左膝，是他们抬起走。本月十六日早，到艾子园吃了饭，走出场口不远，见有盐贩邀着骡马，是刘老满、蒋安荣、邹满二、王大满五个人向前赶去抢钱，戳死盐贩。当时蒋安荣也被盐贩打伤头上。大齐同走到郭家巷，小的因脚痛走不动，是杨老大拿两串钱交与小的，叫小的在后养伤缓走，就被公差拿获。他们抢钱杀人拒伤兵差，小的这会并未动手是真，只带着鸟枪镖刀，是恐怕地方捕提，好用格斗的。如今不知他们又往那方走，只要拿获质对就是。

据彭昌文供：小的今年十八岁，住居婺川小井，父死母存，弟兄五人，都已分居。今年闰五月十五日，小的到黄竹园张捏颈家看望，听得乡约吴世隆喊鸣地方说啯匪来了，督人保护。小的就在张家拿一根木棍走去，不料撞着啯匪，把小的掳着，叫小的跟他入伙。十六日早，到艾子园场上吃了早饭，走出场口，见盐贩赶着驼马，他们就去抢钱。盐贩拦阻，被他们把盐贩杀死了一个，戳伤一个，抢了钱文，走到万牛坝，拿一千三百钱分与小的。因地方人众追逐得紧，把小的追落了，就被公差拿获解来。小的初见啯噜，他叫小的帮他，见他为首的反挂皮褂，人都称他为□□九，又一个叫湾角九。他们人多，小的入伙两天，

实在不知真正姓名，不敢谎供。"〔1〕

由此可见，虽然案件类型不同采集口供具体内容有所不同，但基本上是围绕着如下几个方面进行：一是要问清疑犯个人状况，以便核对身份；二是问案件起因；三是问有无主观故意；四是问犯罪实施过程；五是问结果，如人命案被害人是否当场死亡？有无得财？强窃案抢得多少财物？各是什么？赃物在何处？有否伤人？等等。

六、口供采集手段

口供采集手段繁多，有法律明确规定的，亦有司法官在实践中不断总结并加以运用的。其中，刑讯应用最为广泛。

（一）刑讯

刑讯亦称拷讯，用刑具拷打被告人等，以获取供词或证词。其既可以施加于被告，亦可以施加于原告和证人。刑讯在中国古代司法制度中是口供采集的合法手段，且存在了几千年。因此，有学者认为中国古代审讯史就是一部拷讯史。"通过对中国奴隶社会及封建社会几千年刑讯逼供的考察，我们不难得出这样一个结论：中国奴隶社会、封建社会上千年审讯的历史即拷讯的历史，刑讯基本上成为中国古代司法制度不可或缺的组成部分。"〔2〕

但刑讯逼供并非古代中国特有之产物，各个专制国家都存在过依靠刑讯逼供获取口供的法律历史，因此可以说刑讯逼供普

---

〔1〕 四川省档案馆编：《清代巴县档案汇编：乾隆卷》，档案出版社1991年版，第111~113页。

〔2〕 靳学仁：《刑讯逼供研究》，中国警察出版社2007年版，第54页。

遍存在于封建诉讼程序中。"刑讯逼供是人类社会刑事诉讼法发展的一个必经过程，刑讯逼供并非只有在中国古代社会中才存在，特别是经历封建社会的国家，刑讯逼供几乎不可避免。"[1]在西方，不能不说刑讯逼供与法定证据制度实施有着密切关系，被告人自白在实行法定证据主义的国家被提到了不应有之高度，因而刑讯逼供也便成为证据收集中之当然现象，不可避免地成了刑事诉讼关键环节，并随之合法化。

刑讯之所以成为司法官较为依赖的口供获取手段，原因诸多。撮其要者：其一，从政治层面来看，是专制制度产物，是封建统治者加强其专制统治，维护其权力权威之需要。正如伟大哲人所揭示的那样，"专制制度必然具有兽性，并且和人性是不兼容的"，[2]"拷问可能适合专制国家，因为凡是能够引起恐怖的任何东西都是专制政体的最好的动力。"[3]官府受理的案件，尤其是刑事案件常常被视为是对统治阶级政权之极大威胁。同时，由于传统社会交通、信息、经济不发达，使得统治者对社会控制能力较弱。因此，一定会采用他们认为强悍并行之有效的手段来发现真凶，以达到控制犯罪之根本目标，避免对统治者权威构成挑战和威胁，并满足维护社会秩序需要，刑讯便成为符合其要求的获取证据基本手段。其二，从思想层面来看，是儒家思想根深蒂固的结果。儒家思想在"情"和"法"之权衡中，更重视情，强调重在教化，希望犯罪分子心服口服，重要的是悔过，而不是惩罚，所以，要求犯人自己承认犯罪。当犯罪分子不服时，就有必要采用强硬手段，如刑讯。另外，荀

---

〔1〕 靳学仁：《刑讯逼供研究》，中国警察出版社 2007 年版，第 86 页。

〔2〕 《马克思恩格斯全集》（第 1 卷），人民出版社 1956 年版，第 414 页。

〔3〕 ［法］孟德斯鸠著，张雁深译：《论法的精神》（上册），商务印书馆 1961 年版，第 93 页。

子"人性恶"的观点也对此产生了极大影响。荀子认为每个人内心当中都是向着有利于自己的方向发展的，即趋利避害。基于此，其不会主动承认会给自己带来不利后果之罪行，用刑便成为必要手段。其三，从社会层面来看，刑讯是官本位社会产物。伴随着对权力无休止的追求所带来的必然是对权利的轻视，中国古代社会在本质上，长期以来就是一个官本位权力社会，而并非民本位权利社会，轻权利，重义务。"中国古代社会中刑讯逼供之所以一直经久不衰，是因为权力与权利的极度不对称，一方面是对封建王朝权力的过度推崇和对权力不断强化巩固的意识，……另一方面是对权利主体的极端轻视，其在诉讼中基本上没有平等对话的主体地位，自然也就不存在一些与主体地位相吻合的基本权利。"[1]被告人无所谓权利，无所谓主体地位，成为司法官刑讯拷问之合法对象便不足为奇了。证人地位同样低下，没有权利，只有作证义务，他们可以如原被告一样被拘押。另外，刑讯作为获取口供重要手段的另一社会原因是社会民众的支持。任何一种制度如要长久存续，都需要以社会公众支持为基础，仅仅依赖上层阶级的坚持和维系是基本不可能的，其存在的根基实难牢靠，国家或统治阶级要维持权力权威，不能不考虑权力运用策略。对普通大众来说，罪犯的威胁来得更直接、更强烈，他们并不希望因为保护个人权利而放纵犯罪，因此，刑讯逼供在某种程度上也得到了民间支持。其四，刑讯是最为快捷可行之取证方法。中国传统社会，地方上没有单独的司法官，由州县长官负责审理案件。州县长官权限很大，或者从另一个角度说职责很多，集司法、行政于一身，即便具体到司法事务，也是从调查、取证、审讯到判决全面承担。所以有人说"用现代的名词来说，他们结合了法官、检察官、警

---

〔1〕 靳学仁：《刑讯逼供研究》，中国警察出版社 2007 年版，第 55 页。

官、验尸官以及典狱官的职责于一身。"〔1〕可想而知，审判官任务多么繁重。况且古代均有审限规定，如未在审限内结案，地方官会受到处罚，这可谓雪上加霜，于是，要求司法官多方取证并对案件一一仔细研究几乎成为不可能。相对而言，刑讯逼供和察言观色便成为两种比较快捷的取证方式，但是，后者对司法官个人智慧和经验有较高要求，于是，刑讯逼供便当然地成为最为可行之取证手段。这并非仅仅是对酷吏而言，就是有名的清官们也常常对犯人"大刑伺候"。刑讯逼供在司法实践中愈演愈烈，到了明清时期更是到了无以复加的地步。所以说，"制度的局限只有在改变制度的情况下才能克服"。〔2〕

明清时期虽然形式上强调"察听情词"，但实际上刑讯仍是一种基本审讯方式。法律虽对其运用作出诸多规定，不过，司法实践证实，法外刑讯及其残酷程度都较历代有过之而无不及。

1. 刑讯之法律规定

首先，确立了刑讯合法性和条件性。《明会典》中规定："犯重罪，赃状明白，故意恃顽不招者，则用讯拷问。"〔3〕另《大明律》规定："若因公事，干连平人在官，事须鞫问，及罪人赃仗证佐明白，不服招承，明立文案，依法拷讯，邂逅致死者，勿论。"〔4〕《明史·刑法志》亦说道："凡内外问刑官，惟

---

〔1〕 沈德咏、宋随军主编：《刑事证据制度与理论》，人民法院出版社 2006 年版，第 39 页。

〔2〕 高其才："论中国古代社会的审判官吏"，载《清华法律评论》第 2 辑，转引自沈德咏、宋随军主编：《刑事证据制度与理论》，人民法院出版社 2006 年版，第 39 页。

〔3〕 （明）李东阳等纂：《大明会典》卷一七七，江苏广陵古籍刻印社 1989 年版，第 154~155 页。

〔4〕 怀效锋点校：《大明律·断狱》"故禁故勘平人"条，法律出版社 1999 年版，第 212 页。

死罪及窃盗重犯，始用拷讯，余止鞭扑常刑……"。[1]从上述规定可见，实施刑讯之方式是被法律认可的，实施刑讯之条件是可以确定的：一是赃状明白，二是不服招承，三是明文立案。而其到底适用于何种类型案件，却是模糊不清的。是只适用于重罪（《明会典》和《明史·刑法志》的规定如此）还是适用于所有案件（《大明律·断狱》的规定），无从判断。学者对此亦是看法不一。有学者认为应只适用于重罪案件，"明律明确规定刑讯的条件有三个，首先是罪囚犯重罪。只有在犯重罪的情形下才可以对罪囚使用刑讯。"[2]有学者认为"无论轻重罪犯，都要先依法详情审问推理，于真伪略见端底或真相已明，而人犯仍恃顽不予供招者，才用刑拷打……"。[3]清朝规定同明律基本一致。

如果不按照法定条件拷讯，司法官妄拿良民拷打实为违法，如果致死，性质更为严重。《刑案汇览》记载一案：

> "陕督题：捕役张应举诬窃拷打唐名身死一案。查律载……捕役奉差缉贼，其人本是良民，捏称踪迹可疑，妄拿私行拷打，吓诈逼认，照诬良为盗例分别强窃治罪各等语。……此案捕役张应举奉差缉匪，因见唐名行走慌张，向其盘诘，复以口音不对情有可疑，欲拉其禀官讯究，唐名蹲地不行，愈加疑惑，该犯恐系窃匪，起意拷问，随用拳殴伤其左耳耳窍等处倒地，复用铁链殴伤其左膝等处迫

---

〔1〕《明史·刑法志》，高潮、马建石主编：《中国历代刑法志注译》，吉林人民出版社1994年版，第924页。

〔2〕李奉峡："明代刑讯制度特点研究——与唐宋比较"，西南政法大学2011年硕士学位论文，第6页。

〔3〕杨雪峯：《明代的审判制度》，黎明文化事业股份有限公司1981年版，第260页。

问窃情，唐名詈其诬赖，该犯即将唐名身穿马褂剥去，用
铁链拴其颈项，并捆住两手，用木鞭殴其左腮颊、右乳、
左肋等处，因其滚骂翻身，又用鞭杆戳伤其背脊、脊脊、
左右肋、腰眼等处，经人路过劝住查问，唐名告以被诬拷
打，该犯生气，又用鞭杆殴伤其左手背等处，唐名至次日
殒命。检阅供招内称，审据乡约崔朝善及尸妻丁氏金供，
死者平日并未为匪，该犯即因其口音不对亦当禀官究治，
乃辄恣意拷问，叠殴多伤致死，自应照捕役诬良为窃例问
拟。该省将该犯依诬良为窃，拷打致死照故杀律拟以斩候，
与例相符，应请照覆。嘉庆二十一年说帖。"[1]

　　该案中捕役就因实施非法拷打，致他人而死，依律拟以
斩候。

　　其次，明确了刑讯所受限制。古代立法者将"勿笞掠而人
情"视为最高理想，但囿于当时发展状况使得刑讯逼供食之无
味，弃之可惜，也使得如何获取口供这一问题陷入了两难境地，
遂采用折中办法，一方面认可刑讯合法，另一方面又规定种种
限制。除上面提及对刑讯对象之限制以外，还对刑讯实施主体、
刑具以及实施尺度作出了限制。

　　第一，实施主体之限制。根据明、清律规定，刑讯必须由
各级衙门正印官决定，捕官与差役不得私行拷讯。正印官决定
刑讯时，由差役负责具体执行。《大清律例》"强盗"条附例规
定："凡强盗重案，交与印官审鞫，不许捕官私行审讯，番捕等
役私拷取供。违者，捕官参处；番役等于本衙门首枷号一个月，
杖一百，革役。如得财及诬陷无辜者，从重科罪。其承问官于

　　〔1〕（清）祝庆祺等编：《刑案汇览三编》（三），"捕役妄拿良民拷打逼认致
毙"案，北京古籍出版社 2004 年版，第 1765~1766 页。

初审之时，即先验有无伤痕，若果无伤，必于招内开明并无私拷伤痕字样。若疏忽不开，扶同隐讳，及纵容捕官私审者，即将印官题参，交部议处。"〔1〕而且必须正印官才能使用夹棍这种刑具拷讯："内而法司，外而督抚、按察使、正印官，许酌用夹棍、拶指外，其余大小衙门，概不准擅用。"〔2〕但在司法实践中，常有捕役私拷现象，其种种弊端显现无疑。黄六鸿曾说，"捕役拿到真贼祇宜听官审问，不可预先私行吊拷。捕役私拷，有脑箍、压石、刮胁、悬指、灌醋、插鬃诸刑，谓之收拾，备极惨毒。若吓他要钱，犹是捕人常态。若逼他供盗，彼岂肯将此案真盗招供，又必将伊仇恨之平人，与殷实之良懦，做进门盒子，奉承捕人，捕人奉差辑贼，原无主名，逢人可拿，况出之咨口乎！于是带盗作眼，任其入室穿房，谁敢拦阻，而其人之家财细软，搜掠一空，捕役得其厚利……"〔3〕可见，捕役私行拷讯难以避免，是与其切身经济利益联系在一起，常常为己得私财，并牵累无辜。

第二，刑具之限制。法律对各种刑具尺寸均有严格规定，"笞，大头颈二分七厘。小头径一分七厘，长三尺五寸。杖大头颈三分二厘。小头径二分二厘，长三尺五寸。讯杖大头颈四分五厘。小头径三分五厘，长三尺五寸。以上笞杖，皆须削去节目，……拷讯时，臀腿分受。"〔4〕"夹棍，中梃木长三尺四寸，两旁木各长三尺，上圆下方，圆头各阔一寸八分，方头各阔二

〔1〕 田涛、郑秦点校：《大清律例·刑律·贼盗》"强盗"条附例，法律出版社1999年版，第383页。
〔2〕 田涛、郑秦点校：《大清律例·刑律·断狱》"故禁故勘平人"条附例，法律出版社1999年版，第561~562页。
〔3〕 （清）黄六鸿：《福惠全书》卷十七，杨一凡主编：《历代珍稀司法文献》（第3册），社会科学文献出版社2012年版，第937~938页。
〔4〕 怀效锋点校：《大明律》附录《大明令》，法律出版社1999年版，第260页。

寸。从下量至六寸处，凿成圆窝四个，面方各一寸六分，深各七分。拶指以五根圆木为之，各长七寸。径圆各四分五厘。"[1]大竹板则"以竹篾为之，大头径二寸，小头径一寸五分，长五尺五寸，重不过二斤。"[2]

虽然律例对刑具大小、重量、尺寸均有明文规定，但刑具使用诀窍颇多，同一种工具由不同人使用，其结果相去甚远，而该结果取决于实施刑讯之差役，因此，行刑也就成了差役们谋取多种好处的良机。"县衙门里的各类人员皆有生财之道，门子有求见者的红包，禁子有坐牢者家属的贿赂，就是掌刑皂隶，板子底下也是他们的生财之道。"[3]在行刑前，如果给行刑皂役行贿，就可以减轻刑讯疼痛甚至避免被刑讯人死亡，因为他们可运用诸多刑讯经验和技巧，以便对刑讯结果进行一定程度的掌控。如拶指，"可用细杆粗绳，借助细木的弹性而使犯人少受痛苦。可用粗杆细绳，借助细绳的弹力减少犯人的疼痛。"[4]如用板，"上官嗔怒，喝令大板重打，彼奸皂一片呼号，执板高擎，故作用力之状，及其到臀而势反轻矣。臀上平铺其声愈响，虽皮开肉绽而骨不伤，气行血散易于平复也。至于夹棍……且奸皂于旧孔凿深，实以油蜡，遇内之热，渐至熔化，故箫虽紧，而踝不受伤。"[5]反之，如果不给皂隶行贿或仇家贿买受刑人员

---

〔1〕（清）昆冈等修，刘启端等纂：《大清会典事例》卷七二三，台湾新文丰出版公司 1976 年版，第 6 页。

〔2〕（清）昆冈等修，刘启端等纂：《大清会典事例》卷七二三，台湾新文丰出版公司 1976 年版，第 6 页。

〔3〕 翁礼华：《县官老爷：解说县史两千年》，浙江古籍出版社 2007 年版，第 186 页。

〔4〕 翁礼华：《县官老爷：解说县史两千年》，浙江古籍出版社 2007 年版，第 186 页。

〔5〕（清）黄六鸿：《福惠全书》卷十一，清康熙三十八年金陵濂溪书屋刊本，第 30 页。

性命，则结果便会恰恰相反。"如行杖也，皂隶为仇家买嘱，先讲银钱，或令断筋或令殒命，验过受谢。于是板用短厚，打用缩头，聚击一处血瘀成疔，批割不愈，性命随之。若专责腿弯，筋断骨痿，终身残废。及用小板，将板头点其肾子，再加重打其人气闭昏，闷不死何待。如用夹棍也，材新式短，箫紧窝平，收紧之时，结为死扣，其能殒命宜矣。即棍选旧材制，取长瘦似乎轻也，不知蠹皂于窝中暗填磁锋铁屑，捕一紧收，而锋屑入于骨，眼痛可忍乎。如拶指，杆则粗，绳则细，当有酷官，封拶立限，事完始放。至有竟日夜不脱者，固其死矣。……敦知奸皂不拶指而拶节，十指骨皆碎，苟幸不死，亦属废人，男子不能耕锄，妇人不能针黹，何其惨哉。"[1]

除对刑具尺寸作出限制，对刑具使用条件亦有限制。如《大清律例》便规定了适用夹棍的两个条件：一是案情重大，二是被告人在证据已经查明情况下仍不招认，或是招认以后又翻供的，其余情形不允许滥用该种刑具。"强窃盗人命，及情罪重大案件正犯，及干连有罪人犯，或证据已明，再三详究，不吐实情，或先已招认明白，后意改供者，准夹讯外，其别项小事，概不许滥用夹棍。"[2]

第三，"度"之限制。法律明确对拷讯的次数、每次相隔时间以及总量作出规定。"依法拷讯。拷讯不得过三度，每讯相去二十日，通记前数，以充三度。杖不得过一百，笞不得过所犯之数。"[3]清律又规定一次审讯当中只能使用夹棍拷讯二次，

---

〔1〕（清）黄六鸿：《福惠全书》卷十一，清康熙三十八年金陵濂溪书屋刊本，第29页。

〔2〕田涛、郑秦点校：《大清律例·刑律·断狱》"故禁故勘平人"条附例，法律出版社1999年版，第561页。

〔3〕（明）苏茂相辑，郭万春注：《新镌官板临民宝镜》卷十，杨一凡主编：《历代珍稀司法文献》（第7册），社会科学文献出版社2012年版，第3页。

"其应夹人犯，不得实供，方夹一次。再不实供，许再夹一次。用刑官有任意多用者，该管上司不时察参，倘有徇隐，事发并交部议处。"[1]

第四，非法刑讯之制裁。明朝对酷吏非法刑讯规定了严厉的制裁措施。"凡鞫问罪囚，必须依法详情推理，勿得非法苦楚，锻炼成狱。违者，究治。"[2]"内外问刑衙门，一应该问死罪，并窃盗、抢夺重犯，须用严刑拷讯。其余止用鞭朴常刑。若酷吏官员，不论情罪轻重，辄行挺棍、夹棍、脑箍、烙铁等项惨刻刑具，如一封书、鼠弹筝、拦马棍、燕儿飞等项名色，或以烧酒灌鼻、竹签钉指及用径寸懒杆，不去棱节竹片，乱打复打，或打脚踝，或鞭脊背，若但伤人，不曾致死者，俱奏请。文官降级调用，武官降级，于本卫所带俸。因而致死者，文官发原籍为民，武官革职，随舍余食量差操。若致死至三命以上者，文官发附近，武官发边卫，各充军。"[3]"通行在外问刑衙门，务要钦遵律定狱具，不许擅用铤棍、夹棍、脑箍、烙铁等项非法重刑。如有仍前酷刑，不体朝廷钦恤之意者，事发虽无赃私，亦将本官依律问罪。"[4]《明史·刑法志》亦记载，弘治六年，常少卿李东阳言："……律故勘平人者抵命，刑具非法者除名，偶不出此，便谓之公。一以公名，虽多无害。此则情重而律轻者，不可以不议也。请凡拷讯轻罪即时致死，累二十或

〔1〕　田涛、郑秦点校：《大清律例·名例律》"五刑"条附例，法律出版社1999年版，第80页。

〔2〕　怀效锋点校：《大明律》附录《万历问刑条例·刑律·断狱》，法律出版社1999年版，第262页。

〔3〕　怀效锋点校：《大明律》附录《万历问刑条例·刑律·断狱》，法律出版社1999年版，第439页。

〔4〕　《皇明条法事类纂》卷四十八《刑部类》，刘海年、杨一凡主编：《中国珍稀法律典籍集成》乙编（第5册），科学出版社1994年版，第906页。

三十人以上，本律外，仍议行降调，或病死不实者，并治其医。"[1]"又定制，凡盗贼赃仗未真，人命死伤未经勘验，辄加重刑至死狱中者，审勘有如故失明白，不分军民职官，俱视酷刑事例为民。"[2]可见，针对非法刑讯之制裁范围非常广泛，可能是因使用非法刑具，可能是因用刑部位非法，亦有可能是因行刑结果太过严重等。

清朝对非法刑讯责任亦有诸多规定。如针对滥用刑具行为，则明确"若将案内不应夹讯之人，滥用夹棍，及虽系应夹之人，因夹致死，并恣意叠夹致死者，将问刑官题参治罪，若有别项情弊，从重论。""内而法司，外而督抚、按察使、正印官，许酌用夹棍外，其余大小衙门概不许擅用，若堂官发司上司官批发佐杂审理案件，呈请批准，方许刑审。若不呈请，而擅用夹棍、拶指、掌嘴等刑，及佐贰并武弁衙门，擅设夹棍、拶指等刑具者，督抚题参，交部议处，正印官亦照失察例处分。""凡用刑衙门，凡一切刑具不照题定工样造用，致有一、二、三号不等者，用刑官照酷刑例治罪；上司各官，不即题参，照徇庇例治罪。"又如，针对用刑记录，则明确"直隶各省督抚设立用刑印簿，分发问刑衙门，将某案、某人因何事用刑讯，及用刑次数，逐细填注簿内，于年终申缴督抚查阅。如有滥用夹棍，及用多报少情弊，即将用刑各官指参议处。"再如针对决人不如法者，则明确"承审官吏，凡遇一切命案、盗案，……如有将干连人犯，不应拷讯，误执己见，刑讯致毙者，依决人不如法因而致死律，杖一百。其有将干连人犯，不应拷讯，任意叠夹致毙者，照非法殴打致死律，杖一百，徒三年。如有将徒流人犯，拷讯致毙二命者，照决人不如法加一等，杖六十，徒一年；三命以上。递加一等，罪止杖一百、徒三年。"[1]对孕妇进行刑讯之责任另有规定，"若妇人怀孕，……若未产而拷决，因而堕胎者，官吏减凡斗伤罪三等；致死者，杖一百、徒三年，产限未满，而拷决致死者，减一等。"[2]

在此，笔者想对两个词汇作一简要探讨，即"决罚不如法"与"非法殴打"。笔者曾见关于两者之区分，"所用系刑具中应有之物而轻重多寡与例不符，如律内所称应笞而杖之类，则法虽在而用之不当，故谓之不如法。若非例准行用之具，另用他物拷打，则所用并非刑具中之所有，谓之非法殴打。"[3]这里是将两者之区分仅放在刑具合法与否上，如刑具合法，拷打的"度"不合法，即为"决罚不如法"；如果刑具不合法，则为非法殴打。这段文字来自说帖，虽然说，说帖从严格意义上讲没有法律效力，不能在审断案件时引用比附判决，但是其毕竟属于司法档案之一种，[4]不同于学者主张，所以具有一定权威性。但是否可以认为，这一说帖仅仅是针对某一特定案件而作出的有针对性的解释，所以只涉及刑具问题，或者说仅从刑具的角度对两者进行区分，而不涉猎其他方面。如果放到另外的语境中，非法殴打之外延似应更为广泛。因笔者掌握材料之有限性，这也只能是一种尝试性理解。

---

〔1〕 田涛、郑秦点校：《大清律例·刑律·断狱》"故禁故勘平人"条，法律出版社 1999 年版，第 561~563 页。

〔2〕 田涛、郑秦点校：《大清律例·刑律·断狱》"妇人犯罪"条，法律出版社 1999 年版，第 599 页。

〔3〕 （清）清泰莼编：《说帖摘要抄存》卷十二，板存开封府署，道光辛卯木刻本，中国政法大学图书馆藏，下函，第 84 页。

〔4〕 （清）祝庆祺等编：《刑案汇览三编》（一）序，北京古籍出版社 2004 年版，第 5 页。

2. 司法官在司法实践中之用刑经验

司法实践中，多有司法官主张慎用刑讯。如明代吕坤之刑戒有五不打、五不轻打、五勿就打、五且缓打、三莫又打、三怜不打、三应打不打、三禁打之说。"五不打：曰老不打，幼不打，病不打，衣食不继不打，人打我不打。五轻不打：曰宗室莫轻打，官莫轻打，生员莫轻打，上司差人莫轻打，妇人莫轻打。五勿就打：曰人急勿就打，人忿勿就打，人醉勿就打，人随行远路勿就打，人跑来喘息勿就打。五且缓打：曰我怒且缓打，我醉且缓打，我病且缓打，我不见真且缓打，我不能处分且缓打。三莫又打：已拶莫又打，已夹莫又打，已枷莫又打。三怜不打：曰盛寒酷暑怜不打，佳辰令节怜不打，人方伤心怜不打。三应打不打：曰尊长该打与卑幼讼不打，百姓该打与衙门人讼不打，工役铺行该打为修私衙或买办自用物不打。三禁打：禁重杖打，禁从下打，禁佐贰非刑打。"[1]从这些主张看，不实施刑讯或暂不实施刑讯的原因，或出于怜悯之心、或出于等级观念、或出于自我情绪考虑等。终极原因是为避免在不适合情形下实施拷讯所带来的消极后果，即被告在无法忍受下诬服，造成冤假错案。

明苏茂相亦主张"问理轻重词讼，一时偶遇刁泼之徒，或遇偏执鲁夫，不通人事，言语相激冒犯，绝不可乘怒用刑太过，致惹别端，务要暂息忿怒，且将众人收入监内，再行散思，处治发落。"[2]强调避免在情绪过激时实施拷讯。吕新吾在其《实政录》中亦主张少用刑，多用智慧。钟情于"五听"

---

〔1〕（清）徐栋：《牧令书》卷七，《续修四库全书》（第755册），上海古籍出版社2002年版，第47~48页。

〔2〕（明）苏茂相辑，郭万春注：《新镌官板临民宝镜》首卷下，《新官到任要览》"严肃告奸"，杨一凡主编：《历代珍稀司法文献》（第7册），社会科学文献出版社2012年版，第924页。

之术和"隔别审问法"。通过隔别审问、辞色观察、乘虚诘问，自会使案情大白。如果各个嫌犯所作供述一致，自无可疑。如果供述殊异，也不要急着用刑，仍需耐心仔细鞫问，或采用密访等方法，相信"仁人心苦，智者识精，当必自有妙法"。并认为酷刑并非案件审理第一法则，重在"审"字，"'详审'二字，此圣王治狱之精意也。"这样，冤狱便可减少。[1]

　　清人，如觉罗乌尔通阿、徐栋、张运青等人均将明代吕坤的"祥刑要语"奉为刑讯圭臬，并在此基础上，提出自己的经验主张。清黄六鸿便订有十七项拷讯禁止条款："万寿圣节不可打，国忌不可打，年节朔望不可打，大风雪不可打，疾雷暴雨不可打，人走急方至不可打，盛怒不可打，酒后不可打，事未问明不可打，要枷不可打，要监不可打，要夹不可打，孝服不可打，孕妇不可打，年老废疾不可打，稚童不可打，人有远行不可打。"[2]其基本精神同吕坤刑戒一致。

　　司法官积累了丰富的有关刑具和用刑人员使用经验，如不得不拷讯时，用以作为指导。为避免因事先收买行刑人员，造成不公结果，司法官应在堂上临时在众多皂隶中选择拷讯人。即"每日分付皂隶东西两班立站，倘要用刑，不许抢夺刑法。中间预买之人，轻重之间甘苦十倍。今后凡要用刑，或是东班或是西班，第几个过来用刑，正用中间却又使别的过来。如不这等，置一签通写各名字，抽叫用刑，如此轻则不能偏苦。行

---

　　[1]　见（明）吕坤撰：《实政录》，《北京图书馆古籍珍本丛刊》，书目文献出版社 2000 年版，第 191~192 页。

　　[2]　（清）黄六鸿：《福惠全书》卷十一，杨一凡主编：《历代珍稀司法文献》（第 3 册），社会科学文献出版社 2012 年版，第 817 页。

之日久，人心恐怕临时不遇，不肯预先使钱买免。"[1]而对于刑具使用之把握，黄六鸿曾作了全面、精准的阐释，"然刑虽设，而用之则有别，刑具虽一，而有新旧燥湿之不同，轻重死生之或异，……是新者至惨于旧者矣。……倘一用之湿者之惨，加于燥者数倍。"[2]除新旧、干湿之外，具体到每一种刑具也有很多说法。比如"夫竹板有三号，最大，有毛头，谓之龙须板，偶一设之，所以威吓土豪衙蠹，非轻用之物也。其三号者，头号打强盗、恶棍、衙役、犯赃私作弊者；二号乃常刑；三号则比较钱粮，即乡愚小讼之类耳。至于夹棍，惟人命、强盗重犯，不招则用之。"[3]又比如施刑方法会直接关系到伤害程度大小。"如用夹棍，材新式短，箾紧窝平，收紧之时，结为死扣，其能殒命宜矣，即棍选旧材，制取长瘦，似乎轻也，不知衙蠹于窝中，暗填磁锋铁屑，一收紧，而锋悄入于骨眼，痛可忍乎。"又如拶指，"杆则粗，绳则细，尝有酷吏，封拶立限，事完始放，至有竟日夜不脱者，固其死矣。"[4]所以说"用有轻重，可生可死，则奸役之所主。"[5]

3. 刑讯负面效果

法律对刑讯虽有诸多限制，但是刑讯作为获取口供重要手段，其弊端仍是显而易见的。

---

[1] （明）苏茂相辑，郭万春注：《新镌官板临民宝镜》首卷下，《新官到任要览》"严肃告奸"，杨一凡主编：《历代珍稀司法文献》（第7册），社会科学文献出版社2012年版，第924页。

[2] （清）黄六鸿：《福惠全书》卷十一，杨一凡主编：《历代珍稀司法文献》（第3册），社会科学文献出版社2012年版，第824~825页。

[3] （清）黄六鸿：《福惠全书》卷十一，杨一凡主编：《历代珍稀司法文献》（第3册），社会科学文献出版社2012年版，第824页。

[4] （清）黄六鸿：《福惠全书》卷十一，杨一凡主编：《历代珍稀司法文献》（第3册），社会科学文献出版社2012年版，826页。

[5] （清）黄六鸿：《福惠全书》卷十一，杨一凡主编：《历代珍稀司法文献》（第3册），社会科学文献出版社2012年版，第826页。

第一，人犯禁不住严刑拷打从而诬服现象无从避免。曾有学者如是说："审讯是一种绝好的发明。它一方面可以使一个意志薄弱的无辜者被判有罪，另一方面也可以使一个意志坚强的有罪者被判无罪。而且这种做法往往会走向查明案件真相的反面。"[1]"严刑之下，能忍痛者不吐实，而不能忍痛者吐不实。"[2]这对刑讯取供所造成的弊端揭示得淋漓尽致，往往，经逼供所得出的案情与实际案情相去甚远，甚至恰恰相反。这样的实例颇多，清朝嘉庆年间，安徽霍邱县即发生一案：

> 范二芝因为家贫，便入赘到某村魏家，魏家只有一女，亦贫，以卖混沌为生。一年以后，即正月十四，忽然失踪。魏家派义子韩三及邻居到处寻觅，无果。范二芝父亲怀疑魏家将其儿子杀害，便多次到魏家闹事，并以言语冒犯韩三，被韩三推倒，于是就控告到县衙。县令讯问几次，未得实情。恰逢王县令雇佣一奶妈，与魏家住同一个村子，就问其是否知道魏家女婿的事。回答知道。并说听闻是因为魏氏与韩三通奸，因此杀害范二芝。王县令如获至宝，便严刑拷打魏氏母女与韩三。三人被打诬服。问尸体何处时，便说"当下将尸支解，入锅煮化，泼入土炕，将骨刭碎，以期灭迹。三人一口同声，案情遂定。"案件转到府，三人均无异词。后来遇夏邑李书年提勘，怀疑此案不实，原因是"供皆顺口而出，屡诘驳之，皆矢口不移"。因此委派高青书太守重新讯问，特别嘱咐，该案嫌犯供称"肉煮骨刭而脯肝肠肚尚无着落，可从此根究"。高太守依此讯问，三犯果然错愕支支吾吾，不知如何回答。高太守于是

---

〔1〕 William Andrew Noye, *Evidence: Its History and Policies*, 1991, pp. 14~15.
〔2〕 钱钟书：《管锥篇》（第1册），中华书局1986年版，第333页。

提审原差役。差役交代了曾寻访范二芝到其亲戚家。可疑的是，如果范二芝十四日被害，十五日却在姑母家吃元宵，十八日在表伯母家。当时差役便怀疑范二芝没死，禀明县令的时候，反被骂，遂不敢多说。于是，太守再派人寻找，案件搁置半年。直到有一天范二芝出现，原来是因欠债，被迫逃往外地。直到家人遇难赶回。之后，诘问三犯："既然如此奇冤，过堂时，何以并无一语翻异？"三犯泣曰："小人历过府县堂，已十余次，诸刑备受，此供悉是县差所教，并云翻驳一回，则汝等多受一回苦。小人心胆已碎，惟望早死，又何敢再求伸冤乎。"[1]

该案中，三条人命险些就因为严刑拷讯而枉送。

更有甚者，被告不胜棰楚，求助亲人伪造假证据证明自己有罪，以求早死。

"朱某，阳毂人，少年佻达，喜诙谐。以丧偶，往求媒媪，遇其邻人之妻，睨之美，戏谓媪曰：'适睹尊邻，风雅妙丽，若我续娶，渠可也。'媪亦戏曰：'请杀其男子，我为君图之。'朱笑曰：'诺'。更月余，邻人出责负，被杀于野，邑令拘邻保，鞫之，无端绪，惟谋媪述相谑之辞，以此疑朱。捕至，百口不承。令又疑邻妇与私，搒掠之，五毒惨至，妇不能堪，诬伏。又讯朱，朱曰：'细嫩不任苦刑，所言皆妄，即使冤死，而又加以不节之名，纵鬼神无知，予心又何忍乎？我实供可矣。欲杀夫而娶其妇，皆我所为，妇实不知也。'问：'何证？'答曰：'血衣可证。'既

---

〔1〕（清）周尔吉编：《历朝折狱纂要》，全国图书馆文献缩微复制中心 1993年版，第 47~52 页。

使人搜及其家，不可得，又掠之，死而复苏者再。朱乃云：'此母不忍出证据以死我耳，待自取之。'因押归，告母曰：'予我衣，死也；即不与，亦死也。均之死，故迟也不如其速也。'母泣入室，移时取衣出，付之。令审其迹确，拟斩，再驳再审，无异词。年余，决有日矣，令方虑囚，忽一人直上公堂，怒目视令而打骂曰：'我关帝前周将军也，昏官若动，即便诛却。'令战惧悚听。其人曰：'杀人者乃宫标也，于朱何与？'言已倒地，气若决少顷而醒，面无人色。及问其名，宫也，重挞之，尽服罪。盖宫素不逞，知道邻人索逋而归，意腰橐必富，及杀之，竟无所得。闻朱诬服，窃自幸。是日入公门，殊不自知。令问朱血衣所自来，朱亦不知之。唤其母鞫之，则割臂所染，验其左臂，刀痕犹未平也。令亦愕然。后以此被参揭，免官罚赎，羁留而死。"[1]

该案嫌犯朱某即因为受不了刑讯，只好让母亲染一件血衣，作为给自己定罪的物证。母亲不惜割伤自己手臂以伪造证据，要不是凶手出现，朱某必定含冤九泉之下了。

第二，滥用刑讯逼供亦无法避免。明清法律关于刑讯的诸多限制性规定表明了其对该种取证制度的审慎态度，意图在不得不采用该种手段的同时尽量避免由此所带来的不利影响，但事与愿违，事实上，违法刑讯现象比比皆是，使得法律规定与司法实践背离，也使得证据客观性、合法性遭到破坏。据《皇明条法事类纂》记载："弘治元年七月二十六日，刑部尚书何等为陈言修省事。该大理寺右丞杨澄奏一件：……近见在外问刑

---

〔1〕 徐珂编撰：《清稗类钞》（第3册），"阳谷血衣"案，中华书局1984年版，第1009～1010页。

官员多刻少恕，凡遇狱讼之来，不分情之轻重，罪有大小，一概毒刑以逼，锻炼成狱。"[1]"成化七年八月十八日，刑部等衙门尚书等官陆等题，为刑狱事。……奈何问刑官员罔知遵守，法外擅用铤棍、脑箍、烙铁等刑，深为未便……。"[2]尤其是厂卫特务机构的存在，更是视法律为一纸空文，法律对于刑具及其使用之限制在他们那里形同虚设，"……拷杨涟、左光斗辈，坐赃比较，立限严督之。两日为一限，输金不中程者，受全刑。全刑者，曰械、曰镣、曰棍、曰拶、曰夹棍。五毒备至，呼謈声沸然，血肉溃烂，婉转求死不得。"[3]完全靠残酷的拷讯获取口供，甚至任意制造口供，不顾客观真实。"京师亡命，诓财挟仇，视干事者为穴窟。得一阴事，由之以密白于档头，档头视其事大小，先予之金。事曰起数，金曰买起数。既得事，帅番子至所犯家，左右坐曰打桩。番子即突入执讯之，无有佐证符牒，贿如数，尽去。少不如意，搒治之，名曰干醡酒，亦曰曺儿。痛楚十倍官刑。且授意使牵有力者，有力者予多金，即无事。"[4]即便是法司，面对着厂卫锻炼成狱之冤假错案也不敢平反。"弘治九年刑部典吏徐圭所奏：'臣在刑部三年，见鞫问盗贼，多东厂镇抚司所缉获。有称校尉诬陷者，有称校尉为人报仇者，有称校尉手首恶赃擅而以为从、令傍人抵罪者。刑官洞见其情，无敢擅改一字。'"[5]"又闻东厂锦衣卫所获囚犯，

〔1〕《皇明条法事类纂》卷三十七，刘海年、杨一凡主编：《中国珍稀法律典籍集成》乙编（第5册），科学出版社1994年版，第485页。

〔2〕《皇明条法事类纂》卷三十七，刘海年、杨一凡主编：《中国珍稀法律典籍集成》乙编（第5册），科学出版社1994年版，第905~907页。

〔3〕《明史·刑法志》（三），高潮、马建石主编：《中国历代刑法志注译》，吉林人民出版社1994年版，第985页。

〔4〕《明史·刑法志》（三），高潮、马建石主编：《中国历代刑法志注译》，吉林人民出版社1994年版，第973页。

〔5〕（清）张廷玉等撰：《明史·孙盘传》，中华书局1974年版，第5009页。

取讫招状转送法司拟罪者，其间或有冤抑者，部院官明知，无敢与之辨明；大理寺明知，无敢与之参驳，嘿视其冤死而诿非己过。"〔1〕

　　清代虽废除了厂卫机构，但滥用刑讯现象依然较为普遍。嘉庆二十三年（公元 1818 年），陕西道监察御史程伯銮在其奏折中批评四川省司法实践中非刑之使用状况：十余年来，如绷杆、钓竿、站笼等非刑，各州县大半有之，除以惩治盗贼外，甚至田土、斗殴等案一切用之，臣思田土等案不宜妄用非刑。〔2〕同治年间江苏各省审案，不论情节轻重，动辄上架子，鞭脊背，敲脚踝，种种非刑，备极惨毒，即笞则每以千计。〔3〕方大湜论捕役八大害中也提到了滥用私刑拷讯之危害，"……吊拷：于深林僻地、古庙空屋内私刑拷问疑犯。……"〔4〕从这些记载中，不难看出法外用刑存在之普遍性。

　　（二）五听

　　"五听"是运用察言观色方法，通过对当事人心理活动的考察，从而对其施加压力，迫使其提供真实供词之取供方法。审判活动中，在原被告及证人到齐后，司法官吏通过辞、色、气、耳、目五方面的异常变化，观察当事人内心活动，以求得实情。俗话说，做贼心虚，犯罪者往往将其内心活动表现于外部之眼神、呼吸、神色、言语上，司法官可以通过潜心观察获取有益信息，并在此基础上进一步获取真相。正如西晋律学家张斐所

〔1〕《皇明条法事类纂》卷四十八《刑部类》，刘海年、杨一凡主编：《中国珍稀法律典籍集成》乙编（第 5 册），科学出版社 1994 年版，第 480 页。
　　〔2〕四川大学历史系编：《清代乾嘉道巴县档案选编》（下），四川大学出版社1989 年版，第 220 页。
　　〔3〕赵晓华：《晚清狱讼制度的社会考察》，中国人民大学出版社 2001 年版，第 228 页。
　　〔4〕（清）方大湜：《平平言》卷四，第 4~16 页。

说："情者，心神之使，心感则情动于中而形于言，畅于四肢，发于事业，是故奸人心忧而面赤，内布而色夺，论罪务求其心，审其情，精其事，进取诸身，远取诸物，然后乃可以正刑。"[1]

作为刑事证据采集手段，"五听"制度在我国源远流长，早在奴隶社会即已存在，并一直延续至明清。《大明会典》中明确规定，在审讯时，必须先"观看颜色，察听情词，其词语抗厉，颜色不动者，享理必真；若转换支吾，则必理亏，略见真伪，然后用笞决勘。"[2]可见，明朝司法官吏审理案件时，首先应运用该种方法，然后才刑讯。《明会要》载：明惠帝（建文帝）为太孙时，官兵捕获盗贼七人，他对七人仔细观察之后，对太祖（朱元璋）说，只有六个人是真盗，一个人不是的。经审讯果然如此。太祖问他是如何知道的，他回答说：《周礼》听狱，色听为上，此人眸子了然，顾视端详，肯定不是盗贼。[3]这一记载，虽有夸张之处，但比较客观地反映了这一方法的实际应用。清代著名司法官黄六鸿阐释了如何运用此方法区分良善："凡盗犯到前，须令抬起头来，问官仔细观看，若是强盗，面貌自然凶恶，若是良民，面貌自然纯善，若是此案真盗，彼自然心虚，两眼睛珠不时转动，摸他心口亦跳，若不是此案真盗，虽是匪人，彼眼眼珠不动，面色不改，此说虽未必尽然，大端良善亦自可见也。"[4]清代名幕汪辉祖在其《学治臆说》中则强调了对色听之重视："五听以色听为先，两造当前，先定气凝

---

[1]《晋书·刑法志》，高潮、马建石主编：《中国历代刑法志注译》，吉林人民出版社1994年版，第97页。

[2]（明）李东阳等纂：《大明会典》卷一七七，江苏广陵古籍刻印社1989年版，第155页。

[3]（清）龙文彬撰：《明会要》卷六十五，上海古籍出版社2002年版，第1252页。

[4]（清）黄六鸿：《福惠全书》卷十七，杨一凡主编：《历代珍稀司法文献》（第3册），社会科学文献出版社2012年版，第939~940页。

神，注目以熟察之，情虚者良久即眉动目颊，肉颤不已，出其不意，发一语诘之，其意立露。"[1]

司法实践中运用五听审案，实例颇为丰富，略举一二以为证。

《历朝折狱纂要》记载了一件发生在清朝清苑县的案件：

> 伯仲两个分家，仲因无能时常依赖于伯。仲夫妻为了获得伯遗产，想毒死伯。仲妻每次去伯家都要带点儿砒霜，伺机下毒。一次下毒，却被伯儿子服用。仲妻陷害伯儿媳毒死丈夫，并同伯夫妇一起报官。经检验确死于毒，便严刑拷讯儿媳，儿媳无法忍受酷刑，便做有罪供述。案件遂定。后虑囚至此，怀疑该案不实，便命某明府为此平反。明府详细翻阅历年案牍，发现中间屡断屡翻，确有可疑。于是，提相关人到案，隔别研讯。便认定杀人者为仲妻，仲妻最后也承认自己下毒事实。明府作出如此判断便是主要运用了五听之法。"某女辞气温和，益信其冤。""讯至仲妻，则厉声哭骂，……词色悍暴。"况且在讯问伯大夫妇时，也称儿媳孝顺，夫妇恩爱，遂初步断定儿媳被冤，仲妻可疑。进一步审问，案情遂明。明府自己亦言："在听讼者，察言观色耳。"[2]

从现代证据学角度来讲，五听即闻声判断、察色判断、言辞判断、情理判断、事理判断。因关注被询问人神情状态，从而发现漏洞破绽，颇有当今犯罪心理学理念。五听在古代司法

〔1〕（清）汪辉祖：《学治臆说》，见沈云龙主编：《近代中国史料丛刊》（第269辑），台北文海出版社1980年版，第246页。
〔2〕（清）周尔吉编：《历朝折狱纂要》卷五，全国图书馆文献缩微复制中心1993年版，第441页。

实践中的普遍运用亦表明，其作为一种刑事证据采集手段有可取之处。但"五听"制度具有较大任意性和盲目性，很容易导致主观擅断，造成冤假错案。如，自控力强之人，善于掩饰之人，五听之法则难以发挥作用。"古者折狱，听色听辞，皆就所讼言之也。然古时人情醇朴，曲直现于辞色之间；今人刁诈，冤痛反饰于辞色之际。非我有所以折而得之彼曲直之情，不我与也。"[1]反之，没见过世面之平民百姓，在公堂之上，即使没做贼心也虚。"官府老爷高高在上把案问，平民百姓跪在堂下来受审。大堂之中，公案之上，而在'明镜高悬'匾额之下，法官大人威风凛凛，而匍匐下跪的小民百姓自然是诚惶诚恐。更有一层，你看那公案之上的'惊堂木'，你看那法堂两边摆着森森可怖的刑具，你看那手执刑杖两边排开的衙役，你听那一阵一阵叫着的'喝堂威'。如此阵势，小民百姓安得从容诉说？哪能从容对答？在这一法律权力运作的场景中，一种权力的支配与被支配的关系得以形成，国家法律的'威严'得以张扬，小民百姓的'畏服'得以显示。"[2]任何事物均有其两面性，关键在于运用时须谨慎把握，并将其与其他证据结合辨析，尽量避免主观臆断。

（三）隔别讯问取供法

隔别讯问取供法，是指在讯问时将原被告和干连佐证等一一隔开，每次只讯问一名对象，分别获取口供之方法。此方法是为了防止串供。清代地方官刘衡曾对此作出过详尽说明，其主张在审理大案的时候，不能将案犯聚在一起，而是必须将其

---

〔1〕（清）黄六鸿：《福惠全书》卷十一，杨一凡主编：《历代珍稀司法文献》（第3册），社会科学文献出版社2012年版，第822页。

〔2〕徐忠明：《案例、故事与明清时期的司法文化》，法律出版社2006年版，第78页。

分开，细细详问。如供述真实，那么各犯所供应吻合，即可确认案情，否则，各个供述彼此不符，则难以假乱真。最忌讳主审官将一人口供说与其他人听，其他人随声附和。"如此则真情何由得？"[1]

曾发生在清朝贵池县一杀人案，司法官即是采用了隔别讯问取供法，使案情大明。该案起因是杨姓老翁的第二个儿子死后，其儿媳妇与仆人通奸，被老翁赶走。有一天，仆人偷偷返回老翁家，老翁不再指责其通奸行为，而直接将其作为盗贼杀死。当时，老翁长子在亲戚家饮酒，但仆人家却坚称儿子是被长子所杀，于是，长子被抓并被治罪。老翁屡次上诉。主审官便将案发当天和长子一起饮酒的十多个人叫来，分别讯问，各人说法如出一辙，均证实长子当天却是与他们一起喝酒。于是，将长子释放，改将老翁治罪。[2]此案，将众多证人隔别讯问，获取证词，依据证词一致性断定长子确实没有作案时间，其真实性毋庸置疑，遂将其无罪释放，避免了一起冤案。

（四）对质之法

对质之法，是指为了查明案件真伪，当原被告、证人所做供述存在矛盾时，司法官将提供矛盾供词各方叫到一起，当面进行对质，以查明真伪之方法。其实在对质的过程中，亦需要同时运用其他方法帮助作出判断，最主要的应为"五听"法。因为各方在对质时，通过他们的表情、说话的语气、用词等便可帮助司法官判断谁真谁假，理屈则词穷，在此过程最易得到验证。

---

〔1〕 郭成伟主编：《官箴书点评与官箴文化研究》，中国法制出版社2000年版，第274页。

〔2〕 （清）周尔吉编：《历朝折狱纂要》，全国图书馆文献缩微复制中心1993年版，第225页。

（五）潜听私语法

潜听私语法是司法官为获取事实真相，秘密地安排亲信在秘密的场所偷听被告与一些相关人员谈话的方法。清代地方官刘衡很是推崇此种方法，如，当有证人指为奸盗正犯，而其本人极力呼冤时，刘衡曰："莫如听其私语之为妙也。如署内有密室，于密室后层先伏亲信戚友一二人在内，然后将干证与所指之犯带到密室外间。官亦诘问数语，勿令人持帖称有客拜会，官则谕令将门锁闭，待会客毕再来审讯。犯等见室内无人，必彼此言语，是真是假不难立得（此法见袁简齐先生《说部》中）。或带同见证至城隍庙内审讯，仿前法变通行之，亦可必得真情（此法见黄给谏《福惠全书》中）。予在广东四会任，有何参猷家连劫盗案，差役缉获刘亚康矢口不承。予仿照此法，将刘亚康并余犯六七人锁在城隍庙东西柱，真情乃得。"[1]

（六）恐吓、诈谲方法

虽然在古代该种方法为许多饱读儒家经典之审判官吏所不耻，但在司法实践中此种方法仍常有应用，而且往往能收到良好效果。《仁狱类编》"舆妓屈盗辨例"中便使用诈谲方法查明了案件真相。"安吉州富家新娶妇，有盗乘人冗杂时入妇室，潜床下伺夜行窃，然久不得手，饿极出，被捉送官，乃诡称新妇有疾，相随常为用药耳。询其情，言之皆合。富家不得已，谋之老吏，恳县宰，为选一妓，盛服出对盗，若执之，见其诬矣。盗不知其计，遇妓即呼妇乳名，伪遂识破矣。"[2]另有一相似案例，"明朝刘宰为大兴令，民有亡金钗者，惟二仆妇在。讯之，

---

〔1〕 郭成伟主编：《官箴书点评与官箴文化研究》，中国法制出版社 2000 年版，275 页。

〔2〕 （明）余懋学：《仁狱类编》卷十五，上海古籍出版社 2002 年版，第 40 页。

莫肯承。宰命各持一芦去，曰：'不盗者，明日芦自若；果盗，明且必长二寸。'明日视之，则一自若，一去二寸矣。盖盗者恐其长，而先自去其二寸。以此诘之，而盗遂服。"[1]

在中国传统司法实践中，诈谲之术的使用不仅是被允许的，且被视为是古代法官拥有智慧的表现。

（七）"鬼神取证"法

在谈及中国古代证据制度时，往往将"神判法消失较早"视为其主要特点之一。[2]这已经成为共识。虽然有人认为，神判法作为普遍的习惯，世界上很少有国家不曾使用该种方法，唯一可能的例外就是中国。但这种说法似乎显得过于绝对，虽然中国古代较早地不再倚重于神进行裁判，但是在司法实践中其痕迹犹存。正如瞿同祖先生所说，"神判法在中国的历史时期虽已绝迹，但是我们只是说在它的法律程序上不见有审判而已，实际上神判法还依然有潜在的功能。官吏常因疑狱不决而求梦于神，这显然是求援于神的另一种方式。"[3]

明余懋学曾说，"孟氏曰：'至诚而不动者，未之有也。诚之所动，虽天地且为昭焉，况于鬼神？况于梦寐乎？'管子曰：'思之思之，又重思之，思而不通，鬼神将通之，非鬼神之力也，精诚之极也。'惟狱亦然，征之神而神应，质之梦而梦符非精诚所极。我之神通乎神之神，神之神通乎人之神，而人之神又通乎我之神，即此精诚者之所为鬼神梦寐也。"[4]其不仅相

---

〔1〕　（清）周尔吉编：《历朝折狱纂要》卷二，全国图书馆文献缩微复制中心1993年版，第131页。

〔2〕　陈光中、沈国锋主编：《中国古代司法制度》，群众出版社1984年版，第89~90页。

〔3〕　瞿同祖：《瞿同祖论文集》，中国政法大学出版社1998年版，第277页。

〔4〕　（明）余懋学：《仁狱类编》卷十六，《续修四库全书》，上海古籍出版社2002年版，第773页。

信鬼神之存在，且相信鬼神可以赋予司法官以力量。精诚所至，鬼神就会感应得到，并常常借助于梦的形式而给予启示。我们知道，许多公案小说中包拯便是用鬼神恐吓犯人，使其在惊魂未定时招供，并将供词作为定案依据。[1]在明清各类判例判牍中，多有法官通过神梦而获取证据，从而查明真相。兹举一例：

> 天顺间，太原王鉴由御史率同列劾石亨，被罪贬知肤施县。先是县民刘大为盗所戕，及其妻女，莫知其主名。公祷于神，忽梦张网四维，中系一子，旁有人曰："此杀人贼也。"觉而曰："四维者，罗字也，中系一子，得非罗锁儿乎？"密遣吏诃其姓名，果得之。执以诣县，一讯遂服，遂实于法。一县称为神明。[2]

其实，城隍崇拜亦是求援于神的现实体现。司法官员遇到疑难案件时，有时便会祝祷城隍，城隍是中国传统之司法神。明初洪武二十六年（公元 1393 年）"祭文"写道："……凡我一府境内人民，倘有忤逆不孝、不敬六亲者。有奸盗诈伪、不畏公法者。有拗曲作直、欺压良善者。有躲避差徭、靠损贫户者。似此顽恶奸邪不良之徒，神必报于城隍、发露其事。使遭官府。轻则笞决杖断、不得号为良民。重则徒流绞斩、不得生还乡里。若事未发露，必遭阴谴，使举家并染瘟疫、六畜田蚕不利。如有孝顺父母、和睦亲族、畏惧官府、遵守礼法、不作非为、良善正直之人，神必达之城隍阴加护佑，使其家道安和、农事顺序、父母妻子、保守乡里。我等阖府官吏等，如有上欺

---

〔1〕 郑牧民："论中国古代获取证据的方法"，载《吉首大学学报》（社会科学版）2009 年第 1 期，第 97 页。

〔2〕 （明）余懋学：《仁狱类编》卷十六，《续修四库全书》，上海古籍出版社2002 年版，第 780 页。

朝廷、下枉良善、贪财作弊、蠹政害民者，灵必无私、一体昭报。如此，则鬼神有鉴察之明、官府非谄谀之祭。"〔1〕相信，城隍通神灵，如从善，一定会得到城隍庇佑；如从恶，亦必得到报应。

基于此，司法官在审理案件时遇到解决不了的问题，常常会祷告于城隍，希望从那里得到指引或启示。判例判牍中时时有因祷告城隍求助于神灵帮助，从而破获案件之记载。

"都御史黄绂尝为四川参政，如崇庆，忽旋风拥舆不得行。公曰：'汝冤气邪。'姑散，遂止，抵州，沐而祷城隍。梦中若有神言州西寺云，公密访州西四十里，有寺当孔道，倚山为巢。公旦起，率吏兵急抵寺，尽系诸僧。诸僧中有一人少而状甚恶，诘之无词牒，即涂醋垩额上，晒洗之，隐有巾痕，乃鞫讯之，遂尽暴其奸慝。云寺后有巨塘，凡投宿人则杀之，沉塘中，众分其财，有妻女则分妻女，匿妻女隐窖中，恣淫毒久矣。公尽按律杀僧，毁其寺。"〔2〕

但需注意的是，鬼神取证是通过鬼神获取证据，或者说其只是获取证据之手段，如果没有确实证据，司法官并非仅仅凭借神言即行断案。以例为证：

"建昌府新城县民李瀚二索子钱还家，……以暮归，至相识黄嵩五家与其义男喻五宿，次早辞行，中道被人谋死，踰数月，其兄李瀚一诉之府，尸与主名具未获。喻同知信李瀚一言，闻有余钦者，能下神，召至府，询以李瀚二死

〔1〕（明）申时行等修，赵用贤等纂：《大明会典》卷九十四，《续修四库全书·史部·政书类》（第792册），上海古籍出版社2002年版，第635页。
〔2〕（明）余懋学：《仁狱类编》卷十六，《续修四库全书》，上海古籍出版社2002年版，第780页。

事，神言嵩五谋杀，埋葬乌泥坡，同知乃捕嵩五，阅其家，瀚一于床下搜得钥匙，即对李瀚一言，此是昭先寺钥匙……。屡审，送抚院，余懋学审问，认神言未足评，终经直证李瀚一所诬，嵩五得平反。"[1]

此处，最后定案依据仍是"直证"，而非"神言"，因仅仅神言不足为凭。

（八）七字审问法

清朝的黄六鸿依据自己之司法实践经验，总结归纳出七字审问法，即"钩""袭""攻""逼""摄""合""挠"。这七字审问法有针对犯罪心理而为之意味，视嫌犯之反应，一步一步使其语竭词穷，使其无处遁形，只好就范。

"钩"是个试探性阶段。对方只以虚词敷衍，却不言实，而已经窥见其别有真情，但又不确定，姑且稍微用语点之，看看其如何作答。之后采用"袭"，袭有偷袭之意，要乘其不备。如果"钩"后对方仍用以前说辞继续敷衍，这时，需要我在意料不到之处突然质问，使其毫无防备，无从对质。之后采用"攻"，即攻其不备，趁着对方在遭到袭击后露出破绽，连续找出空隙驳之，使对方只有惶惑，忙于遮掩，手忙脚乱。之后用"逼"，即及时恐吓、逼吓。趁着对方在我屡攻下，难以自圆其说，想说又不肯说的时候，假装大怒，威严大显，令堂上呈现出恐怖气氛，如命两班爪牙一边呼喊，一边取出夹棍吓之，对方在惊魂难定下，必供吐实情，承认罪行。千万不能给对方喘息的机会，否则一缓下来，恐又隐隐不言。[2]以上这些方法均

---

〔1〕（明）余懋学：《仁狱类编》卷三十，《续修四库全书》，上海古籍出版社2002年版，第8页。

〔2〕（清）黄六鸿：《福惠全书》卷十一，清康熙三十八年金陵濂溪书屋刊本，第23～24页。

是针对审问正犯而言，对于证佐等人，又可用"摄"字问供法。证人之类，多是因为受贿作证或因至亲好友情谊难却。这些人最擅长见机行事，真真假假主要看主审官态度。主审官如嗔目厉容，一言不合便欲动刑，并在紧要处严讯，对方一旦言辞游移，便又命加刑，畏惧于司法官之精明、威严，则必吐实。至于先审原告、被告，还是干连佐证，没有定论，关键在于随机应变。[1]"合"则是确认口供是否相符。采用之方法与隔别讯问同出一辙，先审原告，供述完毕，带出。再审被告，供述完毕，带出。再审原告证人，供述完毕，带出，再审被告证人，供述完毕，带出。像这样逐一隔别详问，便能知晓原、被告所做供述是否一致。而"挠"则是原、被告和证人对质。证人当前，即便巧舌如簧，又怎么能敌得过群言呢？在运用此七字审问法之前，最好先翻阅案卷，对案情把握胸有成竹，审问时，便可有针对性地采用此术，使案情大白。否则，"遇事漫无主宰，偏持己见，而公庭又多躁率，妄拟是非，则嘉肺之间，其不呼覆盆者鲜矣。"[2]

（九）印板问供法

案件因为类型不同，讯取口供要点亦各不相同，但如果是同一类型案件，讯问内容则相对固定，于是，同类案件讯问便逐渐形成了一个相对稳定之样板。如再遇到同类案件，则依样板所记载内容展开讯问即可。清代徐栋对审盗印版问供有详细论述，"凡审盗又有印板问供法。先问其的名、混名、年貌、住址。次问同伙几人，何人为首，何人纠党，何人作线，何日聚

---

〔1〕（清）黄六鸿：《福惠全书》卷十一，清康熙三十八年金陵濂溪书屋刊本，第23~24页。

〔2〕《孔府档案》类目编号为（1）4014第46号材料，见蒲坚编著：《中国古代法制丛钞》，光明日报出版社2001年版，第474~493页。

齐，会于何地，何月何日何时到事主家。又问，何人先入，何人瞭望，皆持何凶器，曾见事主家何人，入其何向室屋。所得何赃，何时出水。至何处分赃，散伙几分，分赃何人，分得何物。其同伙某人手若干岁，如何面貌，居住何乡，有无妻子、兄弟，散后今何往。又问，尔所得赃今何在，间与卖与何之。又问，窝家为谁，偷过几次，皆为何乡何家。又曾同某某等何人，先后盗过何县何乡人家。曾否被获有案。……凡初获一盗，即照前问供语，逐一详问定一供单，认为续获印合张本。"[1]该方法为司法官审讯提供了范本。

（十）其他方法

在长期司法实践中，司法官不断积累取证经验，并充分发挥其个人才智，因案设法，常能取得良好效果。

明朝贵阳曾发生一起因民人争舟殴打致死案，久不能决。主审官欧阳晔亲自来到监狱中，让所有囚犯坐于庭中，去掉刑具吃饭。吃完以后，只将一人留下，其他返回狱中。被留者脸色有变，惶然环顾四周。于是欧公便说："杀人者，汝也。"囚不知所以然。公曰："吾视食者皆以右手持匕着，而汝独以左，今死者伤在右肋，此汝杀之明矣。"囚犯哭着承认了自己的杀人罪行。[2]该案中死者伤在右肋，司法官凭借个人智慧，推断出凶手为左撇子。于是，创造了识别左撇子的机会，叫所有狱囚吃饭，当场观察到一囚用左手吃饭，于是诘问之，案情大白。司法官因为案情具体情况，依据其经验和智慧设计获取证据之独特方法，颇为有效。但是，这类获取并确认证据的方法有时过于武断，多建立在司法官对事物的个人认知基础之上，主观

---

〔1〕（清）徐栋：《牧令书》卷十九，"王植之'盗案'"，清道光二十八年刊，第44～45页。

〔2〕见（明）张九德辑：《折狱要编》卷一，台湾大学馆藏本，第18页。

性较强。

七、口供采集认定

　　告人罪者必须要写明告发人名字，明清时期严厉禁止投匿名书告人，前已述及。具名告诉即是对自己在诉状中所提交的供词予以认定，被告和证人在自己供词上签字画押，是对自己口供之认定。不仅如此，在最后判决形成时，被告尚需签字画押予以再次确认。《大明律》规定："凡狱囚徒、流、死罪，各唤囚及其家属，具告所断罪名，仍取囚服辨文状。……"[1]大清律并对此作出了程序性规定，"各有司谳狱时，令招房书吏照供录写，当堂读与两造共听，果与所供无异，方令该犯画供。该有司亲自定稿，不得假手胥吏，致滋出入情弊。如有司将供词辄交经承，致有增删改易者，许被害人首告。督抚察实题参，将有司官照失出入律议处；经承书吏照故出入律治罪；受财者，计赃，以枉法从重论。"[2]

　　之所以作出如此规定，一方面是据供辞定罪之需要。尤其是被告，对供词确认表明是对自己罪行之真实认可。由此，也可以视为是被告"自愿"伏法，以实现古代所追求"心服口服"之司法理念。正如余懋学所言，"刑部为服民事。照得：官司治民不难于听讼，而难于清讼。不贵于得情，而贵于服心。迩来断狱，惟据执对相屈，证佐明白，即便归结，纵囚犯不服，更不详审。中或有势所屈、情可原之处，不得自雪，岂肯心服？

---

　　〔1〕　怀效锋点校：《大明律·刑律·断狱》"狱囚服辨"条，法律出版社1999年版，第221页。

　　〔2〕　田涛、郑秦点校：《大清律例·刑律·断狱》"吏典代写招草"条附例，法律出版社1999年版，第602页。

致后多反异，事难归结。为此，合行出示，仰各衙门司刑官吏，凡狱囚徒流死罪，各唤囚及其家属，具告所断罪名，仍取囚服辨文状，若不服者，听其自理，更为详审。如违究治。"[1]同时，也能表明司法裁决之合法性、合理性和正当性，体现古代"公""和"之司法理念，另一方面是法官保护自己之需要，否则，如被告翻供，将可能使自己承担办案不力的责任。

八、口供采集标准和要求

口供采集应符合一定的标准和要求。

首先，为保证口供真实，须尽量当场获取。如人命案件当场验尸，检验之前先录取尸亲和证人口供，然后当场同检验结果比对。如不符，则当场询问尸亲、被告及证人，再次取得口供。如盗窃案件，则在勘验现场时，录取失主和邻人口供。"讯明事主，盗之入内情形，见盗几人，有无挂须涂面，何处声音，赃在何处被劫，有无捆殴燎烤等伤，奸淫放火架送等事，切实口供，再讯保邻更夫救获人等，有无听门声响，果系真正被盗，四邻断无不知，室内不无凄凉惨苦光景，假则事主家属，神情似属恍惚，口供亦多不对，此全在验勘时细心体究也。"[2]

其次，口供录取依标准格式。通常口供都有固定标准化录取格式，司法官可以依此套用。"定罪全凭招服，最要明白。如窃盗，则云：是某窥见其人家有其物，不合辄起盗心，与某人议论，某亦不合听从，于某日某时分，潜到某人家门首，探听

---

〔1〕（明）苏茂相辑，郭万春注：《新镌官板临民宝镜》卷十，杨一凡主编：《历代珍稀司法文献》（第7册），社会科学文献出版社2012年版，第787~788页。

〔2〕（清）吕芝田撰：《律法须知》卷上，杨一凡主编：《历代珍稀司法文献》（第3册），社会科学文献出版社2012年版，第1392页。

本家人、犬睡熟，剜开墙壁，进入房内，偷出某物分用。如强盗，则云：访得某人家多有财物，不合纠同某人，各不合依允，各持枪棍，几更时分，潜到某人家门首，用某物打开大门，点起草火，喝说不要动身，但动杀了，吓得本家人口惊散，劫出某物分用。如故杀，则云：因与某人争斗殴，撕打不过，不合发恨，用某物故向某人某处打讫一下，当时气绝身死。如误杀，则云：某与某人各不合用某物斗打，误将某人某处打讫一下，骨碎，因伤身故。若谋杀，则云：某不合向某人谋说，某人时常欺害，我每不得安生，莫若无人处将他结果了，免得为（下衍）。某等各不合依听在心，于某月某日某时分，访得某人独身在于某处，某叫同某人，各执某物，潜到某处等候，某人未在，是某为首，向伊某处用某物戮讫几下，不死，某向头上用某物破讫一下，当时气绝身死。某人不曾动手。若同谋共殴人，则云：不合议说，钱乙时常欺负，我每同去将他拿住，打上一顿出了气。某亦不合依允。余皆仿此。"[1]这些格式是在长期的司法实践中总结出来的，所以其指导意义是较强的。但是格式化的事物毕竟有一弱点，即死板、僵化，因此，可适用于一般性案件或初次问供，对于复杂化的案件则须有所变通。

再次，口供内容所须达到基本标准是符合情理，并与证词一致。"口供真，则理顺成章，自然可听，口供假，则左遮右掩，必多支离缺漏，总在情理二字，……倘人犯口供，全不在情理之内，即为不确。"[2]"供词须近情理，若非情理，再要推问开导，使之吐露真情，切不可装点情节，以致不成信谳，……

〔1〕（明）苏茂相辑，郭万春注：《新镌官板临民宝镜》首卷上，杨一凡主编：《历代珍稀司法文献》（第7册），社会科学文献出版社2012年版，第28~29页。
〔2〕（清）王又槐撰：《刑钱必览》卷一，杨一凡主编：《历代珍稀司法文献》（第3册），社会科学文献出版社2012年版，第1213~1214页。

必欲令犯人供证，归于一律，始免驳诘。"〔1〕清王又槐对一份好
供词之要点作了概括性总结，"情节要明、情形要合、针线要
清、过桥要清、叙次要顺。"〔2〕

最后，口供不得删改。州县官不得删改口供，否则将被治
罪。"承审官改造口供故行出入者，革职；故入死罪已决者，抵
以死罪。"〔3〕"录叙供词，务须按照原被当庭所供，不得妄加增
减。其有情节支离，供词闪烁，应为删节者，回明定夺。惟本
日审讯之案，次日即须送供，不得久延，以免致有出入。"〔4〕
"供书依审单始末具招详，不许更改情节。如一字出入，即系受
财作弊，定行重究。"〔5〕特别强调初次招供不许擅自删改。"凡
初次招供，不许擅自删改，俱应详载揭帖。若承问官增减原供，
希图结案，按察使依样转详，该督抚严察题参。不行察参，将
督抚交部一并议处。"〔6〕口供是为证实案情，无论口供的内容是
否为案情的真实反映，不可否认的是，未经修改的口供比加工
过的口供更利于查明案情，尤其是初始的直接源于供词提供者
的口供。

---

〔1〕（清）王又槐撰：《刑钱必览》卷一，杨一凡主编：《历代珍稀司法文献》
（第3册），社会科学文献出版社2012年版，第1216页。
〔2〕（清）王又槐撰：《刑钱必览》卷一，杨一凡主编：《历代珍稀司法文献》
（第3册），社会科学文献出版社2012年版，第1214~1215页。
〔3〕（清）昆冈等修，刘启端等纂：《大清会典事例》卷八一八，台湾新文丰
出版公司1976年版，第4页。
〔4〕南部县正堂清全宗档案，四川省南充市档案馆，"为谕示八房书吏件作等
事"，光绪三十四年，目录号18，案卷号639，转引自里赞：《晚清州县诉讼中的审
断问题——侧重四川南部县的实践》，法律出版社2010年版，第214页。
〔5〕（明）苏茂相辑，郭万春注：《新镌官板临民宝镜》首卷下，《新官到任要
览》，杨一凡主编：《历代珍稀司法文献》（第7册），社会科学文献出版社2012年
版，第916页。
〔6〕（清）昆冈等修，刘启端等纂：《大清会典事例》卷八四三，台湾新文丰
出版公司1976年版，第5页。

　　但实际上，司法官为了防止驳案，常常要对供词进行修改、润色，并积累了诸多这方面的经验。"当场落膝初供，及带回署覆审，慎勿轻易加刑，隔别细问，务得确情，将几次供词删其繁冗，去其疑似，及一切游移之词，祇叙紧要各供，入详通报。"[1]"发落取供，将原、被两词摘取紧关词节，备入供内，使彼此心服，方与画字。……供词俱委相同如律，始无番驳。"[2]甚至编成了招由体段歌诀："招由词语不宜繁，顺题说去自可观。情逆方可颠倒配，亦须简捷合机关。第一招题莫错过，最重军功题请官。不合在官查引例，安排招服勿等闲。隔别罪囚须提併，尸图伪印验伤刊，缘坐人口追赃仗，若还参审置此间。"[3]这种修改润色，当然是为应付上级，以免遭驳，因复审遭驳的常用理由便是口供存在这样或那样的问题。

　　因此，司法实践中，司法官为自身利益需要常常违背法律规定，将口供重新安排、组合、修改，以达到不被批驳之标准。如果案件几经审转，那么口供已经很难具有其最初之实然状态，俨然成为一部润色良好之"作品"。

　　〔1〕（清）王又槐撰：《刑钱必览》卷二，杨一凡主编：《历代珍稀司法文献》（第3册），社会科学文献出版社2012年版，第1237页。
　　〔2〕（明）苏茂相辑，郭万春注：《新镌官板临民宝镜》首卷下，《新官到任要览》，"招审词讼"，杨一凡主编：《历代珍稀司法文献》（第7册），社会科学文献出版社2012年版，第925页。
　　〔3〕（明）苏茂相辑，郭万春注：《新镌官板临民宝镜》首卷上，《新官到任要览》，"招审词讼"，杨一凡主编：《历代珍稀司法文献》（第7册），社会科学文献出版社2012年版，第39页。

第二节 实物证据采集

一、物证采集

物证在人命、强窃盗案件中是定罪量刑之重要依据，比如人命案件之凶器、血衣，强窃盗案件之赃物等。收集的主要手段是通过被告供述和司法机关搜查起获。

（一）物证在强窃盗案件中之采集

在强窃盗案件中，物证之采集认定程序通常是这样的：由人犯供出赃物去向，然后起获或者由司法机关主动搜查出赃物，随之将所获赃物同失主所报失单比对，比对过后再请失主指认，指认成功者即可视为定案物证。

首先，获取赃物所在地点。这是在强窃盗案件中采集物证之前提。人犯到案后，对其进行诘问以获取赃物所在地点，这其实又是口供的获取问题了，获取方法在此不再赘述。当然，也不排除通过证人提供的线索或司法机关主动搜查以获取赃物。

其次，盗贼一旦供出真赃所在，应及时起获，不宜迟延。"故问官既审出真盗，供有真赃为失主报单所有之物，便宜即时起获其赃，须讯明本盗在于何处。若在其家，即从其家照赃起获；若寄顿人家或质之典铺，即从所供人家典铺照赃起获。"[1]之所以对起获时间作如此要求，是为防止夜长梦多，盗贼将赃物或花费或典、卖，这样便会使事主受到损失。"失事之后，不惟盗宜即获赃，亦宜即起，万不可迟延自误，赃有多分有少分，有分细有分粗，有现在有花费，有藏匿有抵换，有别得为首，

---

〔1〕（清）黄六鸿：《福惠全书》卷十八，清康熙三十八年金陵濂溪书屋刊本，第6~7页。

线窝远勾来者，皆多分；把风截门，新上道者，皆少分。黠盗分细，弱盗分粗；或置之家中，或质典当，皆为现在；或鬻之市集或准折嫖赌者，皆为花费。"[1]

再次，赃物起获之后，同失单进行比对。事主被盗时，要先检查被盗物品，银钱、首饰和衣服等必在失单上记载详细，当时不能全部记起者，允许事后补记，以便照失单进行搜赃。司法官一般认为，不依照格式，字迹潦草，乱开内容，取证时又支支吾吾，则会有骗赖之嫌。对此，"掌印官当堂重责，严审明白，亲笔注于单上。"[2]失单的写法，一般以"记开"开头写起。如"计开毛蓝布袍一件、佛青布袍一件、青布马褂二件、青布大褂一件、蓝袖女夹袄一件、红袖女夹袄一件、紫花布小褂一件（未做完）、月白布小褂二件、毛蓝布小夹袄一件、青布小夹袄一件、蓝布单裤一条、毛蓝布单裤一条、录布单裤一条、灰色小皮袄一件、叉裤一付、毛蓝布女夹袄一件、录缎夹裤一条、鸭子簪一支、镀金冠簪一付、玉王法蓝冠簪一付、镀金佛一个、包头一条、钗子一支、皮匣一个、灵芝簪一支、镀金小冠簪支、束钱三千六百文。"[3]

为慎重起见，可以事先对失单问详。一方面是防止失主趁机图赖，另一方面在被盗之物起获时比对较为准确。所谓问详，即指问清失单所列物品细节。如衣服，则问新旧长短大小，是单是棉，材料、品质如何，男装女装等；如为布匹，则要问清有无字号，长短宽窄，布幅多大，布料粗细；如是首饰，则问

〔1〕（清）徐栋：《牧令书》卷十九，"徐文弼之'起赃'"，清道光二十八年刊，第48~59页。
〔2〕（明）吕坤撰：《实政录》，《北京图书馆古籍珍本丛刊》，书目文献出版社2000年版，第248页。
〔3〕中国第一历史档案馆：《顺天府宝坻县档案》缩微胶片，第28-2-124-070号。

清哪种质地，是金是银，花样款式，重量、数目各是多少。其他物品也需照样一一记载详细。"宁可过于详，不可失于略，将来被获起赃，自无致有裁捏之弊。"[1]当然，鉴于事主当时可能心烦意乱，不能将全部失盗物品记全，遂允许其事后补记。吕新吾先生在其《实政录》列举了问详的一些细节：

金环一双：【要审】是何模样？【如葫芦、二珠、拂珠之类】青金、赤金？原重几钱？何人还与？何人打造？有无记号？

凡金银首饰，器皿之类，俱照此审。

绿段男衣一领：【要审】麦绿、柳绿？大云、小云？或系某花？大折、细折或系直身？是旧、是新？整袖、半袖？何物作里？里何颜色？某铺买来？某裁缝作？有无记号？【如油痕、墨点、酒渍、火烧、挂破、补绽之类】

黄妆花女衣一件：【要审】金黄、柿黄、鹅黄、柳黄？有花、无花？系是何花？大领、小领？大袖、小袖？补系何鸟、何花？或圆、或方？何物作里？何物作带？有无滚边、贴边？某裁缝作？

红妆花裙一条：【要审】花红、木红？共是几幅？甚么腰带？几重膝拦？或璎珞、或海马、或美人、或杂花？何铺所买？甚么贴边？某裁缝作？

凡各色布帛、衣服、帕巾、网帽、膝衣、鞋袜之类，俱照此审。

银钱若干：【要审】系卖何物？系典何地？何人所还？何年所积？整锭、半锭？新钱、旧钱？

牛马驴骡：甚么毛色？多少年齿？原同某牙？买自何人？

---

[1] （清）吕芝田撰：《律法须知》卷上，杨一凡主编：《历代珍稀司法文献》（第3册），社会科学文献出版社2012年版，第1391页。

是牝、是牡、是骟？[1]

最后，传失主辨认。为避免认赃时，失主妄认，取赃时应让失主回避，先将赃物与失单一一对照，再听失主指认。"搜赃之日，先将失主拘禁一处，止令快壮与四邻起送到官，取出失单，如首饰先称分两，如衣服先杂他衣，然后提出失主，听其拣认。"[2]或者，将所获赃物封存，先问事主所失物品，再同赃物比对，以为确切。"俟委员或地保起赃到案，将物件点明，封识内署，立传事主到案，先问所失物件，有何记认，逐一供明，然后取赃付认，方为确切。"[3]指认时，要留心分辨真赃假赃。"如物有相似，争持不决者，便问本盗及寄赃之家，此物从何买来？何人所做？何人所与？有无原主见存？何人见你穿带？亦召其人而问之。即失主之物不能自认，认得一半确然可凭者，即是真赃。"[4]

但实际上，认赃过程中存在着各种影响性因素，导致所指认赃物不一定就是真赃，或虽起获真赃，但失主没机会指认等情形。比如，失主在失单中胡乱添加赃物的，快壮等为了结案随便作赃的，有真赃被快壮等据为己有的。"失主递失状，未必一一皆真，诬张者甚多，而贪冒者居半。起赃之时，快壮通同，有将本人之物劲指为赃者；有比照失状，取一二于典当铺，以作赃者；有获真赃，而快壮先搜其细软入已者；有疑似之物，

---

〔1〕（明）吕坤撰：《实政录》，《北京图书馆古籍珍本丛刊》，书目文献出版社2000年版，第248~249页。

〔2〕（明）吕坤撰：《实政录》，《北京图书馆古籍珍本丛刊》，书目文献出版社2000年版，第249页。

〔3〕（清）王又槐撰：《刑钱必览》卷三，杨一凡主编：《历代珍稀司法文献》（第3册），社会科学文献出版社2012年版，第1258页。

〔4〕（明）吕坤撰：《实政录》，《北京图书馆古籍珍本丛刊》，书目文献出版社2000年版，第249页。

失主记不真而错认者；有明见可爱之物，而妄认者；有厌连累之久，而妄认一二赃物，杀贼以完已事者；有为快壮所逼，不得不认者。"[1]所以，事主认赃一事，必须确实。如果仅仅称颜色相似，抑或式样相同，并游移不定，一会儿认一会儿又不认的，很可能是捕役作弊的结果。对于有些特征不明显的赃物，最好多找些相同或相似物品混杂在其中让失主辨认。为此，刘衡就提到混杂辨认法。"赃物可凭，但患失主记忆不清，或错认耳。更恐捕役勒令失主妄认，以冀速了案耳。须将似是而非之物参错其间，令失主辨认。若能认，方是真赃，否则恐有别故，难为凭也。"[2]该种方法被广泛应用于司法实践，《历朝折狱纂要》载有一案正是采用此法分辨真赃假赃。"近日，有将良民为盗搜其家黄裙，指为失主物者，失主认之。太原毛通判取当铺黄裙数腰，杂置堂上，失主莫知所认，妄取不一。呼良民至，则应手而得，曰：'此吾裙也。'失主无辞，而良民遂释。"[3]如确定是事主丢失赃物，则以此作为物证定罪处罚。如赃物挥霍，无从获取，凭被告供述及干连佐证证言亦可定罪量刑。

（二）物证在人命案件中之采集

人命案件中人犯到案后，须对其诘问或搜查其住所等地点，获取凶器下落，然后同尸伤伤痕比对，确定是否为作案工具。作案工具是人命案件定案之重要依据，除此之外，尚须收集血衣等物证。当然，有时物证并非一目了然，需要细心观察，方

---

〔1〕（明）吕坤撰：《实政录》，《北京图书馆古籍珍本丛刊》，书目文献出版社2000年版，第249页。

〔2〕郭成伟主编：《官箴书点评与官箴文化研究》，中国法制出版社2000年版，第275~276页。

〔3〕（清）周尔吉编：《历朝折狱纂要》，全国图书馆文献缩微复制中心1993年版，第247页。

能发现。《历朝折狱纂要》中载有一案，司法官便是因发现人犯鞋子上的血痕，并以此为突破口，进而取得嫌犯口供，案情得以确认。

> "明朝江南大理寺，尝鞫杀人狱，未得其实狱。吏日夜忧惧。乃焚香恳祷，以求神助。是夜，即梦过枯河，上高山。寐而思之，曰河无水，可字；山而高，嵩字也。常闻人言崇孝寺有僧，名可嵩，素不法，杀人贼，即是僧也乎。乃白长官，下符摄之。既至讯问，亦无奸状。忽见履上墨污，因问其由，云墨所溅。使脱视之，乃墨涂也。复诘之，僧色动。涤去其墨，即是血痕，以此鞫之，此狱果系该生所杀。案乃定。"[1]

二、书证采集

获取书证一般是通过勘查、搜查、当事人或干连佐证提供。如魇魅符书类案件一般是通过勘查现场获取，或由当事人提供；科场类案件一般是由干连佐证提供；而最为常用的一种手段是搜查，如诈伪类案件、妖书妖言及文字罪人之案件通常均是通过搜查嫌疑人处所获取书证。如：

> "一起为遵旨核拟速奏事。会看得赣县民廖景泮等在四川省传教惑众，伪造榜文及佛谕经卷一案。据江西巡抚郝硕奏称，经臣部遵奉谕旨，派委道府在于各犯家内，搜获佛谕经本，并拿获犯属，……又于邱德伟家搜出钞经四本，

---

[1] （清）周尔吉编：《历朝折狱纂要》，全国图书馆文献缩微复制中心 1993年版，第135~136页。

邱仁组、刘世斌二家搜出佛谕各一纸，……。"〔1〕

"审得陈天锡以雕虫之计，行如鬼之奸，……覆审得陈天锡伪造假印，……假印出于天锡之家，即欲谬诿于王文之，夫岂可得？况当日初经搜获，已即供吐明季伪造文书得授经历之状，……外有黑木印记二颗，并出其家，俱系天锡所造。"〔2〕

第三节　勘验结论采集

勘验，分为勘查和检验，在盗案、命案和斗殴案中应用普遍。在不同类型案件中查验结论采集要求亦有所不同。

一、勘查结论采集

勘查主要针对的是强窃盗案件和人命案件之案发现场，通过此勘查获取破案直接线索和保存原始证据。

（一）采集主体

明清时期，勘查要由州县正印官负责。"地方呈报强劫盗案，……如州县印官不亲诣查验，或竟将未曾目见之情形，捏作亲诣填报者，将州县官革职。……"〔3〕当然，如有特殊情况，

---

〔1〕（清）全士潮等纂辑：《驳案新编》卷六，"逆犯之父讯非知情纵容"，杨一凡、徐立志主编：《历代判例判牍》（第7册），中国社会科学出版社2005年版，第111~114页。

〔2〕（清）李之芳撰：《棘听草》卷十，"分守道奉两院一件为积蠹朋奸等事"，杨一凡、徐立志主编：《历代判例判牍》（第7册），中国社会科学出版社2005年版，第239~240页。

〔3〕（清）文孚等纂：《六部处分则例》卷四十一，沈云龙主编：《近代中国史料丛刊》（第34辑第332册），台湾文海出版社1969年版，第4页。

正印官不在，则可以委佐贰捕官代为检验。"失事地方印官外出，该佐贰捕官一面会同营汛先行勘验查缉，一面申请邻境印官复加查验。"[1]如果案件发生在交界地方，则由涉邻的州县官一起勘验，"交界处所失事呈报到官，地方官即关会接界州县，公同踏勘。"[2]

（二）采集时间

接到呈报的盗案以后，应立即勘验，《六部处分则例》规定："地方呈报强劫盗案，责令……印官，不论远近，无分风雨，立即会同营汛飞赴事主之家。查验前后出入情形，有无撞门毁户，遗下器械油捻之类。事主有无拷燎捆扎伤痕，并详讯地邻更夫救护人等，有无见闻影响，当场讯取确证，俱填注通报文内。"[3]但在勘验之前，应先询问事主被盗情形，及时获取事主和证人口供，以作比对。一是防止时间一久，发生串供可能；二是获取初步信息，为勘验提供指向。"地方被盗，必以事主呈报失单为据。状至，即传入事主，询其被盗情形，盗是何时刻从何处入，从何时出，向何处去，如何警觉，如何行劫，约有若干人，持何器械，曾否涂面，听系何处声音，有无器捻等物遗下，邻右地方曾否救应，并据单按件讯明，衣服新旧色样，银两是何成色，若干锭件，并取无谎开遗漏甘结。如有地邻同来，亦各取供存卷，随即带卷，协同城守往勘。往勘之时，须察其进出形迹，如撬门，越墙，挖空，暗进暗出。"[4]之所以

---

〔1〕（清）文孚等纂：《六部处分则例》卷四十一，沈云龙主编：《近代中国史料丛刊》（第34辑第332册），台湾文海出版社1969年版，第5页。

〔2〕（清）文孚等纂：《六部处分则例》卷四十一，沈云龙主编：《近代中国史料丛刊》（第34辑第332册），台湾文海出版社1969年版，第12页。

〔3〕（清）文孚等纂：《六部处分则例》卷四十一，沈云龙主编：《近代中国史料丛刊》（第34辑第332册），台湾文海出版社1969年版，第4页。

〔4〕 转引自那思陆：《清代州县衙门审判制度》，中国政法大学出版社2006年版，第75~76页。

要求当即检验，是为了确保现场留存之证据、线索不被破坏。

（三）采集内容

明清时勘验以《洗冤集录》为蓝本，该时期的司法官又在此基础上积累了更为丰富的经验，使勘验技术更趋成熟。

1. 人命现场勘查

因案件类型不同，收集内容和重点亦多有区别。兹以几种案件类型为例。

第一，自缢现场之勘查。对此，须主要勘查如下几点：一是自缢地点。位于什么街道，什么人家，被何人发现。二是使用的工具及自缢方法。三是衣着状况。四是周边环境。四周各有什么物品，面向何处，背向何处。头和被吊之处以及脚和地面的距离。五是自缢伤痕情况。其实，自缢命案现场之勘查重点应为是否符合自缢条件，为最后案件能否定性为自缢寻找有力之证据。所以，王又槐说："凡自缢有伤痕可疑者，先验其地位，及缢处高低，审度情势，是否自行上吊，其尸旁有无脚迹，及垫脚何物。"[1]吕芝田亦云："验自尽之案，若身负重伤，及验无伤痕，而情形可疑者，如缢死，应勘其所吊处，梁尘有无滚乱，及垫脚之物，有无泥土脚迹，脚底鞋底土色，是否一样，若梁尘无滚乱情形，高吊又无接脚之物，或泥雨时及湿地，垫脚之土，无脚印，鞋底土色各别，则防系别人吊起，假作自缢，盖勒死后吊起。"[2]以《宝坻档案》一勘查记录为例。

> "王福万承种地中有破五道庙一座，周围有大小枣树十四颗、小椿树六颗，该尸在于小庙后两岔枣树上，头西岔

---

[1]（清）王又槐撰：《刑钱必览》卷一，杨一凡主编：《历代珍稀司法文献》（第3册），社会科学文献出版社2012年版，第1230页。

[2]（清）吕芝田撰：《律法须知》卷上，杨一凡主编：《历代珍稀司法文献》（第3册），社会科学文献出版社2012年版，第1378页。

树腰栓绳，头东岔树上枝丫掷绳垂下，单套头投缳，环面向西南自缢。身穿破蓝布棉袄一件，内套蓝布夹袄一件，蓝布小褂一件，腰边有丝边白裤带一根，破蓝布单裤一条，系有白裤带一根，白夹袜一双，破青布尖头鞋一双。脖内围有白布手巾一条，旁放有木棍一根，破毡帽头一个，余无他物。量得系绳处至地八尺，系绳处至脖项三尺三寸，脖项至地四尺四寸，缳绳统长二丈二尺二寸，勘毕。"〔1〕

第二，溺死现场之勘查。基于溺死场所不同，勘查内容抑或说重点亦不同。以溺死在江河池塘与溺井为例。若是在江河池塘之处溺死，难以打量四周，因此"只看尸所浮在何处？如未浮，打捞方出，声说在何处打捞见尸？池塘或坎井有水处可以致命者，须量见浅深丈尺，坎井则量四至。江河、坡潭，尸起浮或见处地岸，并池塘、坎井，系何人所管？地名何处？"〔2〕若是溺井，则"量井之四至，系何人地上？其地名甚处？若溺尸在底则不必量，但约深若干尺，方捯尸出。尸在井内，满胀则浮出尺余，水浅则不出。若出，看头或脚在山在下，先量尺寸。不出，亦以丈竿量到尸近边尺寸，亦看头或脚在上在下。"〔3〕

第三，未埋尸现场之勘查。此所须勘查之重点为尸体存放地点及周边环境。未埋尸体存放地点，或者在屋内地上或床上，或者在房屋周边空地上，或者在山岭、草木、溪水之间。周边

〔1〕 中国第一历史档案馆：《顺天府宝坻县档案》缩微胶片，第28-3-161-057号，嘉庆二十年九月二十一日勘。

〔2〕 （宋）宋慈：《洗冤集录》卷三，杨一凡主编：《历代珍稀司法文献》（第9册），社会科学文献出版社2012年版，第84页。

〔3〕 （宋）宋慈：《洗冤集录》卷三，杨一凡主编：《历代珍稀司法文献》（第9册），社会科学文献出版社2012年版，第84~85页。

环境需要打量四至所在，是高是低，是远是近。如果在水中，则须勘查离岸边多远，所在为何人之地以及地名为何。[1]如，"勘得戴家庄系东西街一道，西首路北有王殿鳌生北向南住房一所，临街系篱笆门一个。进内系属空院，西有草棚一间，空闲；北有坐北向南草正房三间，一明两暗，□间空闲；东暗间系王富住居，进内有靠南室土炕一条，已死王庞氏在于靠东山土炕上，头东南脚，西北仰面，躺卧身死，身搭土布被一床，蓝布棉袄一件，套有紫布棉袄一件，外套有破蓝布草褂一件，旁放有布小靴一双，余无别物。查看南□有血手印拉动形迹。房后有空院一个，东有瓦房两间，西有驴棚一间，北有坐北向南草正房三间，一明两暗，西间空闲，东间系王殿鳌住居，勘毕。"[2]

第四，火死。通过对火灾现场进行检验，对确认烧死原因有所帮助。如是自己被困在着火房间无法逃脱，还是被别人推入火中，从尸体和茅、瓦的位置便能推断出来。"大凡人屋，或瓦或茅盖，若被火烧，其死尸在茅、瓦之下。或因与人有仇，乘势推入烧死者，其死尸则在茅、瓦之上。兼验头、足，亦有向至。"[3]

第五，跌死。对于跌死现场勘查，应从跌处高低、失足所留痕迹、外部擦伤等方面入手。"凡从树及屋临高跌死者，看枝柯挂拌所在，并屋高低、失脚处踪迹，或土痕高下及要害处，须有抵隐或物擦磕痕瘢，若内损致命痕者，口、眼、耳、鼻内定

---

[1] （宋）宋慈：《洗冤集录》卷三，"验未埋葬尸首"，杨一凡主编：《历代珍稀司法文献》（第 9 册），社会科学文献出版社 2012 年版，第 68 页。

[2] 中国第一历史档案馆：《顺天府宝坻县档案》缩微胶片，第 28-3-163-004 号，道光二年十二月十六日勘。

[3] （宋）宋慈：《洗冤集录》卷三，杨一凡主编：《历代珍稀司法文献》（第 9 册），社会科学文献出版社 2012 年版，第 146 页。

有血出。若伤重分明，更当仔细验之，仍量扑落处高低丈尺。"〔1〕

另，尚有已埋尸现场勘查、身首异处现场勘查、路死现场勘查等。

2. 盗案现场勘查

对于盗案现场进行勘查，重点是勘查两方面情况：一是被盗房屋状况，如其所处方位，其与城镇乡村距离远近，房屋坐落方向；二是盗贼所留下讯息，如其进出现场的路线，现场有无遗留器械油捻等物品，门窗墙壁遭到损毁之情形等。"凡盗案报到，即会营往勘，系城中或系乡村，营汛远近，有无邻居，事主住屋几间，坐落方向，从何处入门，何处搜赃，何处出去，或系明火执仗，撞门毁户，抑系逾墙撬壁，……"〔2〕兹以嘉庆年间一窃案所做勘查记录为证。

"卑职随即会营，亲诣黄庄。勘得该庄系东西街一道，街中路南有永信当铺一座、门面瓦房六间、西间向北开门。进内矮墙一道、安有角门，进院往南有东楼房二间、西厢房二间、南有正号房三间，安设号架，迤西地上放有空皮箱一双。据蒋肇新指称，贼由左邻陈自有染坊临街廊□檐上房，由西墙复上该当铺临街门面房、从角门矮墙蹬□台下院，将第二层二号房门锁拧开，入内行窃，仍由原路扒墙上房而逸，等语。查看陈自有临街廊檐并西墙上，及永信当角门矮墙上，俱有扒动形迹，该当铺临街门西房上有踏破瓦片，第二层正号房门锁拧断，后层修盖房间，尚未完工，

〔1〕（宋）宋慈：《洗冤集录》卷三，杨一凡主编：《历代珍稀司法文献》（第9册），社会科学文献出版社2012年版，第250页。
〔2〕（清）徐栋：《牧令书》卷十九，"何耿绳之'强盗'"，清道光二十八年刊，第41页。

勘毕。……所有黄庄永信当铺被窃当衣，勘讯拟议缘由是否允协，拟合绘图贴说，并造具赃册，一并具文申送。"[1]

（四）勘查记录

对于勘查结果如何记录，律例并无统一规定，因此各地做法不一，有的仅是用文字来记载，有的在文字之外配以绘图。无论采用何种记录方式，内容都必须条理清楚，叙述明白。"叙勘情形，各省不一。或有绘图贴说者，或有叙入详内而不绘图者，或叙详而又绘图者，总要分析清楚，令阅者如同目睹。遇盗窃、强奸、杀奸、自刎等案，处处形迹尤须验得确切，叙得明白。"[2]

二、检验结论采集

检验主要针对的是人命、斗殴案件中之尸体和伤痕。其中，人命案件致命伤之检验最要确实，因其为定罪处罚之核心证据。

（一）采集主体

1. 地方上由府、州、县正印官，即县官和府推官负责

明朝《问刑条例》"检验尸伤不以实"新题例规定："万历十八年三月题奉钦依：凡遇告讼人命，除内有自缢、自残及病死而妄称身死不明，意在图赖、挟财者，究问明确，不得一概发检，以启弊害外，其果系斗殴、故杀、谋杀等项该当检验者，……在外初委州县正官，复检则委推官。"[3]《皇明条法事类纂》亦规

---

〔1〕 中国第一历史档案馆：《顺天府宝坻县档案》缩微胶片，第 28-2-121-074 号。

〔2〕 郭成伟主编：《官箴书点评与官箴文化研究》，中国法制出版社 2000 年版，第 159~160 页。

〔3〕 怀效锋点校：《大明律》附例《问刑条例》"检验尸伤不以实"新题例，法律出版社 1999 年版，第 441 页。

定："合再申明禁约，其称检验人命，要委州县正佐能干官员，不许滥委仓场库务等，及阴阳医生等役。缘检验尸伤，律该正官，若委仓场等官医生等役，不惟不谙事体，抑恐作弊枉人。"[1]清朝地方检验亦规定由州县正印官负责，"凡遇告讼人命……当检验者……在外委州县正印官。"[2]"凡人命呈报到官，该地方印官立即亲往检验。"[3]"凡京城内外及各省州县，遇有斗殴伤重不能动履之人，或具控到官，或经拿获，及巡役地保人等指报，该管官即行带领件作亲往验看。"[4]州县如遇较复杂人命尸伤案件，有时尚须检验二次，第一次是州县官为之，为初检；第二次府推官为之，为复检，一般不得违例三检。"凡人命重案，必检验尸伤，注明致命伤痕。……若尸亲控告伤痕互异者，许再行复验，勿得违例三检，致滋拖累。"[5]

要求正印官亲自检验，一是为了避免件作勒索、受贿，在检验中作弊；二是避免因件作水平不高，胡乱检验，以此来保证检验真实性。

但在特殊情况下，允许正官委托他人检验。何为特殊情形，从相关资料记载看，主要包括三种：一是正印官缺失或正印官因公实在无法脱身；明成化十五年（公元 1479 年）七月二十六日奉旨：……若正官缺员，或有公占事故，方于佐贰官内选委

〔1〕《皇明条法事类纂》卷四十八《刑部类》，刘海年、杨一凡主编：《中国珍稀法律典籍集成》乙编（第 5 册），科学出版社 1994 年版，第 904 页。

〔2〕 田涛、郑秦点校：《大清律例·刑律·断狱》"检验尸伤不以实"条，法律出版社 1999 年版，第 591 页。

〔3〕 田涛、郑秦点校：《大清律例·刑律·断狱》"检验尸伤不以实"条，法律出版社 1999 年版，第 593 页。

〔4〕 田涛、郑秦点校：《大清律例·刑律·斗殴》"保辜限期"条，法律出版社 1999 年版，第 447 页。

〔5〕《大清律》"检验尸伤不以实"条例（雍正三年定例），郭成伟主编：《大清律例根原》，上海辞书出版社 2012 年版，第 1782 页。

廉能干济者，眼同从实检验尸伤。[1]清朝亦有类似规定，在特殊情况下，正官不能分身，准委副官、吏目代验。或有主官因公外出，可以请相距不过五六十里之邻县州主官代往相验，如果地处遥远，不能朝发夕至，才允许委派同知、通判、州同、州判、县丞等官检验，严禁烂派杂职。被委派检验者要依法填具表格并通报，之后由正印官承审。[2]二是地方遥远，正印官不便验看。凡是斗殴伤重应检验者（免检案件不在其列），由正印官就近检验，自不待言。但如果离城太远，"委系不能逐起验看者，许委贰佐、巡捕等官，代往据实验报。"[3]三是特殊案件。法律对某些特殊案件明确规定需会同检验，便不再是正印官独立负责。如旗人命案，即须正印官会同同知、通判等共同检验。如没有同知、通判，则会同有司官一同检验。[4]

2. 京师人命案件多由五城兵马司为之

从明清时期法律规定来看，京师人命案件初检均由五城兵马司负责。《大明会典》规定，"凡刑部、都察院照勘、提人、检尸、追赃，分委该司（五城兵马司）承行。"[5]《大清律例》亦规定，"凡京师内城……街道命案，无论旗民，令步军校呈报步军统领衙门，一面咨明刑部，一面飞行五城兵马司指挥星往相验，径报刑部。其外城地方人命，亦无论旗民，俱令总甲呈

---

〔1〕《皇明条法事类纂》卷四十八，刘海年、杨一凡主编：《中国珍稀法律典籍集成》乙编（第5册），科学出版社1994年版，第904页。

〔2〕 见田涛、郑秦点校：《大清律例·刑律·断狱》"检验尸伤不以实"条，法律出版社1999年版，第593页。

〔3〕 田涛、郑秦点校：《大清律例·刑律·斗殴》"保辜限期"条，法律出版社1999年版，第446页。

〔4〕 见田涛、郑秦点校：《大清律例·刑律·断狱》"检验尸伤不以实"条，法律出版社1999年版，第592页。

〔5〕 （明）李东阳等纂：《大明会典》卷二二五，江苏广陵古籍刻印社1989年版，第653页。

报该城指挥，该城指挥即速相验，呈报刑部都察院。（十三年定例）"[1]《大清会典事例》则记载了从康熙朝到乾隆、雍正朝对京师检验人员之规定，均为五城兵马司。康熙二十二年（公元1683年）："京城外各地方人命尸伤，令五城兵马司指挥亲行检验。"[2]乾隆三十一年（公元1766年）议准："五城正指挥专司命案，无论城关内外，凡属该城之地，统由该员相验缉凶。刑部、提督衙门命案，亦委该员相验。是以向来专一责成办理。"[3]

值得关注的是，明朝京师案件检验次数，并非简单地只为初检和复检。依明《问刑条例》来看，应该是两次检验，初检由五城兵马负责，复检由京县知县负责。[4]而依据《大明会典》规定来看，京师人命案件检验次数是有变化的。从嘉靖三十九年（公元1560年）始不再囿于初检和复检。遇检验时，先由五城兵马司派员检验，再由各城复检，当所验尸伤前后不一致，双方当事人不服时，则再由京县知县或京府推官详细检验。这表明可以有三次检验。[5]清朝未见有相似规定，仍是初检委五城兵马，复检委京县知县。

---

〔1〕《大清律例》"检验尸伤不以实"附例（乾隆三十七年例），郭成伟主编：《大清律例根原》，上海辞书出版社2012年版，第1875页。

〔2〕（清）昆冈等修，刘启端等纂：《大清会典事例》卷一〇三七，台湾新文丰出版公司1976年版，第1页。

〔3〕（清）昆冈等修，刘启端等纂：《大清会典事例》卷一〇三一，台湾新文丰出版公司1976年版，第20页。

〔4〕"凡遇告讼人命……其果系斗殴、故杀、谋杀等项该当检验者，在京初发五城兵马，复检则委京县知县。"见怀效锋点校：《大明律》附例《问刑条例》"检验尸伤不以实"新题例，法律出版社1999年版，第441页。

〔5〕《大明会典》载："嘉靖三十九年奏准，凡遇检验尸伤，必择该城廉干兵马一员，先行检验。再调各城复检。如有前后尸伤不一，原被告不服者，方再改委京县知县或京府推官，复行详检。"（明）李东阳等纂：《大明会典》卷一七八，江苏广陵古籍刻印社1989年版，第165页。

当然，正如地方正印官因特殊情况无法履行检验职责时，可委下属代劳一样，京师命案检验，原则上由五城兵马司指挥负责，但在特殊情况下，指挥亦得委副指挥、吏目代验。此代验多针对兵马指挥分身乏术情况，京师人命案件颇多，远近不一，又有检验时限，正指挥在忙不过来时，允许委派副指挥、吏目代验。[1]

3. 仵作

无论是州县官和府推官，还是五城兵马司，均是检验主持人员，真正实施检验的是仵作，相当于今天的法医，是专业检验技术人员，其所为检验结果直接影响着案件处理结果。但在明清司法实践中，仵作所实施之检验却存在着诸多问题。比如，检验水平不够、不专心于检验工作、故意给出错误之检验结果，等等。究其原因，主要源于明清时期仵作收入太过微薄，每年只有六两，所以其不专心于检验工作或收受贿赂、勒索财物便成为一大流弊。"无如仵作虽设而未能专意讲习者多，何也？其额设工食每名每年仅支银六两，口食不敷，势将另谋生计，视充役为挂名，安望其能悉心供役？"[2]另外，由于财力关系，很多地方甚至不设仵作，遇有需要检验之案件通常借用临县仵作，导致延迟检验情形时有发生，雍正帝曾经指斥道："乃近年以来，外省并不实力奉行，照额募补，惟藉临封调取应用，以致命案迟延拖累，相验未能明确，此固州县怠忽，亦该上司不能

---

[1]《大明会典》载："嘉靖三十九年奏准，凡遇检验尸伤，必择该城廉干兵马一员，先行检验。再调各城复检。如有前后尸伤不一，原被告不服者，方再改委京县知县或京府推官，复行详检。"（明）李东阳等纂：《大明会典》卷五八一，江苏广陵古籍刻印社 1989 年版，第 23 页。

[2]（清）徐栋：《牧令书》卷八，《续修四库全书》，上海古籍出版社 2002 年版，第 4 页。

留心查察之故。"〔1〕即便是刑部，开始亦没有专设仵作，需要时借用五城兵马司的仵作代为检验，直至雍正十一年（公元1733年）以后，才专设仵作两名。〔2〕

因仵作检验结果可谓生死攸关，遂明清法律均规定对仵作不实检验须予以惩处。"仵作行人检验不实，符同尸状者，罪亦如之。"〔3〕为防止其舞弊，检验完成之后，要录取仵作口供入详，以免驳诘。一旦遭到上司批驳，仵作还需作出答复，对检验结果作出说明。如乾隆年间，陕西马周氏跳崖身死一案，仵作检验结果为自行跳崖，遭抚院批驳，于是于详内叙入仵作供词，最后才得以批结。"问仵作，'查《洗冤录》内开载：跌者，从高而下，所伤多大腿足及臂膊。如系人推而跌者，其力在上，所伤多在头面及两手腕等。这马周氏伤在头面，是否系自行跌伤，抑系被人推跌，明白供来。'仵作王定国供：'凡人从高自跌，多伤腿足臂膊，《洗冤录》虽然是这般讲的，也不尽然。如乾隆三十二年（公元1767年）六月间，阌乡县详报李邦栋投崖身死一案，三十四年（公元1769年）灵宝县详报张天宗跳入枯井身死一案，七月里，本州岛李成跳崖身死一案，腿足臂膊都没有伤痕。至被人推跌，其人知觉惊慌，势必大睁两眼，想要自顾，两手必先至地。纵或伤着头面、手腕，断不能不伤两眼胞也，不能俱合。这马周氏眼闭手握，手腕并无伤痕，是自己跌跳的情形，并不是被人推跌身死，只求详察就明白了。'嗣奉院驳，又问：'查自高而下，纵非被人推跌，腿足断无不带跌磕

---

〔1〕（清）昆冈等修：《钦定大清会典事例》卷八五一《刑部》，上海古籍出版社2003年版。

〔2〕（清）昆冈等修：《钦定大清会典事例》卷一〇三七《刑部》，上海古籍出版社2003年版，第4页。

〔3〕怀效锋点校：《大明律·刑律·断狱》"检验尸伤不以实"条，法律出版社1999年版，第219页。

伤痕之理。前验马周氏，止伤着头面。这是什么缘故？明白供来。'王定国覆供：'前随案下相验马周氏尸躯，他男人马治才当场回禀，下身无伤，案下准他免验下身。小的自把他头面的伤痕验报了。'梁马氏供：'眼见周氏独自一人从上倒跌下来的，他头先着地受伤。'腿足自然是轻落地，不致有跌磕伤痕，况且高处跌下，不伤腿足者亦多。如乾隆三十二年六月，灵宝县代验□乡县杨居福投崖身死一案，本州岛李成投崖一案，都是跌伤，内损身死。又李邦栋投崖一案，腿足也没跌磕伤痕，可为引证。今周氏实系自行跌毙，非被人推跌，求详察就是了。"[1]

4. 稳婆

涉及检验女子尸身、身孕、贞操等方面问题时，地方长官多邀请当地比较有经验之稳婆充当检验人员，"验处女尸，……令稳婆将棉扎指头于阴户内，试有黰血，即是处女，无即非。""妇女有胎孕不明致死者，令稳婆验腹内有无胎孕。"[2]

旗人命案检验比较特殊。雍正十年（公元 1732 年）以前，一切命案、部分旗民命案均由五城兵马司所属仵作检验。十一年（公元 1733 年）以后，刑部专设仵作，自行办理旗人命案相验，以体现对旗人命案检验之特别重视。雍正十一年（公元 1733 年）题准："五城关厢内外地方，有旗民之分。向例凡遇人命，旗地则领催报佐领转报刑部委官检验。"[3]乾隆三十七年（公元 1772 年），"凡京师内城正身旗人，及香山等处各营房

〔1〕（清）白元峰：《琴堂必读》（下），"自跌身死臂膊腿足无伤"，道光二十一年芸香馆刻本，见杨一凡主编：《中国律学文献》（第 3 辑第 5 册），黑龙江人民出版社 2006 年版，第 127~131 页。

〔2〕（清）阮其新：《重刊补注洗冤录集证》卷一，"验妇女尸"，清光绪三年浙江书局套印本，第 31 页。

〔3〕（清）昆冈等修，刘启端等纂：《大清会典事例》卷一〇四一，台湾新文丰出版公司 1976 年版，第 14 页。

旗人，遇有命案，令本家禀报该佐领，径报刑部相验。"[1]

（二）采集程序

检验程序通常分为两步，第一步是查验前的准备，从证人、被告等处取得初步证据；第二步是现场详细检验，由地方正印官主持，由仵作负责具体检验，并填写尸格。

首先，做好查验前准备。检验前准备工作主要有两项：一是将原告、被告、证佐拘齐，录取口供；二是追起凶器。司法机关接收应进行查验之案件后，应尽快执行查验，并在进行查验前，先收集言辞证据，以比对场所、尸伤等是否相符。明朝《问刑条例》"检验尸伤不以实"新题例规定："凡遇告讼人命，……其果系斗殴、故杀、谋杀等项该当检验者，……务求于检验之先，即详鞫尸亲证佐凶犯人等，令其实招，以何物伤何致命之处，立为一案，随即亲诣尸所，督令仵作，如法检报，定执要害致命去处，细验其圆长斜正青赤分寸，果否系某物所伤，公同一干人众，质对明白，各情输服，然后成招。"[2]成化十五年（公元 1479 年）七月二十六日奉旨：各处巡抚巡按等官及浙江等都布按三司兼直隶府州卫所，今后但有诉告人命，但照前例，先拘数内干证里邻等到官，从公审勘人命是实，方许行委州县卫所正官检验。[3]检验前做如此准备，一是为了检验时能有所针对，二是为了防止给言辞证据提供者以串供的时间和机会，三是方便各证据进行比对，如当场发现证据不符，可再向证佐取供，有利于及时、有地的通过证据质对确认案情。

---

[1]《大清律例》"检验尸伤不以实"条增订附例（乾隆三十七年例），郭成伟主编：《大清律例根原》，上海辞书出版社 2012 年版，第 1875 页。

[2] 怀效锋点校：《大明律》附例《问刑条例》"检验尸伤不以实"新题例，法律出版社 1999 年版，第 441 页。

[3]《皇明条法事类纂》卷四十六，刘海年、杨一凡主编：《中国珍稀法律典籍集成》乙编（第 5 册），科学出版社 1994 年版，第 904 页。

《大清律例》之规定基本同明律，亦须于检验之前录取相关人口供。[1]但在司法实践中，往往有相关人因客观原因确实无法及时赶到的，司法官对此有比较合理的补救方法。如遇主要相关人尸亲不到场，不能提前录取口供时，只有先验并详报该情况，尸亲事后到，再补录口供。[2]

其次，当场检验并填写尸格。场所要当场勘查，尸身要当场检验。《大明令》规定，"如遇初、复检验尸伤时，委官将引首领官吏、仵作行人，亲诣地所，呼集众合听检人等，眼同仔细检验，定执生前端的致命根因，依式标注、署押；一幅付苦主、一幅粘连附卷，一幅缴申上司。"[3]检验人员须带领尸亲和干连佐证等，共同当面检验。共同检验的最主要目的是比对证据。如检验结果与事先录取相关人口供不一致，或者伤痕与作案工具不一致等情形出现时，则可当场问取新口词。反复对现有证据质证，是收集、认定证据之较好途径。同时，虽说陪同检验人员并不懂得专业知识，但众目睽睽，亦可对仵作起到一定监督作用，另，体现检验之公开、公正，希望借此使尸亲心服口服。检验之关键是确定致命伤，这样方能确定死因及为责任承担提供依据。验伤完毕，按照要求填写尸格，共三份，一份给尸亲，一份附在卷上，还有一份给上司，以为凭。《大清律

---

〔1〕　清律规定："凡遇告讼人命，……其果系斗殴、故杀、谋杀等项该当检验者，……务须于未检验之先，即详鞫尸亲、证佐、凶犯人等，令其实招以何物伤何致命之处，立为一案。随即亲诣尸所，督令仵作如法检报。"见田涛、郑秦点校：《大清律例·刑律·断狱》"检验尸伤不以实"条，法律出版社1999年版，第591~592页。

〔2〕　见（清）王又槐撰：《办案要略·论命案》，华东政法学院语文教研室注译，群众出版社1987年版，第7页。

〔3〕　怀效锋点校：《大明律》附录《大明令》，法律出版社1999年版，第263~264页。

例》关于检验程序性规定基本同明律。[1]司法官吏在实际操作中，对此有更详尽解读。"报到命案，即照词内所开原被证佐姓名，差拘候讯，追起凶器，一面即亲往验讯，乘原被不及商谋，易得真情之际，先问尸亲，因何起衅？何人用何物？致伤何处？共有几人几伤？何人亲见？次问于证，是否真情？再问被告，是否相符？取有口供，然后对众相验，有与供词不符，及伤仗不确者，即与辨明。"[2]

但清较明而言有一明显变化，即明确规定检验凭据。明朝虽然在司法实践中亦是以《洗冤集录》为检验范本，但未见诸文字规定。《清史稿·刑法志》却清楚记载，"凡检验，以宋慈所撰之《洗冤集录》为准。刑部题定《验尸图格》，颁行各省。……仵作据伤喝报部位之分寸，行凶之器物，伤痕之长短浅深，一一填入尸图。"[3]

斗殴案件有关于保辜期限之规定，被殴伤人未死，责令犯人限期医治，这样在保辜期限之前先行进行一次检验，待保辜期限界至或被殴伤之人死亡时再进行一次检验，从而确定犯人责任。"凡保辜者（先验伤之重轻，或手足、或他物、或金刃，各明白立限），责令犯人（保辜）医治。辜限内皆须因（原殴之）伤死者（如打人头伤，风从头疮而入，因风致死之类），以斗殴杀人论。（绞）其在辜限外，及虽在辜限内，（原殴之）伤已平复，官司文案明白，（被殴之人）别因他故死者，……各从

---

〔1〕　"督令仵作如法检报。定执要害致命去处，细验其圆长斜正青赤分寸，果否系某物所伤，公同一干人众，质对明白，各情输服，然后成招。"见田涛、郑秦点校：《大清律例·刑律·断狱》"检验尸伤不以实"条，法律出版社1999年版，第591~592页。

〔2〕　（清）王又槐撰：《刑钱必览》卷一，杨一凡主编：《历代珍稀司法文献》（第3册），社会科学文献出版社2012年版，第1225页。

〔3〕　《清史稿·刑法志》（三），高潮、马建石主编：《中国历代刑法志注译》，吉林人民出版社1994年版，第1053页。

本殴伤法。若折伤以上，辜内医治平复者，各减二等。……辜内虽平复，而成残废笃疾，及辜限满日不平复（而死）者，各依律全科。"〔1〕

（三）采集内容

依据黄六鸿说法，验与检是两回事。"验"是针对刚死不久的尸体，保存较为完整。"检"针对的则是因为时间过久已经毁损的尸体，重在验骨。"按验与检，乃系两项，尸亲具告到官，须将身尸亲验：一则尸未发变，伤痕分别；一则免其暴露，以便备棺暂殡。方行质审，谓之相验。质审虽明，大凡定案，便检验，方可抵偿，谓之检验。相验者，以身死未久，相其备肉之尸；检验者，以尸久毁变，检其所存之骨殖。"〔2〕

检验重点自然是伤痕，尤其是致命伤。须详细记明伤痕颜色，形状是方是圆，深多少，宽多少，长短多少，具体分寸如何，特别须标明致命伤在何处。同时，死者、伤痕、凶器各须比对明白，死者为何凶器所伤？所验出伤人凶器是否同状上所填写的凶器相符？该凶器是否为犯人所持？不一致时，须问尸亲、干连佐证、凶犯。〔3〕即，证据必须具有一致性，如相互矛盾，自当查明谁真谁假。

检验结果的记载须详尽，案件类型不同，记载内容亦有不同。以人命案为例，人命案检验重在尸伤，而死因不同，记载亦不同。如杀死，"则云：卤门一孔，围圆若干分寸，肋骨折几条，项下刀伤一痕，深若干、长若干、阔若干，额颊太阳紫赤

---

〔1〕 田涛、郑秦点校：《大清律例·刑律·斗殴》"保辜限期"条，法律出版社1999年版，第446页。
〔2〕 （清）黄六鸿：《福惠全书》卷十四，杨一凡主编：《历代珍稀司法文献》（第3册），社会科学文献出版社2012年版，第871页。
〔3〕 （清）黄六鸿：《福惠全书》卷十四，杨一凡主编：《历代珍稀司法文献》（第3册），社会科学文献出版社2012年版，第870页。

色，围圆若干分寸。但有伤痕，逐一填报。合面修长云云。腰眼或臀青伤一处，围圆若干分寸，生前委系某用某物砍杀殴打身死，追出凶仗当场比对无异。"如缢死，"则云：项下一痕直至耳根，脑后八字不匝，缢痕须验明长几寸几分，深几分，阔几分，是何色道。生前委因某威逼，受气不过，身缢身死。追证绳痕相同。"如服毒，"则云：十指勾曲，口开舌烂，十指甲俱青黑色，用银簪插入口内、穀道，良久取出黑色。生前委因某用某药毒害，自服身死。"如投水，"则云：指甲淤泥，手足底皮皱白。生前委被逼迫，因某事投水身死。"如堕胎身死，"则云：肋下骨折紫色，阴门胞胎紫色。生前委被某用拳打脚踢，堕胎身死各是的确。"死因不同，所呈现出来的尸体和伤痕特征自不相同。记载时，自须将典型特点阐述清楚。[1]

兹以《明代档案总汇》所载一案为例：

"……事干人命重情，随批西城兵马司将段景春身尸相验速报。去后，今据西城兵马司副指挥张显誉申称：……督令土工件作朱仁等将尸刨出，移放平明地上，眼同尸亲辩旗如法。相得段景春生平六十岁，除沿身上下无故发变不开外，仰面面色发变，左腮胲青赤伤痕一处，斜长一寸九分，阔一寸一分，棍伤；右腮胲连右耳红赤伤共一处，长二寸五分，阔一寸九分，掌伤；上牙正当旧脱一齿无存，咽喉当正连左右有散碎青赤伤各分寸不等，指掐伤；两手腕上下俱有红赤伤各分寸不等，拉扯伤；右前肋青赤伤一处，长二寸三分，阔一寸七分，砖伤；脐肚近下青赤伤痕一处，长二寸三分，阔一寸一分，棍伤；右胯红赤伤两处，

---

〔1〕 （明）苏茂相辑，郭万春注：《新镌官板临民宝镜》首卷上，杨一凡主编：《历代珍稀司法文献》（第7册），社会科学文献出版社2012年版，第34~35页。

各长九分，各阔六分，磕伤；两膝连臁肕上下俱有青赤伤痕，相连各分寸不等，棍伤。合面发髻散乱，两后肋上下俱有青赤伤痕，相连各分寸不等，棍伤；右后肋青赤伤一处，斜长一寸七分，阔一寸三分，脚伤；左脚外踝青赤破伤一处，斜长一寸三分，阔五分，深见骨，上有血污痕迹，砖刃伤。……"[1]

由此可见，在司法实践中，明清时期伤痕检验之记载内容已经相当规范、详尽。

（四）采集方法

明清时期所采用之检验方法基本沿用宋代，以《洗冤集录》为检验依据，但也有自己独创之处。

明代颇有代表性的是吕坤《实政录》中所记载的一些关于人命案检验方法。如其确定了何为致命之处，"即顶心、囟门、耳根、咽喉、心坎、腰眼、小腹、肾囊，此速死之处。脑后、额角、胸膛、背后、胁肋，此必死之处。"又确定了何为致命之伤，即"肉青黑，皮破肉绽、骨裂、脑出血流"。再解释了致命之处与致命之伤的关系，"致命之伤当速死之处，不得过三日，当必死之处，不得过十日。若当致命之处而伤轻，或极重之伤而非致命之处，虽死于限内，当推别情，不可一槩坐死。"他还针对检验实践中存在的弊端，提出了可行的解决方案。比如，因致命处受致命伤而立即死亡或三日内身亡的，仅仅检验原告方证人所坚持的被伤之处即可，勿需验遍全身。"既免死者翻尸，又免生者冤诬。"而有主审官全然不予理会，原告证人虽只说伤在某处，却浑身检验，动辄数十处伤痕。一旦被上司以伤

---

[1] 中国第一历史档案馆、辽宁省档案馆编撰：《中国明代档案总汇》，广西师范大学出版社 2001 年版，第 103~105 页。

痕不对为由驳回，则审问官便硬行增加殴打情节，去配合检验
出的那些伤痕，有如刻舟求剑，造成冤情。此外，吕坤提出对
检验结果的验证方法。有些检验结果凭经验便可知真假。如
"左右伤痕、尺寸、青红、不差分毫者，如以为殴，岂两手执一
般凶器而对击乎？有昏夜醉后群殴，而定执某人打某处者，虽
殴者亦不能自知其所殴之处，不能自己起所殴之数，而况证人
乎？"有些需要技巧，如"伤轻和新伤着骨则红，日久或消。重
伤与久伤，着骨则青，终身不散。试将病死之人细一蒸刷，果
全身一副白骨，则检验真足凭信。"[1]

清代人命案检验方法甚为丰富，如验骨法、验地法、自缢
检验法。验骨法针对的是尸体因年久只剩下骨头之情形。清代
王明德解释了通过验骨能验清死因之理由："盖凡人生一息尚
存，气血仍周行于身内，若被伤损其处，气血即为凝滞，重则
沁入骨中，经久不散，必为多方医治，使多积之气与血，消净
尽，其骨始为复旧，否则虽至形销骨化，而所伤则仍存，盖以
生气所聚，伤为气血所养，人死而骨犹生故也。"[2]

检地法由清代王明德提出，针对的是尸体被烧，无尸骨可
检情形。"得其烧尸地面，即于其处设立尸场，令凶首见证，亲
为指明，将草芟除净尽，多用柴薪，烧令地热，取胡麻数斗撒
上，用帚扫之，如果系在彼烧化，则麻内之油沁入土中，即成
人形，其被伤之处，麻即聚结于上，大小方圆长短斜正，一如
其状；如所未伤之处，则毫无沾恋。既已得其伤形，然无可见
之痕，犹未足深服凶首之心。又将所恋之麻，尽行除去，将系
人形所在，用火再狠烧，和槽水泼上，再用火烧极热，烹之以

〔1〕 （明）吕坤撰：《实政录·风宪约》"人命"，《北京图书馆古籍珍本丛刊》，
书目文献出版社 2000 年版，第 187 页。
〔2〕 （清）王明德：《读律佩觿》，法律出版社 2001 年版，第 315 页。

醋，急用明亮新金漆桌覆上，少顷取验，则桌面之上，全一人形，凡系伤痕，纤毫毕见。"[1]

王又槐《办案要略》检验是否自缢之记载最为详细，标志着法医检验技术至明清时期已然相当高超。"检验自缢者，手足俱垂，血气凝注，牙齿、手指尖骨俱带赤色，或血色气坠而不均，则十指尖骨赤白不同；若俱白色，非缢死也。又有将带先系颈项，然后登高吊挂八字不交者，头向左侧，伤在左耳根骨；如缠绕系有一道交匝者，伤在颈项骨，皆须酌看形势。被勒者，多有制缚磕碰等伤，或牙齿脱落，指尖骨白色无血晕。凡自缢或被勒，被搭死者，顶心及左右骨有血晕。或又云：缢死者无血晕。"[2]除上述方法以外，王又槐还论及了其他检验技术。如对于是否因"痧胀及阴症不治而死"之检验，是，则："手足指甲皆青黯或青紫，其则头面及遍身紫黯或青紫，其则头面及遍身紫黯。此因血败成色，不可错认服毒。"对于"伤风身死者"，必须检验是否"口眼㖞斜，牙关紧闭，伤处及顶浮肿，手足拘挛。"[3]如是，则因伤风致命，非他杀。

明清时期检验方法与技巧在唐宋基础上又有了新的发展，标志着法医检验技术至此已然相当高超。

（五）免检

依据《大明律》和《大清律例》规定，三种情形免检：其一，全部归因于死者自身的，事实清楚，家属愿意埋葬的，可以免检。"诸人自缢、溺水身死、别无他故，亲属情愿安葬，官

---

〔1〕（清）王明德：《读律佩觿》，法律出版社 2001 年版，第 334 页。

〔2〕（清）王又槐撰：《办案要略·论命案》，华东政法学院语文教研室注译，群众出版社 1987 年版，第 7 页。

〔3〕（清）王又槐撰：《办案要略·论命案》，华东政法学院语文教研室注译，群众出版社 1987 年版，第 4 页。

司详审明白，准告免检。"〔1〕其二，若事主被强盗杀死，家人要求免检，司法官也已经看过尸伤，可以免检。"若事主被强盗杀死，若主告免检者，官与相视伤损，将尸给亲埋葬。"〔2〕其三，犯人因为患病保外就医而死亡，没有可疑之处，亲属要求的，可以免检。"其狱囚患病，责保看治而死者，情无可疑，亦许亲属告免覆检。"〔3〕从上述三种情况看，无论哪一种免检均是针对没有争议的案件，亲属同意或提出请求。这也是情理中事，如果认为案情无可疑之处，尸亲并不愿意让已经死去的亲人再受侵扰。但是，如果是被杀害而死的，就是亲属提出要求，亦不能免检。"若据杀伤而死者，亲属虽告，不听免检。"〔4〕

此外，《皇明条法事类纂》中另规定了一种免检情形，即在人命案中，如果情节轻，不需要偿命并且被告服罪的，免检。〔5〕何谓情轻不该偿命之案，是依法律规定不至处死之人命案件，比如"其有勘系尊长（欧）［殴］死卑幼及奴婢，威逼、过失杀人之类，罪止徒流杖罪及准死收赎不该偿命者。"〔6〕这里两个要件必须同时具备：一是"不该偿命"。如果是命案罪该相抵

〔1〕 田涛、郑秦点校：《大清律例·刑律·断狱》"检验尸伤不以实"条，法律出版社1999年版，第592页。

〔2〕 田涛、郑秦点校：《大清律例·刑律·断狱》"检验尸伤不以实"条，法律出版社1999年版，第592页。

〔3〕 田涛、郑秦点校：《大清律例·刑律·断狱》"检验尸伤不以实"条，法律出版社1999年版，第592页。

〔4〕 田涛、郑秦点校：《大清律例·刑律·断狱》"检验尸伤不以实"条，法律出版社1999年版，第592页。

〔5〕 "其情轻不该偿命者，并诬告、图赖等项人命，及被情输服者，止许明白相视，悉免检验。照例发落。毋得一概检验，庶使民不繁扰。"《皇明条法事类纂》卷四十六《刑部类》，刘海年、杨一凡主编：《中国珍稀法律典籍集成》乙编（第5册），科学出版社1994年版，第833页。

〔6〕 《皇明条法事类纂》卷四十六《刑部类》，刘海年、杨一凡主编：《中国珍稀法律典籍集成》乙编（第5册），科学出版社1994年版，第833页。

的，当然要检验填图，具结回报。二是被告必须认罪并甘愿坐罪。此时检验已实无必要。

免检制度的设立是为了节约司法成本，在不影响案件定性前提下，省去了司法官一些繁复的工作，另外，在某些情形下，也满足了尸亲保全尸身的愿望。

（六）不法检验责任

如果检验官不依法检验，将会受到刑处。不法检验有几种表现形式：其一，不及时检验。明清律均规定检验必须及时进行，这是为了防止时间一久，尸体发生毁变，难以检验。其二，正印官不亲自检验。前已论及地方检验主体应是州县正印官，其只有在特殊情况下，才允许委派下属代为检验，否则，视为非法。尤其是擅自委派非法定检验人员，如仓场、库务、阴阳医生等，更要受到制裁。[1]其三，不用心检验。如轻重移易，"脑伤移作头伤，腿伤移作肋伤。轻重者，青伤本重，报作红伤；红伤本轻，报作紫黑。"[2]如随意增减尸伤，少增为多，多减为少，少减为无。如致死原因不明，"如先勒后缢，先伤后病，或共殴而下手之伤根究不的之类。"[3]对以上不法检验行为，明清律均作出了相应处罚规定，即"正官杖六十，首领官杖七十，吏典杖八十。仵作行人检验不实，符同尸状者，罪亦

---

[1] 成化十五年（公元1479年）七月二十六日奉旨："……眼同从实检验尸伤，要见的确致死根因，明白取其备细供结，以凭问结，若各该官司违例，不行用心审勘，及辄委仓场，库务等官，阴阳医生等役以前作弊枉人者，许巡按御史并按察司依律究问施行。"见《皇明条法事类纂》卷四十六，刘海年、杨一凡主编：《中国珍稀法律典籍集成》乙编（第5册），科学出版社1994年版，第904页。

[2] （明）苏茂相辑，郭万春注：《新镌官板临民宝镜》卷十，杨一凡主编：《历代珍稀司法文献》（第7册），社会科学文献出版社2012年版，第783页。

[3] （明）苏茂相辑，郭万春注：《新镌官板临民宝镜》卷十，杨一凡主编：《历代珍稀司法文献》（第7册），社会科学文献出版社2012年版，第783页。

如之。因而罪有增减者，以失出入人罪论。"〔1〕而对仵作受财检验的制裁尤重。明万历十八年（公元 1590 年）三月内奉钦依："凡人命当检验者，仵作受财增减伤痕，符同尸状，以成冤狱，审出真情，赃至满贯者，查照诓骗情重事例，问遣。"〔2〕

　　除对以上所列三种不法检验予以制裁外，如检验途中向地方需索费用亦治罪。《大清律例》明确规定，地方印官带领随从检验，所需一切费用必须自备，否则"照因公科敛律议处。书役需索者，照例计赃，分别治罪。"〔3〕

　　《刑案汇览》中记载一案，因检验尸伤不以实，各级官吏均受到处罚，颇具代表性。该案发生在浙江余杭，是一起毒死亲夫案。该案中受处分之人从仵作到几级官员。仵作因为草率地将病死的尸伤错误地验为服毒，使嫌犯被判凌迟重罪，后果严重，所以被"依检验不实失入死罪未决，照例递减四等，拟杖八十，徒二年"。已被革职的知县不亲自相验，任听仵作喝报，继而又涂改尸状，及刑逼嫌犯招供，遂使其诬服。因此"请从重发往黑龙江效力赎罪，年逾七十，不准收赎"。知府对下属知县错误验尸，丝毫没有察觉，轻率地凭借不实供词定案，也没有提问重要证人，甚至没有问明重要物证——砒霜的来历，实是草菅人命。而宁波府知县、嘉兴县知县及候补知县在复审时，也是含糊禀覆，并未认真核实证据。以上人等均依"承审官草率定案，证据无凭，枉坐人罪例，各拟以革职"。巡抚、学政也未能详细覆验，探明致死之根本原因，草率奏请结案，几乎使

〔1〕　怀效锋点校:《大明律·刑律·断狱》"检验尸伤不以实"条，法律出版社 1999 年版，第 219~220 页。
　　〔2〕　怀效锋点校:《大明律·大明令·刑令》，法律出版社 1999 年版，第 321 页。
　　〔3〕　田涛、郑秦点校:《大清律例·刑律·断狱》"检验尸伤不以实"条，法律出版社 1999 年版，第 593 页。

两个无辜之人惨遭杀害。因其为高级官员，所以"应得处分恭候钦定"。按察使也本应因失入死罪收到处罚的，但已经病故。[1]因尸身检验不实，后果严重，影响恶劣，致使从下到上多个官员被惩处。

事实上，因仵作素质低劣，且工食微薄，不足养赡，故甚少悉心供役，认真学习检验，所以在司法实践中检验效果并不尽如人意。因此"斗殴事件验伤报痕，尚恐未能了了，一与相验尸躯，欲于伤痕上之圆长、阔狭、颜色、分寸间，辩为何械所殴，因何处致命，类皆游移无据，设有检骨重案更显把握。"[2]因此，检验未能确实者，如凶器与伤情不合或伤情与凶器不合者屡有发生，冤狱难避。

勘验结论之采集主要应用于人命、斗殴和强窃盗案件，但并非意味着仅仅适用于该类案件，比如强奸案亦须勘验，勘验是否有强暴的迹象和伤痕，因只有受害人有不得挣脱之情方能坐罪。要是幼女的话，尚需令稳婆验身、验伤，然后取邻里证词，证明果然不足十二岁，方能坐罪。[3]

小　结

明清时期，刑事证据采集制度在前朝基础上有所变化，如采集方法愈加完善，采集经验愈加丰富，证据采集主体随着司法机构的调整亦随之发生变化。

口供作为一种必要证据形式，其取得仍以刑讯作为最基本

---

[1]（清）祝庆祺等编：《刑案汇览三编》（四），"诬告谋毒本夫重案相验不实枉坐人罪复讯据实平反"案，北京古籍出版社2004年版，第728~729页。

[2]（清）徐栋：《牧令书》卷十九，清道光二十八年刊，第3页。

[3]（明）苏茂相，郭万春注：《新镌官板临民宝镜》卷九，杨一凡主编：《历代珍稀司法文献》（第7册），社会科学文献出版社2012年版，第724页。

之获取方式。虽然法律对刑讯限制颇多，如刑具要符合法定样式和规格、拷讯的"度"及拷讯人员、受刑对象均须符合法律规定，即必须依法拷讯。但实际状况往往与法律规定脱节，为获取口供，非法刑讯弊端突显。而酷刑拷问下所得证据之真实性实难保证，因无法忍受拷讯而诬服之现象比比皆是。该种口供不再有客观性可言，一方面被拷讯者胡乱编造一通，另一方面，拷讯者再润色一通，这使得明清刑事证据之主观性更加浓重。

采集主体变化对证据所产生之影响亦是明显的，主要体现在明朝厂卫特务机构的设立，使得其成为一种特殊证据采集主体。厂卫特务机构视法律为一纸空文，法律对于刑具及其使用之限制在他们那里形同虚设，完全靠残酷的拷讯获取口供，甚至任意制造口供，不顾客观真实。

由此可见，明清时期因为非法拷讯泛滥，尤其明朝厂卫特务机构滥施刑讯，任意编造、构建口供，使得证据之客观性大打折扣，相应地，主观性却大为加强。

第六章

以证据为核心之刑事审判

证据是一切诉讼审判活动的灵魂。其亦为明清刑事诉讼、审判链条之核心，其不仅作为受理案件依据，亦是案件事实认定、定性以及定罪依据。并且证据状态亦会直接影响案件结果，证据充分、罪无可疑之案则依律拟罪；证据不足之案，则视为疑罪从轻发落；毫无证据之案，则无罪释放抑或拟为疑案。

明清刑事案件审判程序一般包括四个步骤：第一步为准理。此程序包含词状收受与受理。通常民众递交的诉状均应收下，但须对其进行形式审查和实质审查，符合规定者方才受理。第二步为初审。绝大多数情况下，初审由州县基层机构负责，但也不排除个别重大案件由更高级别机构承担初审之责。第三步为复审复核。既包括当事人自行上诉引发之复审、依法律规定当然发生之复审，亦包括会审。如果为州县自理案件则不需经过复审。第四步为皇帝裁决。该程序并非所有案件均须经过之程序，针对的仅是重大、死刑案件。

第一节 证据为案件准理依据

案件准理是指对民众递交诉状进行审核，符合法律要求的予以立案审理。收状和准理是两个程序。官府于放告之日收受词状，但并非收受的所有词状都会受理。"将状子不公有理无理，俱各接下，……可受理者，紧关去处红笔标下，次日只在红笔去处审理。如无理者，将状扯毁赶出。"[1]

审查是否受理，一是形式审查，二是实质审查。形式审查看状式是否符合格式要求，比如，词讼要"直述事情不得繁词"，"不过百字"，"并大字依式真"，"有未尽者，录白粘连状前"，并要"在状后填写城中歇家姓名，居止某处，以便追呼不真者，连书状人科罪。一时歇家更改者，递状时明白开报。"[2]当然肯定还须署名，因禁止匿名控告，并注明年月等。不符合形式要求的，即写明因不合状式而不予受理。实质审查才是案件是否受理的关键，而实质审查核心内容之一则是证据审查。我们从官方规定、司法官主张及其在司法实践中之应用能够得出这样的结论：证据通常是受理案件之必备条件。

一、官方规定

《大清律例会通新纂》规定，同治十二年（公元 1873 年）以后不准理情形包括：

> "……
>
> 4. 报窃盗无出入形迹，及首饰不开明分两、衣服不开明棉绫缎布皮棉单夹者，不准。
>
> 5. 告娄赃无确证过付者，不准。

〔1〕（明）苏茂相辑，郭万春注：《新镌官板临民宝镜》首卷下，《新官到任要览》，杨一凡主编：《历代珍稀司法文献》（第 7 册），社会科学文献出版社 2012 年版，第 924 页。

〔2〕（明）文林撰：《温州府约束词讼榜文》，杨一凡、刘笃才编：《中国古代地方法律文献》甲编（第 2 册），世界图书出版社 2009 年版，第 188~189 页。

6. 田土无地邻，债负无中保及不黏连契据者，不准，

7. 告婚姻无媒证者，不准。

8. 被告干证不得牵连多人，如有将无干之人混行开出及告奸盗牵连妇女作证者，除不准外，仍责代书。

……"[1]

上述不受理的几条规定均涉及证据问题。为达到受理标准，原告起诉时须附带证据，依案件类型不同，或附物证、或附书证、或附人证。

二、司法官主张及应用

司法官在司法实践中对此也多有同样主张，并作了进一步阐释。王又槐在其《办案要略》中即阐明，准理案件除应具备符合情理、干己之事、具备一定严重性（非口角负气之事）之外，尚须确切证据。"事无情理无确据，或系不干己事，或仅角口负气等情，一批而不准，再渎而亦不准者，必须将不准缘由批驳透彻，……"[2]其中证据存在是案件准理必备要件。"告状须如状式，如牵连二事已远远年，及无年月干证，如［见得］、［指得］、［漫去］等语，……俱不准。"[3]

黄六鸿在《福惠全书》中谈到状式时，亦要求必须附有证据，否则不予受理。户籍类的案件，起诉必有族长坟产作为凭

〔1〕（清）姚雨芗原纂，胡仰山增辑：《大清律例会通新纂》，台北文海出版有限公司1987年版，第2923~2924页。

〔2〕（清）王又槐撰：《办案要略·论批呈词》，华东政法学院语文教研室注译，群众出版社1987年版，第70页。

〔3〕（明）苏茂相辑，郭万春注：《新镌官板临民宝镜》首卷下，《新官到任要览》，"严肃告奸"，杨一凡主编：《历代珍稀司法文献》（第7册），社会科学文献出版社2012年版，第923页。

据；婚姻类案件，起诉必有媒妁所下聘定作为凭据；田土类案件，起诉必有地契和地邻证明作为凭据；强盗类案件必有凶杖作为凭据；窃盗类案件必有进出痕迹作为凭据，并需附有失单；人命类案件则必有凶器和尸伤。这些被黄六鸿视为准理案件之必备条件。[1] 其在康熙年间批词不准时适用以下条款：

　　……

　　2. 告人命，不粘连伤痕凶器谋助单者，不准；

　　……

　　5. 告强盗，无地邻见证，窃盗无出入形迹，空粘失单者，不准；

　　6. 告娄赃，无过付见证者，不准；

　　7. 告田土无地邻，债负无中保，及不抄粘契卷者，不准；

　　……

　　14. 告人命，粘单内不填尸伤、凶器、下手凶犯及不花押者，不准。[2]

道光时期，顺天府宝抵县档案中状式条例规定：

　　……

　　3. 告斗殴，无凶器、伤痕、确证者，不准；

　　4. 告强盗，不开明地邻及日月失单者，不准；

　　……

---

　　〔1〕（清）黄六鸿：《福惠全书》卷十一，杨一凡主编：《历代珍稀司法文献》（第 3 册），社会科学文献出版社 2012 年版，第 802 页。

　　〔2〕（清）黄六鸿：《福惠全书》卷二十，引自《官箴书集成》（第 3 册），黄山书社 1997 年影印本，第 438 页。

9. 告婚姻，无媒妁、婚书者，不准；

10. 告田土钱债，无中证、契券者，不准；

11. 告奸情，无确据者，不准；

……[1]

这表明起诉时附加相应证据的要求不仅仅是其文字主张，在司法实践中亦是按此进行实际操作。

吕坤在其《实政录》中，列出诸多告状式，必须按格式填写。"凡各府州县受词衙门，责令代书人等俱照后式填写，如不合式者，将代书人重责，枷号，所告不许准理。"[2]如果状式不符，不予准理。从这些告状式可以看出证据对案件受理之决定性作用。现列举一二：

人命告辜式【不许多报一处，不许妄增一分，违者，看明重究。路远告辜。不得过五日】：本县某里某人，为殴伤事。有某父（伯、叔、侄、兄、弟、妻、子），年若干岁，本月某日某时与某人为某事【多不过四字】相争，被某执拏砖石（金刃、他物）或用拳脚，将某父（伯、叔、侄、兄、弟、妻、子）顶心打有斜伤一处，青红色，长若干，阔若干。耳根打有圆伤一处，青红色【有无破骨】，围若干，横若干，见今着床不食，某人某人见证。为此，抬扶到官，伏乞相看，案候保辜，责令本犯寻医调治。上告。[3]即，人命案件之诉状中，必须要有自检伤情状况，还要有人证等证据，作为起诉依据。

---

〔1〕 中国第一历史档案馆：《顺天府宝坻县档案》缩微胶片，第 28-3-154-202 号。

〔2〕 （明）吕坤撰：《实政录·风宪约》"状式"，《北京图书馆古籍珍本丛刊》，书目文献出版社 2000 年版，第 201 页。

〔3〕 （明）吕坤撰：《实政录·风宪约》"状式"，《北京图书馆古籍珍本丛刊》，书目文献出版社 2000 年版，第 201~202 页。

告盗情状式【不许多开一物，不许多报一盗，违者重究，仍不准理】：某州某县某人，为盗情事。某月日□更时分，不知名强窃盗，约有几名，各持凶器，【剜透墙房暗偷出，或打开门窗将某拏住，用刀札、火燎劫去】某物若干件，【系甚花样，有何记号】银钱若干数【整锭散碎，或人口俱惊散，或轮奸某妇女】，保甲人等【俱来/通不】救护【或追赶不前，或不知去向】，伏乞案候严拏。上告。[1]即，盗情案件中，诉状中须写明凶器、赃物、证人等，作为起诉依据。

不仅基层州县收受案件如此，即便是京控案件，如以击登闻鼓方式向通政史司呈控时，亦须有确据。《大清会典》定曰："有击鼓之人，由通政司讯供，果有冤抑确据，奏闻请旨，交部昭雪。"[2]

三、实例

虽然有人认为"事无巨细，皆当受理"。[3]但是，在司法实践中，除非有特殊情形，案件受理仍需以证据存在为基本前提。兹以两例为证。

> "有道士卖药于市，或曰'是有妖术'，人见其宿旅舍中，出黑丸二，即有二少女与其同寝，余闻此乃所采生魂

---

〔1〕（明）吕坤撰：《实政录·风宪约》"状"，《北京图书馆古籍珍本丛刊》，书目文献出版社 2000 年版，第 202 页。

〔2〕（清）昆冈等修，吴树梅等纂：《大清会典》卷六十九，《续修四库全书》（第 794 册），上海古籍出版社 2002 年版，第 15 页。

〔3〕王又槐虽然主张一切案件，毫无证据，不便轻易受理。但是也认为有时候，即便没有凭据，但却需要鞫问的，也应该受理。见（清）王又槐撰：《刑钱必览》卷七，杨一凡主编：《历代珍稀司法文献》（第 3 册），社会科学文献出版社 2012 年版，第 1309 页。

也，是法食马肉则破。适营中有马死，遣吏嘱旅店主人问其马肉可食否。道士曰：'马肉岂可食。'余益疑，拟料理之，后将军温公曰：'欲穷治则太过，倘畏刑妄供别情，事关重大，又去确据，作何行之。'"[1]

"凤阳富人秦某病危时，其子尚幼，托其赀于富翁蔡某。秦卒，子依蔡而居。及长而婚，蔡无返璧意。子讼之官，以无证佐而不受理，……"[2]

这些记载颇能表明，没有确据不能立案之司法实践状况。即便值得怀疑，但怀疑取代不了证据；即便值得同情，但同情亦取代不了证据。

第二节 证据为案件定性依据

司法官审理案件首先需对其进行定性，如属于贼盗侵犯财物范畴的，则须区分其为强盗、窃盗抑或抢夺；如属于人命案件范畴的，则须明确其为谋杀、戏杀还是误杀；如是奸案范畴，则须定性是和奸还是强奸，之后方能对案件进行审理处断。而对案件定性须有凭证，证据为确定案件性质，即区分此罪与彼罪之依据。

以盗案为例。

强盗案属于盗案之一种，另有常见之盗案为"窃盗"和"抢夺"。"强盗"和"窃盗"如何区分在《唐律疏议》中有明确阐释："诸强盗，谓以威若力取其财。"[3]"窃盗人财，谓潜

---

[1] （清）纪昀：《阅微草堂笔记》，中国华侨出版社 1994 年版，第 136 页。

[2] 徐珂编撰：《清稗类钞》（第 3 册），中华书局 1984 年版，第 1094 页。

[3] 刘俊文点校：《唐律疏议》，法律出版社 1999 年版，第 386 页。

行隐面而取。"[1]《大明律》中虽未见有如此明确规定，但列有"公取窃取皆为盗"条，其实已表明强盗和窃盗之区分。"凡盗，公取窃取皆为盗。公取，谓行盗之人，公然而取其财；窃取，谓潜行隐面，私窃取其财。皆名为盗。"[2]《大清律例》中则明确了强盗、抢夺属于公取，窃盗、掏摸属于窃取。[3]由此可见，强盗和窃盗罪之本质区别即在于前者是"公然"的，后者是"隐蔽"的。但"窃盗"可以转化成强盗，如本是窃盗，但被发现时临时拒捕，使用了暴力即视为强盗。"强盗"和"抢夺"之区分主要在于人数多寡和有无凶器。"强盗与抢夺相似：人少、无凶器，于途中或闹市见人财物而强夺者，抢夺也。人多、有凶器，无分人家、道路，夺人财物，或见人财在前却先打倒而后劫财者，强盗也。"[4]概言之，区分强盗和窃盗须凭证据证明是否"公然"使用了"威力"，有，才可能为强盗，没有，才可能是窃盗；区分强盗和抢夺须凭证据证明是否有凶器以及是否人数众多，是，才可能是强盗，不是，才可能是窃盗。实践中，司法官也正是依此审断。

> "审得周子昌等以养济院饥贫而窥窃近地居民之家。初谓伙至十人，起有赃仗，难同窃论，所以屡谳屡驳。及今细鞫各犯，不特无破门毁屋，即据失主刘十保与夫地邻，俱云睡熟不知也。则彼夜原非通班同行，用是赃物屡屡率起于区意玄、陆茂吾二犯居多。今二犯业已监故，同徒沈

〔1〕　刘俊文点校：《唐律疏议》，法律出版社 1999 年版，第 388 页。

〔2〕　怀效锋点校：《大明律》，法律出版社 1999 年版，第 148 页。

〔3〕　田涛、郑秦点校：《大清律例·刑律·贼盗》"公取窃取皆为盗"条，法律出版社 1999 年版，第 418 页。

〔4〕　（明）苏茂相辑，郭万春注：《新镌官板临民宝镜》，杨一凡主编：《历代珍稀司法文献》（第 7 册），社会科学文献出版社 2012 年版，第 578 页。

朝举、黄信吾亦相继瘐死，无复追论。见系狱者，惟周子昌六犯，而皆以残废，与鬼为邻，议以强劫原无强状可拟，相应准以窃盗不得财之律，不准废疾之条依法刺配，允当厥辜，招详。

布政司批：周子昌等六盗，本以残废收养。乃能穿窬胠箧，赃仗累累。纠合至十人，虽窃而类强矣。姑念上盗无强形，瘐死已四命，依拟刺字，序发水东、欣乐、平山、平政、莫村、南丰驿照限摆站，满放。取库收收管缴。”〔1〕

“一起为劫财杀命事。会议得龙州土人农成英等中途抢夺梁上吉钱物，杀死挑夫蔡福珍一案。先据广西巡抚杨锡绂疏称，缘农成英与兄农成振，于乾隆七年七月二十一日，往赶上石墟，至村外歇脚，有平日认识之……，亦从墟外回家，陆续来至共坐吸烟，谈及难以度日。适梁上吉收买土货雇夫蔡福珍、冯福胜、冯益同等挑钱经过，农成英看见，即起意纠约众人抢夺分用，众皆允从。一共九人尾至村树林过夜，次早，先往前途等候。农成英将身带顺刀砍取竹棍，分与众人，伏于山坳草内。梁上吉同挑夫蔡福珍等先后到时，农成英先出抢钱，蔡福珍掣取扁担抵敌。农成英用刀砍伤蔡福珍右乳倒地，邀呼众人齐出。凌恒蒂亦将尖竹棍戳伤蔡福珍右后肋殒命。梁上吉等见众人弃担奔回，各犯携取钱文，俵分其衣等物，恐人识破，毁弃各散。屡审各认不讳。查该犯同伙虽有九人，原系中途偶遇，一时见钱起意抢取，并非预谋劫杀，反复究诘，委属是抢非强。……具题前来，查律内，人少而无凶器者为抢夺，人多而有凶器者为强劫。又名例内，众者三人以上，称谋者

〔1〕（明）颜俊彦：《盟水斋存牍》，中国政法大学出版社2002年版，第45页。

两人以上。各等语。今农成英见梁上吉等挑钱经过，即起意纠约共伙九人，已在三人以上。且商谋于次早邀劫，预备刀棍等械，则凶器又全，于抢夺之律全部相符。……该抚仅依抢夺问拟，殊未允协。应令该抚再行详核案情，按律妥拟具题到日再议等因。题驳去后，续据署理广西巡抚托庸疏称，……纠伙九人，又有刀棍凶器，临时拒敌杀命，正与人多而有凶器，为强劫之律注相符，将农成英等均改照抢夺已行而但有财律，拟斩立决，……乾隆十年十月初七日题，十一日奉旨：……钦此。"[1]

第一份判词中，因被告"无破门毁屋"、地邻者"睡熟不知"，因此，"议以强劫原无强状可拟，相应准以窃盗不得财之律"刺配。此案中因种种证据表明被告行为属于在隐蔽下实施，没有公然"强状"，遂定为窃盗，而非强盗；第二个判例是关于强盗和抢夺之区分，案件先被定性为抢夺，理由是临时起意，并非预谋劫杀。被驳回以后，又重新定性为强劫，依据是人数众多并带有凶器。正符合强劫之证据要求。

再以犯奸案为例。

区分"强奸"与"和奸"亦须以证据为凭。"凡问强奸，须有强暴之状。妇人不能挣脱之情，亦须有人知闻，及损伤肤体，毁裂衣服之属……"[2]强暴之状为定性要点，而该要点一般须有证人证言——"知闻"、检验之伤痕、撕毁之衣物等来证实。司法实践中，有时，并非以上证据均能获取。案件难以定性时，经验丰富并赋有职能的司法官便采用一些特殊手段来证明是否

---

〔1〕 （清）全士潮等纂辑：《驳案新编》卷七，"抢夺驳改强盗（农成英）"，杨一凡、徐立志主编：《历代判例判牍》（第7册），中国社会科学出版社2005年版，第132~133页。

〔2〕 田涛、郑秦点校：《大清律例》，法律出版社1999年版，第521页。

存在用"强"。兹举一例：

> "明朝四川成都守，某县有奸狱，一曰和奸，一曰强
> 奸，县令久不能决。臬司檄属成都守鲁公永清讯之，因公
> 平日有折狱之才也。公讯此案，遂令隶有力者脱去妇衣，
> 诸衣皆去，独裹衣，妇以死自持，隶无如之何。公曰：'供
> 作和奸。盖妇苟守贞，衣且不能去，况可犯耶。'遂以和奸
> 定案，责而逐之。"[1]

该案中，主审官采用模拟方式，证实用"强"不能，便将
案件定性为和奸，而非强奸。虽说这种做法不免有些武断，但
其恰恰从侧面证实了该类案件区分此罪与彼罪之标准。

第三节　证据为定罪依据

案件审理有初审、复审之分。而不论是在初审还是在复审
中，定罪均须建立在已获证据基础之上。司法官审理案件的过
程便是搜集、认定证据，并依证据确定案情之过程。因古代只
有极轻微刑事案件才由基层司法机构一审终结，其余均须审转
到上级进行复审。因此，本书将笔墨多用于复审阶段之阐释。

一、初审之据证定罪

案件完结可有三种方式，即批断、审断、勘断。如证据明
白、案情清楚，不须开庭便可直接批断；如需进一步查明证据

---

〔1〕（清）周尔吉编：《历朝折狱纂要》，全国图书馆文献缩微复制中心 1993
年版，第 27 页。

以便确定案情，则需开庭审断；如开庭仍不足以判明实情，则须实地勘查，再行裁断，是为勘断。可见，此三种完结方式之选择取决于证据状态。视案情，"批断与审断勘断，均不可缺一也。"[1]

就一般初审案件过程而言，均须围绕证据展开。而无论采用以上哪种方式结案，亦均须以证据充足为基础。

第一，获取口供。在刑事案件初审开庭时，均要求双方当事人及证人到庭。"原告与被告跪在两边，证人跪在中间。当地百姓经常被允许作为观众站在堂下观审。"[2]最先进行的程序便是讯问诉讼当事人，从他们那里获取最初供述。然后再询问证人。对大多数刑事案件而言，证人证言均起到重要证明作用。如果各口供之间存在矛盾和冲突，则需要当面对质，即"质证"。"其引问一干人证，先审原告词因明白、然后放起原告、拘唤被告审问。如被告不服，则审干证人。如干证人供与原告同词，却问被告。如各执一词，则唤原被告干证人、一同对问。"[3]如果通过此质证程序即可获取确信之口供，则主审官便可据此定罪处断。如若不然，则需要采用强制性手段——拷讯。"如各执一词，则唤原被告干证人，一同对问、观看颜色、察听情词，其词语抗厉、颜色不动者，事理必真。若转换支吾，则必理亏。略见真伪，然后用笞决勘。如又不服，则用杖决勘。仔细磨问，求其真情。若犯重罪、赃证明白、故意恃顽不招者，

―――――――――

〔1〕（清）王又槐撰：《刑钱必览》卷七，杨一凡主编：《历代珍稀司法文献》（第3册），社会科学文献出版社2012年版，第1310页。

〔2〕瞿同祖著，范忠信、晏锋译：《清代地方政府》，法律出版社2003年版，第206页。

〔3〕（明）申时行等修，赵用贤等纂：《大明会典》卷一七七，《续修四库全书·史部·政书类》（第792册），上海古籍出版社2002年版，第155页。

则用讯拷问。"[1]对于拷讯之具体情状前已言明，在此不再赘述。如通过拷讯方式取得所需要口供，便可依此定案。当然，仅仅取得口供在很多情形下均显得证据不够充分，为使案件成为"信狱"，仍需要其他证据作为补充，以形成较为完整之证据链条。

第二，审查、认定其他证据。除口供外，尚有物证、勘验结论等证据形式亦是确认案情重要证据。涉及人命、强窃盗案件的，在报案之时，便须进行现场勘查和尸伤检验，以当场获取相关人证、物证及勘验报告。明清时期，盗案中之物证、人命案之检验报告均为定案关键性证据。在案件初审过程中，须对这些证据进行审查确认、辨别真伪。如人命案件之凶器，其是否与伤痕吻合？凶器、伤痕是否与被告招供相吻合？强窃盗案件赃物是否已起获？起获的赃物是否与失单相吻合？赃物、失单与被告招供是否相吻合？如若物证、勘验结论不足或不实，则须再行收集。

第三，依证据定罪。当现有证据已足够证实案情，达到事实清楚，证据充分的程度，则主审官便可依此作出判决。司法官判词有"审语"与"看语"之分。对初审便可定案无须审转的，所拟判词为"审语"；对于无权决断，须由上级复审的案件，所拟判词为"看语"。兹以一"看语"实例，证实司法官如何依证据裁断。

> "审得陶丁氏戮死陶文凤一案，确系因抗拒强奸，遂致出此。又验得陶文凤赤身露体，死于丁氏床上，衣服乱堆床侧，袜未脱，双鞋并不齐整，搁在床前脚踏板上。身中

---

[1] （明）申时行等修，赵用贤等纂：《大明会典》卷一七七，《续修四库全书·史部·政书类》（第792册），上海古籍出版社2002年版，第155页。

三刃：一刃在左肩部，一刃在右臂上，一刃在胸，委系伤重毙命。本县细加检验，左肩上一刃最为猛烈，当系丁氏情急自卫时，第一刃砍下者，故刀痕深而斜。右臂一刃当系陶文凤初刃后，思夺刀还砍，不料刀未夺下，又被一刃，故刀痕斜而浅。胸部一刀，想系文凤臂上被刃后，无力撑持，即行倒下，丁氏恐彼复起，索性一不做二不休，再猛力在胸部横戳一下，故刀痕深而正。又相验凶器，为一劈材作刀，正与刀痕相符。而作此刀，为死者文凤之物。床前台上，又有银锭两只。各方推勘，委系陶文凤乘其弟文麟外出时，思奸占其媳丁氏，恐丁氏不从，故一手握银锭两只，以为利净；一手持凶刀一把，以为威胁。其持刀入房之时，志在奸不在杀也。丁氏见持凶器，知难幸免，因设计以诱之。待其刀已离手，安然登榻，遂出其不意，急忙下床，夺刀即砍，此证诸死者伤情及生者供词，均不谬者也。按律因奸杀死门载：妇女遭强暴杀死人者，杖五十，准听钱赎。如凶器为男子者免杖。本案凶器，既为死者陶文凤持之入内，为助成奸之用，则丁氏此千钧一发之际，夺刀将文凤杀死，正合律文所载，应免予杖责。且也，强暴横来，智全贞操，夺刀还杀，勇气加人。不为利诱，不为威胁。苟非毅力坚强，何能出此！方敬之不暇，何有于杖！此则又敢布诸彤管、载在方册者也。此判。"[1]

依此判词，作出裁断之证据主要是尸体检验及供词，且各证据相符，即检验伤情状况与供词相符、凶器与伤痕相符。

---

〔1〕 王世荣：《中国历代判词研究》，中国政法大学出版社 1997 年版，第 110~111 页。

二、复审复核之据证定罪

依据明清法律规定，复审主要有三类：一是对案件判决结果不服者，可以逐级上诉，从而引发复审；二是州县官遇到较为重大案件，必须报上司衙门复审，这是依据法律规定之自然审转，即官府主动启动的复审；三是会官审录。复核主要针对的是判处死刑案件，死刑案件又分为两种：一种是立决的，即立即执行的。明朝一般要先经刑部审定，都察院参核，再送大理寺审允，最后奏皇帝核准。清朝时或由刑部审定直接奏明皇帝或由三法司会审后将结果奏明皇上。另一种是秋后决的，即秋后执行。明朝对该类死刑案件进行朝审，清朝在此基础上发展为朝审和秋审两种。除此以外，尚有大理寺在其职权范围内对案件所为之复核。

（一）证据对上诉审结果之决定作用

当事人对刑事判决不服，可以逐级上诉。这是由被告自己或者其亲属启动的复审。明清律均有上诉必须受理之规定，"……及本宗公事已决，理断不当，称诉冤枉者，各衙门即便勾问。若推故不受理，及转委有司，或仍发原问官司收问者，依告状不理律论罪。……"[1]如果上诉后，对判决结果仍然不满，可再逐级上诉，无审理次数限制。"凡审级，直省以州县正印官为初审。不服，控府、控道、控院，……。"[2]但是，上诉必须按照级别逐级进行，不得越诉，越诉要被治罪，且越诉受理的

---

[1] 怀效锋点校：《大明律·刑律·诉讼》"告状不受理"条，法律出版社1999年版，第175页。

[2] 《清史稿·刑法志》（三），高潮、马建石主编：《中国历代刑法志注译》，吉林人民出版社1994年版，第1049页。

司法官亦要被议处。[1]

　　除逐级上诉外，另有京控和叩阍两种途径可用于伸冤。京控，顾名思义，是直接到京师进行控诉。"其有冤抑赴都察院、通政司或步军统领衙门呈诉者，名曰京控。"叩阍包括击登闻鼓和迎车驾两种，"其投厅击鼓，或遇乘舆出郊，迎驾申诉者，名曰叩阍。"[2]叩阍不实将被治罪，属实，可免罪。但也并非任何情况下均可迎车驾。清律明确规定，"在行幸瀛台或车驾出郊行幸时叩阍，申诉者要被治罪。"[3]京控或叩阍案件，或者发回原省督抚审理，或者奏交刑部提讯，如有案情特别重大者，往往会派钦命大臣会审。

　　因上诉引发复审，司法官会重新研究案件现有证据，以认定案情是否存在可疑之处，如有，可发回重审。必要时，也可自行搜集新证据，查明案情，自行定案。兹举两例为证：

　　　　"明朝某县贼首王和尚，攀出同伙，有多应亨、多邦宰者，骁悍倍于他盗，招服已久。忽一日应亨母，从兵备道衙门告辩十纸，批准仍下州中覆审。恐王和尚诬攀，公思之，此必王和尚受财，许以辩脱耳。乃于后堂设案桌，桌围内藏一门子。唤三盗俱至，案前覆讯预设皂隶，报以寅宾馆有客，公即舍之而出。少卿还人，则门子从桌下出，云听得王和尚对二贼云，且忍两夹棍，俟为汝脱。王盗惶

---

〔1〕　见田涛、郑秦点校：《大清律例·刑律·诉讼》"越诉"条例，法律出版社 1999 年版，第 476 页。

〔2〕　《清史稿·刑法志》（三），高潮、马建石主编：《中国历代刑法志注译》，吉林人民出版社 1994 年版，第 1049 页。

〔3〕　"凡车驾行幸瀛台等处，有申诉者，照迎车驾申诉律拟断。车驾出郊行幸有申诉者，照冲突仪仗律拟断。"见田涛、郑秦点校：《大清律例·刑律·诉讼》"越诉"条例，法律出版社 1999 年版，第 473 页。

恐，遂叩头请死。……"〔1〕

"国朝道光年间，杨晓东都转裕深，官杭嘉湖道时，绍兴有富室子，与邻居薙发匠之女私定终身。惮其父，不敢言，微露其情于母，母怒，亟为授室。既婚后，子又乘夜往邻女家。女恨极，潜以毒饼食之，并断其三指。负痛奔回，登榻而毙。其父母往诘，新妇不知所云。遂以新妇谋害报县，令验属实，即以谋杀定谳。妇家亦大族。控于省。大宪某，知公能，即檄治其狱。公于新妇上堂，略问数语，即令释妇。翁姑泣请惩治，公怒曰：'汝子死于非命，将欲杀一人，以泄愤耶？抑欲得雠人，而甘心也？汝为妇杀，则三指何在？速退，吾终当为汝雪冤也。'遂使人暗访，竟得与女私通情节。拘之一讯即服，并于床下起出三指，而以女拟抵焉。有问公何以见新妇，即知其冤。公曰无他，察言观色耳。新妇到堂，颜色惨沮，举止端重，且跪时，裙开露足，旋以裙覆之，小节如此，岂毒夫之人耶？是以知其冤也。次日其家来报，妇已仰药殉节矣。公即审祥府院，如例请旌焉。"〔2〕

两案中，第一案发回复审，司法官采用窃听私语法取得新证据，案情遂明；第二案为复审机构自行审理，以五听、暗访之方法收集证据，亦使案情明朗，冤情得雪。

（二）证据对审转结果之决定作用

与上诉不同，审转之发生不依当事人意志决定，不管初审是否合法、是否适当，也不管当事人服与不服，均会依据法律

---

〔1〕（清）周尔吉编：《历朝折狱纂要》，全国图书馆文献缩微复制中心1993年版，第133~134页。

〔2〕（清）周尔吉编：《历朝折狱纂要》，全国图书馆文献缩微复制中心1993年版，第301~303页。

规定当然发生。这种自然审转是种纠错机制，亦是恤刑之一种表现。

1. 上级对下级之复审

徒以上案件州县初审后，报上级之复审、各地提刑按察司或巡按御史及督抚就直隶及各省案件所为之复审、死罪及人命案件督抚审结报刑部之复审均为上对下之复审。关于审转案件范围和机构时有变动，但无论如何变，基本原则不变，即凡是本级能够自理刑事案件，无须审转，不能自理案件，均需申详或转详到更高一级覆审机构。如依《大明会典》记载，笞杖案件由各布政司、直隶府州决断，徒以上由刑部审录发落，大辟重案，均呈刑部详议。[1]《清史稿·刑法志》亦有该类记载："徒以上解府、道、臬司审转，徒罪由督抚汇案咨结。有关人命及流以上，专咨由部汇题。死罪系谋反、大逆……罪干凌迟、斩、枭者，专折具奏，交部速议。"[2]徒以上不再属轻微刑事案件，针对其设立审转制度，是审慎之司法理念要求。

复审过程中，审查证据是一项重要内容，复审官也是依据证据所证案情不同作出不同处理结果。如情实据确，则会维持原判；如案情可疑或证据不足，则驳回重审或者直接审理，重新定案。上司驳审大多因供。"供看不符，供不周到，或游移不实，前后情节不对，皆干驳诘，供词无情理者，虽执有确据，亦应驳诘。"[3]供词不确实、供词相互矛盾或存在不合情理之供词皆是遭到上级驳诘的原因。这与口供定罪之核心地位有关，

〔1〕 见（明）李东阳等纂：《大明会典》卷一七七，江苏广陵古籍刻印社 1989 年版，第 57 页。

〔2〕《清史稿·刑法志》（三），高潮、马建石主编：《中国历代刑法志注译》，吉林人民出版社 1994 年版，第 1040~1041 页。

〔3〕（清）王又槐撰：《刑钱必览》卷一，杨一凡主编：《历代珍稀司法文献》（第 3 册），社会科学文献出版社 2012 年版，第 1217 页。

口供是各级司法官关注的重点证据，一有差池，便会直接影响案情真实性，即无法使该案达到罪无可疑之定案标准。其实，不仅仅是口供这种证据形式存在缺陷会遭驳，其他证据的状态亦会对复审结果产生决定性影响。王又槐在论驳案时，便深刻认识到有无证据以及证据是否充分是上司驳案的重要原因，一定是尸伤检验、口供等确有可驳之处。具体而言，大致包括这样几种情形：一是无证据无情理；二是供词不确，游移不定；三是供词不全面、不周密，多有疏漏；四是供词前后不一，甚至迥异；五是伤情填报与《洗冤集录》要求不符；六是检验所得伤情与凶器、案犯口供不符等。现实中，情况复杂多变，无法穷尽所有。但总体言之，遭驳一定是下级司法官在审理中存在某些错误或漏洞。"此皆由于自取，而不得不驳审核正者也。"[1]

因证据缺陷，复审结果或是案件被驳回重审，或是上级搜集证据直接依法改判。《刑案汇览》记载一说帖，因证据不确实，而发回重审。案由是张虎纠结王忠虎等供七人行窃，潜至姓吴一家店外所停车辆中，窃走一卷被褥，将里面元宝四锭及碎银、衣物等分赃完毕。失主孙忠发现以后，报官，并附失单，失单载元宝六锭。而嫌犯供述只有四锭，少一百两。主审官都统依照嫌犯所做供述，将盗赃估价为四百三十八两八钱，按律将张虎定为首犯，因盗赃超一百二十两拟绞监候。失主孙忠让其领赃后离开，至于是否捏报丢失银两数量，需要等到贼犯全部抓获时再传讯。复审时，主审官认为，定罪主要依据赃物的数量并不确凿，即失主所报与案犯供述有出入，而该出入的原因并未查明，是失主多报还是案犯隐瞒还是在案犯在偷走途中

---

〔1〕（清）王又槐撰：《办案要略·论驳案》，华东政法学院语文教研室注译，群众出版社1987年版，第115页。

散落丢失？这些均须查讯明确。况且，失主领赃时并没同嫌犯进行质对，就将其放走。这根本无需等到所有嫌犯捕获后再质审。而且，赃物数量对于该案定罪至关重要。因为法律除规定窃盗赃一百二十两以上，首犯绞监候，尚有秋审计赃以是否逾五百两为情实缓决之分的规定，都统这样朦胧定拟，难以成为信狱。因此，"令该都统再行提集现犯，分别研讯，并严缉逃犯，传讯事主，于被窃及分赃处所确切根究，务得赃银实数，另行按律定拟具奏。道光十二年说帖。"〔1〕

亦有因证据问题直接改判之案例。《仁狱类编》载：

"金溪县民乐珊十一殴黄总廿九至死，尸亲黄贤五统仆江正五等多人，抄刬乐姓家财，辱其妇，为恕院道先后行金溪，乐安二尹检问，拟珊十一抵死，贤五引戍，江正五、张辰八、黄疙俚三人以强奸白氏、傅氏坐死。照提后获，郡守据原案论三人强奸以律。行理刑官覆审，先君阅原卷，珊十一诉词止有强奸邓氏，而无白氏、傅氏，乐珊七、乐瑚各词亦无白氏、傅氏，至生员乐希文诉词乃始，更称捉打邓氏，改奸为打，而填出轮奸二妇。情及查招，二妇亦未到官，乐安尹止据乐希文日执遂而成狱。郡审又止据县案亦不逮问二妇。先君曰：'事关三命，乌有强奸之人与被奸之妇俱未面证，而但信仇口以成狱乎？'乃逮白氏、傅氏到官，指三者诘之曰：'汝认此三人面貌乎？'曰：'不认。'曰：'奸情真乎？'二妇羞满语曰：'无之。'先君曰：'既不认面，又不认奸，何以冤此三人也？且前称捉奸邓氏矣，捉奸之情既审非实，轮奸之情又岂得为真乎？'遂脱三人，

---

〔1〕（清）祝庆祺等编：《刑案汇览三编》（一），"贼赃既与失赃不符应行确审"案，北京古籍出版社2004年版，第586~587页。

以掠财论配。遇今上登基大赦免。"[1]

该案复审时，发现证据问题明显。一方面供词不一，另一方面竟没有审问供词所言直接受害人，更没有让加害人和受害人当面对质。因此，复审官直接将案中所提受害人带到，问取口供，并让其和加害人面质，遂使真相大白，并依据新取得证据直接改判。

从这些实例中，不难看出证据对复审结果所起之决定性作用。

2. 大理寺复核

（1）直隶及各省案件之复核。大理寺复核各省及直隶案件，明朝定制于洪武十七年（公元1384年）。不同区域的案件按照各自管辖申详，各省都司及直隶卫所案件直接申都督府，布政司及直隶府州案件直接申刑部，按察司案件直接申都察院，之后各衙门再将案件转到大理寺。[2] 刑部审录下报之重罪案件，如认为处理得当的，亦须具本发大理寺复拟。[3] 因案件具体情形不一，大理寺复核结果亦有不同。定罪准确的，维持原判，如拟施行；如果证据不充分，案情模糊的，则发回重审；如果只是适用法律不当，则发回重拟罪名。"……凡罪名合律者，回报如拟施行。内有犯该重刑，本寺奏闻回报。不合律者，驳回

---

〔1〕（明）余懋学：《仁狱类编》卷三十，《续修四库全书》，上海古籍出版社2002年版，第865~866页。

〔2〕见（明）申时行等修，赵用贤等纂：《大明会典》卷二一四，《续修四库全书·史部·政书类》（第792册），上海古籍出版社2002年版，第555页。

〔3〕"徒流迁徙充军、杂犯死罪、解部审录发落。其合的决、绞、斩、凌迟处死罪名、各处开坐备细招罪事由、照行事理、呈部详议。比律允当者、则开缘由、具本发大理寺覆拟。"（明）李东阳等纂：《大明会典》卷一七七，江苏广陵古籍刻印社1989年版，第57页。

再拟。中间或有招词事情含糊不明者，驳回再问。"[1]

清朝刑部权力彰显，大理寺对直隶及各省案件只能会同复核，而不能单独复核，且会同复核亦是以刑部为首。"外省刑案，统由刑部复核，不会法者，院寺无由过问，应会法者，亦由刑部主稿。……而部权特重。"[2]《大清会典》规定了大理寺会同复核各省死罪案件程序，"凡重辟，……在外者，寺受揭帖。（各省总督、巡抚具题重辟，皆以随本揭帖投寺，各按其应分应轮，发左右寺。）各定谳以质成于卿、少卿，而参合于部谳。"[3]

（2）京师案件之复核。明朝大理寺得单独进行京师案件复审，是在明永乐十九年。"永乐十九年奏准，刑部、都察院问拟囚犯，仍照洪武年间定制，送本寺审录发遣。"[4]清代大理寺不仅对直隶及各省案件没有单独复核权，对京师案件亦没有单独复核权，而是要会同复核。"凡刑至死者，则（刑部）会三法司以定谳。"[5]《大清会典》规定："凡重辟，在京者，左、右寺各会其刑司（指刑部该司）与其道（指都察院该道）而听之，以质成于卿、少卿。（左、右寺暨各道御史过部，与承办之司官会审，曰：小三法司。各以供词呈堂，大理寺复与部院堂官会

---

〔1〕　"徒流迁徙充军、杂犯死罪、解部审录发落。其合的决、绞、斩、凌迟处死罪名、各处开坐备细招罪事由、照行事理、呈部详议。比律允当者、则开缘由、具本发大理寺覆拟。"（明）李东阳等纂：《大明会典》卷一七七，江苏广陵古籍刻印社 1989 年版，第 57 页。

〔2〕　《清史稿·刑法志》，高潮、马建石主编：《中国历代刑法志注译》，吉林人民出版社 1994 年版，第 1040 页。

〔3〕　（清）昆冈等修，吴树梅等纂：《大清会典》卷六十九，《续修四库全书》（第 794 册），上海古籍出版社 2002 年版，第 661 页。

〔4〕　（明）申时行等修，赵用贤等纂：《大明会典》卷二一四，《续修四库全书·史部·政书类》（第 792 册），上海古籍出版社 2002 年版，第 554 页。

〔5〕　（清）昆冈等修，吴树梅等纂：《大清会典》卷五十三，《续修四库全书》（第 794 册），上海古籍出版社 2002 年版，第 513 页。

审。无疑义者，俟刑部定稿送寺，堂属一体画题。）"〔1〕

大理寺复核案件时，如遇罪囚称冤，则或发回原问衙门重审或行移隔别衙门再问，但驳回原问衙门的较多。这样，显见的弊端便是，囚犯称冤多是因为遭遇酷刑，不堪忍受，锻炼成狱，而又发回原衙门再审，囚犯将再次面临棰楚。这种恶性循环根本无法平冤，也使得囚犯因害怕反复受刑而不敢称冤。为此，明宪宗时，刑科给事中白昂等曾上奏建议在今后复审中如有"问招不明，拟罪不当，及有词称冤者，俱听改调别衙门问理。"白昂等的这个建议，经过有关司法机关研究后，得到了采纳。〔2〕

大理寺在复核时，证据充分、案情清晰的案件则维持原判，证据不充分案件则驳回重审，证据是决定最终复核结果之重要因素之一。

明清时期审转制度设计之本意在于恤刑，希望能够通过多次审理避免错案发生，以保证案件审理结果公正。但该制度良好运作之前提是司法官清正廉洁、尽职尽责。否则，这样多重审转不但造成讼累，没有实际意义，而且往往在多次转手后，案件渐渐失去了其本来面目。因为，下级为了避免上级驳案，在通详案件时会对案情和证据进行装点、粉饰。这样一来，审转制度便起不到其本应发挥之作用。任何事物均有其两面性，其实际效果取决于多种因素的结合。

（三）证据对录囚结果之决定作用

明代于各省设提刑按察司，号称"外台"，有审录罪囚之

〔1〕（清）昆冈等修，吴树梅等纂：《大清会典》卷六十九，《续修四库全书》（第794册），上海古籍出版社2002年版，第611页。

〔2〕《续通考·刑七》，转引自陈光中、沈国峰主编：《中国古代司法制度》，群众出版社1984年版，第153页。

责。有时亦遣监察御史到各地录囚。但真正由皇帝差遣三法司官员赴直隶及各省审录囚犯，始自洪武二十四年，称为"差官审录"。"洪武二十四年，差刑部官及监察御史，分行天下，清理刑狱。"之后，差官审录便时有发生。如"正统六年，令监察御史及刑部、大理寺官，分往各处会同先差审囚官（先差审囚官是指巡按御史），详审疑狱。""（正统）十二年，差刑部、大理寺官往南北直隶及十三布政司，会同巡按御史、三司官审录。死罪可矜可疑，及事无证佐可结正者，俱奏处置。"〔1〕但差官审录成为定制始于成化八年，"（成化）八年奏定，每五年一次，法司请敕差官，往两直隶、各布政司审录见监一应罪囚。真犯死罪，情真无词者，仍令原问衙门监候呈祥，待报取决。果有冤枉，即与辩理。情可矜疑者，陆续奏请定夺。杂犯死罪以下，审无冤枉，即便发落。"〔2〕

录囚方法明代时有人作过说明，"录囚之法其要有五：一曰阅文卷，以察始末之详；二曰询掌印官，以察拟罪之意；三曰询原问官以察取招之由；四曰询检尸捕盗官即证佐人，以察起狱之故；五曰审正犯之言貌视听气，以察所犯之实。五者备而狱斯宽冤矣。"〔3〕由此可见，录囚是以证据为核心展开的。被告供词、证人证词、勘验结论均是录囚时关注重点，尚须提审囚犯，以五听等方式印证其供词真实性。在这些证据基础上，判断案件是否有可疑之处，拟罪是否妥当。

《仁狱类编》记载两案，颇能印证证据在录囚辩冤中所起之

---

〔1〕（明）申时行等修，赵用贤等纂：《大明会典》卷一七七，《续修四库全书·史部·政书类》（第792册），上海古籍出版社2002年版，第162页。

〔2〕（明）申时行等修，赵用贤等纂：《大明会典》卷二一四，《续修四库全书·史部·政书类》（第792册），上海古籍出版社2002年版，第556~557页。

〔3〕（明）应檟等撰：《审录疏略》，明抄本，新加坡国立大学图书馆微缩胶片，第16页。

决定性作用。

> 巡按御史到临川县录囚，有刘裳六一案，其被拟斩。府推官为裳六辩，理由有四。"裳六窝情，以傅和九扳报，及见获赃物为据。今审和九吐说，丁典史初审之时，只报说傅焰三窝在行名某六者之家，而忘其姓。快手彭伦四在旁，接声应是刘裳六，是裳六之扳报原非出于和九之口矣。一宜释"；"查搜出傅焰三等分送前赃皆衣服、布、被等项，乃民家所常有者，招称傅焰三等打劫邹家叶家矣。今兹搜出各件曾有一衣为两家识认者乎？是裳六之窝情又非有明实质赃矣。二宜释"；"招称魏旻八遣魏廷六往裳六家，裳六闻有缉拿消息，即当与焰二潜逃，岂肯从容誊招，束手就擒？是魏廷六之通报又无显据之迹矣。三宜释"；"据各党里刘相十六等合口证说，裳六委属良善，愿以身家保结，使裳六果有窝盗之情，族里将幸其速死之不暇，岂肯连名硬结，自贻后悔？是裳六之素行又非人心共弃之公矣。四宜释"。四点可疑之处，两点为同伙证言不实，一点为赃物不实，另有一点为人品好。正因此，裳六最后得释。[1]

可见，证据在录囚伸冤中所起之关键性作用。

另有一凶杀案，亦是在录囚时发现证据不足，使得嫌犯被释。案由是：

> 李瀚二被杀，当时其不但身上有钱，还有粮食。其兄李瀚一报官，因不见尸体，无法确定案情，便请所谓的通神之人卜算，指蒿五为凶手，并称尸体在乌泥坡。于是逮

---

〔1〕（明）余懋学：《仁狱类编》卷三十，《续修四库全书》，上海古籍出版社2002年版，第865页。

捕嵩五并在其家搜到存放粮食的梳刷寺钥匙。嵩五坐斩。五年后，刑部使者录囚，嵩五称冤。重审时发现案件确有六点可以之处。"嵩之谋杀以搜获梳刷寺钥匙为证，嵩既杀瀚二能弃尸于乌泥坡十里之外，此刷钥者无用之物，何不并弃之，以灭迹邪？一可疑也；瀚二问程旦买猪，次日即死，未曾到家，瀚一何自知之，即往旦家取猪，二可疑也；搜出寺钥孰辨是否，瀚二何自知有寄宿穀在寺，即以所获钥令瀚十三往寺中比对？三可疑也；时捕嵩阅赃者多人，梳刷寺钥俱自瀚一之手，四可疑也；神言未必足凭，倘搜赃无获，独不虑嵩五之反噬邪？而敢径入其家，一搜即获。五可疑也；乌泥地方亦辽阔矣，埋近埋远皆未可知，瀚一等至彼一掘即获，六可疑也。"虽怀疑瀚二为瀚一所杀，但瀚一已死，无从对质。[1]

该案的六点可疑之处，亦是围绕证据及证据认定之案情展开。也正是基于此，嵩五才可在录囚时得释。

不过，明朝差官审录在实际运作中越来越流于形式，并产生诸多弊端，该制度在清朝遂被废止。"无论是不定期审录还是五年一次的由皇帝差官审录直隶及各省人犯，均系叠床架屋，亦容易引起审录官与原审官之矛盾和冲突，并非妥适做法。清代废弃不用。"[2]

（四）证据对会官审录结果之决定作用

1. 明清会官审录制度梳理

明清时期会审制度相对于唐宋而言，丰富很多。唐朝会审

---

〔1〕（明）余懋学：《仁狱类编》卷三十，《续修四库全书》，上海古籍出版社2002年版，第864～865页。

〔2〕那思陆：《明代中央司法审判制度》，北京大学出版社2004年版，第140页。

主要包括"三司推事""三司使""督堂集议制",明清时期却包括了圆审、朝审、大审、秋审、热审、寒审等诸多会审形式。

明朝"会官审录之例,定于洪武三十年"。[1]明朝初期,重大案件均有皇帝亲自审理,但皇帝精力毕竟有限,之后委以会官审录,洪武二十九年(公元1396年)罢大理寺,至建文初复置大理寺期间,明太祖于京师案件多采行"多官会审"方式,以替代大理寺复审。上谕刑部官曰:"自今论囚,惟武臣死罪,朕亲审之。其余不必亲至朕前,但以所犯来奏,然后引至承天门外,命行人持讼理幡,传旨谕之。其无罪应释者,持政平幡,宣德意遣之。继令五军都督府、六部、都察院、六科给事中、通政司、詹事府详加审录。"[2]自永乐七年(公元1409年)至十八年(公元1420年),大理寺虽在,但并不单独复审,仍采"多官会审"。《大明会典》定曰:"凡两法司囚犯,永乐七年以后,令大理寺官,每月引赴承天门外。行人司持节传旨,会同五府、六部、通政司、六科等官审录。输情服罪者,如原拟发遣。其或称冤有词,则令有司照勘推鞠。"[3]对此,《明史·刑法志》亦有记载:"会官审录之例,定于洪武三十年。初制,有大狱必面讯。十四年明法司论囚,拟律以奏,从翰林院、给事中及春坊正字、司直郎会议平允,然后复奏论决。……永乐七年令大理寺官引法司囚犯赴承天门外,行人持节传旨,会同府、部、通政司、六科等官审录如洪武制。十七年令在外死罪重囚,

---

[1] 《明史·刑法志》(二),高潮、马建石主编:《中国历代刑法志注译》,吉林人民出版社1994年版,第901页。

[2] 《明史·刑法志》(二),高潮、马建石主编:《中国历代刑法志注译》,吉林人民出版社1994年版,第901页。

[3] (明)申时行等修,赵用贤等纂:《大明会典》卷一七七,《续修四库全书·史部·政书类》(第792册),上海古籍出版社2002年版,第554页。

悉赴京师审录。仁宗特命内阁学士会审重囚，可疑者再问。宣德三年奏重囚，帝令多官复阅之……"〔1〕这种会官审录制度继而延续下来，并发展为明清颇具特色之多种会审制度。

（1）三司会审。明朝三司会审参与人员或单纯由三法司组成或由三法司与锦衣卫共同组成。三司会审既可以发生在一审案件中，也可以发生在复审中。明弘治十三年（公元1500年）《问刑条例》定曰："法司遇有重囚称冤，原问官员辄难辩理者，许该衙门移文，会同三法司、锦衣卫堂上官，就于京畿道会同辩理。果有冤枉，及情可矜疑者，奏请定夺。"〔2〕《大明会典》亦定曰："凡发审罪囚，有事情重大，执词称冤，不肯服辩者，（大理寺）具由奏请，会同刑部、都察院或锦衣卫堂上官，于京畿道问理。"〔3〕三司会审实例颇多。如，宣德九年（公元1434年）二月乙亥，妖僧李皋纠集山西汾州僧了真等二十四人谋反，"事觉，有司捕得之，械送之京。上命三法司讯之有验，悉弃市。"〔4〕又如，宣德十年（公元1435年）十一月乙未，"四川按察使刘洵以修葺公宇，索蜀府砖瓦兽头，又挟私捶死弓兵五人。长史善士仪奏之，下都察院狱，论斩罪，洵称冤，命三法司辩，言其罪实当。上从之。"〔5〕前者是一审中三司会审，后者是复审中三司会审。

清代三司会审成定制，京师死罪案件必经三司会审"凡刑

〔1〕 《明史·刑法志》，高潮、马建石主编：《中国历代刑法志注译》，吉林人民出版社1994年版，第901~902页。

〔2〕 怀效锋点校：《大明律》附例《问刑条例》，法律出版社1999年版，440页。

〔3〕 （明）申时行等修，赵用贤等纂：《大明会典》卷二一四，《续修四库全书·史部·政书类》（第792册），上海古籍出版社2002年版，第554页。

〔4〕 《明宣宗实录》卷一〇八，北京大学图书馆藏影印本，第2436页。

〔5〕 《明宪宗实录》卷十一，北京大学图书馆藏影印本，第212~213页。

至死者，则（刑部）会三法司以定谳。"[1]三司会审有"会小法"与"会大法"之分，会小法是由"小三司"，即大理寺寺丞或评事与都察院御史与刑部承审司官所进行之会审。会大法是指小三司审完，"大三司"，即都察院左都御史或左副都御史与大理寺卿或少卿与刑部尚书或侍郎再行之会审。

（2）圆审。明清时期圆审即"九卿会审"，是针对"二次番异不服"案件所进行之会审，由大理寺奏请九卿会审，会审官员来自六部、大理寺、都察院和通政司。

（3）大审。大审定制于明成化年间，目的主要是清理疑狱。"成化十七年命司礼太监一员会同三法司堂上官，于大理寺审录，谓之大审。南京则命内守备行之。自此定例，每五年则大审。"[2]该制度在清朝废止不用。

（4）朝审。明英宗天顺三年以后实行朝审，朝审针对的是已决重囚，时间定在每年霜降以后，"天顺三年令每岁霜降后，三法司同公、侯、伯会审重囚，谓之朝审。历朝遂遵行之。"[3]经朝审，将嫌犯按照情实、可矜、可疑三类分别处断，或立决或监候。

清承袭明，继续实行朝审制度。"刑部题朝审事宜日期，于霜降后十日举行。将情实、矜疑、有词各犯，分为三项，各具一本请旨。奉有御笔勾除者，方行处决。"[4]具体程序是，每年霜降后十天，将刑部关押的重犯，带到天安门金水桥西。三法

---

〔1〕（清）昆冈等修，吴树梅等纂：《大清会典》，《续修四库全书》（第794册），上海古籍出版社2002年版，第513页。

〔2〕《明史·刑法志》（二），高潮、马建石主编：《中国历代刑法志注译》，吉林人民出版社1994年版，第903页。

〔3〕《明史·刑法志》（二），高潮、马建石主编：《中国历代刑法志注译》，吉林人民出版社1994年版，第903页。

〔4〕《清世祖实录》卷八四六，台湾新文丰出版公司1978年版，第1页。

司与九卿、詹事、科道官——会同审录。在审录之前，刑部司官须先将各重犯口供简略汇总，由广西司刊刻分送各个参与会审衙门。会审时，将各犯按照情实、缓决、可矜三类，各自拟定，然后由刑部具题请旨，只有被奉旨勾除的囚犯，才能处决，其余的仍监候。[1]

（5）秋审。清朝在明代会审制度体系基础上，进一步完善重案会审制度。除保留了朝审、三司会审、热审等制度外，又在朝审基础上开创了秋审制度。据《清史稿·刑法志》记载，"顺治元年，刑部左侍郎党崇雅奏言：'旧制凡刑狱重犯，自大逆、大盗决不待时外，余俱监候处决。在京有热审、朝审之例，每至霜降后方请旨处决。在外直省，亦有三司秋审之例，未尝一丽死刑，辄弃于市。望照例区别，以昭钦恤。'此有清言秋、朝审之始。嗣后逐渐举行，而法益加密。"[2]《大清律例》中规定了具体程序。秋审时，督抚须将重囚犯，按照情实、缓决、可矜三类拟题。七月十五日以内到刑部。刑部将原案及法司、督抚看语，呈送皇帝御览，同时送与九卿、詹事、科道等参与秋审人员。前期准备工作就绪，便于八月内在金水桥西会同审理，详细核实各案件，之后仍按情实、缓决、可矜三类，分别拟题，请旨定夺。待皇帝命令下达后，先后咨行各相关地方，情实人犯，于霜降后冬至前执行死刑。[3]

清代独创秋审，可以理解为是将明朝京师以外每五年举行

〔1〕 参见（清）昆冈等修，刘启端等纂：《大清会典事例》卷八四六，台湾新文丰出版公司1976年版，第1页。田涛、郑秦点校：《大清律例·刑律·断狱》"有司决囚等第"条例，法律出版社1999年版，第589页。

〔2〕《清史稿·刑法志》，高潮、马建石主编：《中国历代刑法志注译》，吉林人民出版社1994年版，第1043页。

〔3〕 田涛、郑秦点校：《大清律例·刑律·断狱》"有司决囚等第"条例，法律出版社1999年版，第588~589页。

的大审改为一年一次，定为秋审之制。清代秋审分各省和中央两个阶段进行，各省秋审又分两阶段进行，以司道为第一审，以督抚为第二审。[1]刑部设总办秋审处，掌管秋审和朝审案件。在秋审实际运作中，刑部各司应先核办各省秋审案件，各司核办后送秋审处汇办，然后由总办呈报堂官批阅，议定后再送九卿詹事科道会审与会题。凡情实者呈皇帝御览裁决（旧例缓决可矜之案亦要进呈皇帝，乾隆二十四年后只进呈情实之案），再行办理复奏与勾决。[2]

（6）热审。热审是在暑热天气对在狱关押徒流以下囚犯所采取的清理监狱之措施。"明代热审始永乐二年，止决遣轻罪，命出狱听候而已。寻并宽及徒流以下……成化时，热审始有重罪矜疑、轻罪减等、枷号疏放诸例。"[3]清朝承袭该制度不变。

（7）寒审。寒审并未在明代形成制度，但有这样之表述，"历朝无寒审之制，崇祯十年，以代知州郭正中疏及寒审，命所司求故事"。于是提及了几次寒审，洪武二十三年（公元 1390 年）十二月，永乐四年（公元 1406 元）十一月、九年（公元 1411 年）十一月，宣德四年（公元 1429 年）十月等。[4]可见，虽无制度，但有实践。清朝无寒审之制，"热审之制，顺治初赓续举行。……列朝无寒审"。[5]

---

〔1〕 田涛、郑秦点校：《大清律例·刑律·断狱》"有司决囚等第"条例，法律出版社 1999 年版，第 589 页。

〔2〕 （清）昆冈等修，吴树梅等纂：《大清会典》卷五十七，《续修四库全书》（第 794 册），上海古籍出版社 2002 年版，第 554~555 页。

〔3〕 《明史·刑法志》（二），高潮、马建石主编：《中国历代刑法志注译》，吉林人民出版社 1994 年版，第 905 页。

〔4〕 《明史·刑法志》（二），高潮、马建石主编：《中国历代刑法志注译》，吉林人民出版社 1994 年版，第 908 页。

〔5〕 《清史稿·刑法志》（三），高潮、马建石主编：《中国历代刑法志注译》，吉林人民出版社 1994 年版，第 1048 页。

（8）旗人宗人府会审制度。清朝还确立了旗人宗人府会审制度。"若宗室有犯，宗人府会刑部审理。觉罗，刑部会宗人府审理。"〔1〕体现维护特权阶层之特别对待。

2. 证据决定会审结果——以法律规定为视角

在会审过程中，证据审查是确定会审结果之依据。鉴于会审制度颇多，在此仅以明朝朝审、热审与清朝秋审为例。

（1）朝审。朝审当日，将重囚引赴承天门外，三法司会同五府九卿衙门，并锦衣卫各堂上官及科道官逐一复核，这种复核是以听审方式进行。关于朝审过程，《明会典》有详细记载："其审录之时，原问、原审并接管官员，仍带原卷听审。情真无词者，复奏处决；如遇囚番异称冤有词，各官仍亲一一照卷陈其始末来历并原先审过缘由，听从多官参详；如有可矜、可疑或应合再与勘问，通行备由，奏请定夺。"〔2〕根据相关材料来看，听审主要有三个步骤：读原案件招供、听案犯陈述、官员进行"参情覆案"（参酌案情进行复查）。而听案犯陈述是否称冤则是朝审关键，即对证据之一——被告口供须进行认真审查，包括案卷中所记载口供和现场获取之口供，如口供一致，则可以据实定案。如被告称冤，即作为证据之口供发生变化，有可矜、可疑之处，听审官员须进行勘问。勘问过程便是对案情、定案依据和适用法律之审核过程，在此过程中将重点关注两个问题：一是情，是否确有"可矜"之处，即是否可以宽宥；二是法，是否有"可疑"之处，即是否存在案件事实不清、证据不充分、适用法律不当之情形。而在朝审的实际运作中，常因

〔1〕《清史稿·刑法志》（三），高潮、马建石主编：《中国历代刑法志注译》，吉林人民出版社1994年版，第1051页。
〔2〕（明）申时行等修，赵用贤等纂：《大明会典》卷一七七，《续修四库全书》，上海古籍出版社2002年版，第158页。

不能当场提供全面证据而导致无法查明案情。"止有原问官在彼念招听审，其余原审官径自回寺辨事。及至中间，多因有称冤者，有可矜疑者。臣谓多官彼时将欲求其情，于原问官不无畏其审异成案。将欲求其情于原审官，则又原审官当时已不在彼听审。欲求情于证佐，则又当时引审者止是应决正犯，而证佐干连者先已摘发。欲求其情于案牍，则又当时阅日者止是略节揭帖，而卷宗粘连者莫得全见。欲将信其各囚当时自称冤相之词为实，而一概奉请矜宥，则恐元恶大（熟）〔憝〕者，一时冒漏网吞舟之辜。欲尽疑各囚但是自称冤枉之词为虚，而通行奏请处决，则妄陷非辜者，一时罹玉石俱焚之灾。以致本末始终来历含糊，刑狱不明率多出于此。"〔1〕针对该问题，成化十七年（公元 1481 年）"多官会审重囚"例规定，会审时原审及接管官员必须到场并携带原卷备查，以便会审官员对证据进行全面把握和分析，便于查明案情。"至会审之时，原审并接管官员，各带原卷诣彼听审。如遇囚审异称冤有词，各官就便一一照卷陈其始末来历，并原先问审过缘由，听多官从公详参。"〔2〕由此可见证据对朝审结果之决定作用。

（2）热审。虽然在明朝会审制度中热审并不被视为如朝审、圆审如此之重要，但却是统治者体现仁慈恤囚之重要方式之一。我们分析热审处理结果便会发现证据审查在其中所起之作用。根据《明会典》记载，从弘治十七年（公元 1504 年）以后，对热审处理结果越来越具体，概括起来如下：按例应当枷号之罪犯可以经奏请予以宽免；热审后应处笞罪而无干证之犯人立即

---

〔1〕《皇明条法事类纂》卷四十七《刑部类》，刘海年、杨一凡主编：《中国珍稀法律典籍集成》乙编（第 5 册），科学出版社 1994 年版，第 879 页。

〔2〕《皇明条法事类纂》卷四十七《刑部类》，刘海年、杨一凡主编：《中国珍稀法律典籍集成》乙编（第 5 册），科学出版社 1994 年版，第 880 页。

予以释放；徒流罪以下犯人予以减等后马上发落；对于赃犯，按照犯罪情形与赃物数量进行处理。情节严重，赃款数量较多并且监禁时间不长的仍须继续追赃；赃银二十一两以上，"监久产绝"的按照原拟发落，不再追赃；正犯已故，所受牵连家属也免于追赃，并且释放。[1]基于此，不难发现，对于笞罪而没有干证之犯人将会立即释放，即是说，在审理过程中发现证据不充分，缺少干连佐证，便会直接将疑犯发遣回家。而对于涉及赃案的，审理结果直接与赃数（即赃物的价值）有关，只有赃数大的才会被继续关押。物证在其中起到了至关重要的作用。

（3）秋审。清朝独创了秋审，针对的是各省斩绞监候案件。秋审之最后结果分为情实、缓决、可矜、留养四种，而在结果认定中证据又扮演着什么样的角色呢？事实清楚、证据充分、法律适用恰当者拟为情实；案情属实，但危害不大，在秋审案犯中罪行较轻，依律不执行死刑者拟为缓决；案情属实，但有可矜或可疑之处，依律可免于死刑，拟为可矜。案情属实、罪行轻微、可矜可疑等情节之认定均须相关证据支撑。

《秋谳辑要》中载有一起梁三驴等共殴裴毛来身死，梁三驴被定缓决一案，从中可以看出该案所作出裁决与证据之直接关系。

"该臣等会看得梁三驴与裴毛来素好无嫌。同治七年七月间，裴毛来向人谈论梁三驴素情轻薄，与村中妇女必有不端之事，经武狗百听闻转向梁三驴告述。

二十六日，梁三驴同胞兄梁驴娃并武狗百由邻村观剧回归，与裴毛来路遇。梁三驴向其查问，裴毛来狡赖。梁

〔1〕　见（明）申时行等修，赵用贤等纂：《大明会典》卷一七七，《续修四库全书·史部·政书类》（第792册），上海古籍出版社2002年版，第159~160页。

三驴指武狗百质证，裴毛来斥说武狗百不应挑唆是非。武狗百分辨致相骂詈。裴毛来拔出身带小刀用背殴伤武狗百左胳膊。武狗百拔刀将小刀格落，戳伤其左眼。裴毛来两脚乱踢，武狗百砍伤其左脸、左膝、右腿肚。梁驴娃拢劝，裴毛来疑帮扑殴，梁驴娃闪避。梁三驴恐兄吃亏，上前帮护，拾刀用背殴伤其左胳膊、左手腕。梁驴娃用拳殴其脊背未伤，裴毛来转身揪住梁驴娃胸衣，撞头拼命。梁三驴弃刀用身带铁铜殴伤其左腿并叠殴伤其脸、脚、右腿肚，松手倒地，擦伤左右手背、左后肋右臀至三十九日陨命。报验获犯审供不讳。查裴毛来身受各伤惟后被梁三驴殴伤左右脸为重，应依拟抵除梁驴娃拟杖武狗百缉获另结外，梁三驴合依共殴人致死下手伤重者绞律，拟绞监候秋后处决等因具题奉旨梁三驴依拟应绞监候秋后处决，余依议，钦此。

同治九年秋审，死本理曲，殴非预纠，梁三驴应缓决。三人轮殴毙命，该犯铁器之伤，三重迭骨损。惟死者凭空诬伊与妇女有不端之事，理本不直，该犯先殴，刀不用刃，重伤由死者揪住伊兄撞头拼命所致，且均在肢体不致命处，所共殴亦非预纠，尚可原缓记俟核，照缓。"[1]

该案中，之所以能够定为缓决，除情理因素外，主要依据为尸身检验结论，即所伤非致命处。

3. 证据决定会审结果——以司法实务为视角

会审结果因案而异，可驳回再审，可移至别机构另行审理，亦可自行查明案情作出判决。但无论哪种处理结果，证据均为

---

〔1〕（清）刚毅辑：《秋谳辑要》，沈云龙主编：《近代中国史料丛刊》（第34辑第332册），台湾文海出版社1968年版，第685~687页。

处断依据。

（1）因证据不足，驳回再审：

> "一起强贼劫财杀伤人口事：会审得，本犯招内唐敬等
> 商议，行劫刘铎家财之时，查无奚买儿名字，临盗增出买
> 儿等在外把风，况失主马立、刘铎、王秀、刘人才、刘瞎
> 儿等俱被贼人捉住。招称：刘瞎儿言说：'我认得唐敬，你
> 如何劫我家财物？'既是认识，唐敬必要泯灭认识之情，岂
> 有不连马立等当时杀死之理？情似为不通。及查蒋聪等慌
> 惧，将原盗刘铎蓝布、锡壶等物皆背分，不知去向。又称：
> 典史周经擎住唐敬等，就于蒋聪家内搜出原盗锡壶一把。
> 壶只三把，已云分走，今又搜出，却是四把，自相矛盾，
> 情有可疑。及审奚买儿，执称：棉花、铜盆皆是刘铎等自
> 相寻见，非喻景云等招出。况见在赃物止是棉花、铜盆，
> 又在旷野地内，其蓝布等物俱称各分。今晚打劫，明早捉
> 获，必无花费之理，如何不见下落？蒋英、喻聪招称撞遇，
> 通不明言知情上盗与否。看得盗贼一事，生死所关，最为
> 暗密，本伙之外岂容一人得知？既是撞遇，相识之人岂敢
> 公然复行为盗？若非知情，必是诬捏。况各犯再四称冤，
> 赃证多无下落，除将枷项暂开外，合驳，再审明白，另招
> 呈来施行。"[1]

该案在会审中，存在诸多疑点，有不合情理之处，有证据
不明之处。失主当场喊称认识盗贼，盗贼却未将其杀人灭口，
实不合情理之处。但案件最终被驳主要源于"各犯再四称冤，

---

[1]（明）王廷相著，王孝鱼点校：《王廷相集》（四），中华书局1989年版，第1176页。

赃证多无下落",须再审明白。一是各犯所做招供不一,矛盾重重,后又称冤不止,其口供定案不足为凭;二是赃物不知下落。前一天晚上施盗,第二天早被抓,实无花费之理,赃物却不知去向。而仅有的一点儿赃物——棉花、铜盆还是失主刘铎自行在旷野中找到,并非盗贼供出。贼盗案没有赃物,定罪不足为凭。基于此,驳回重新审理。

(2)因证据不足,驳令别机构另行审理。

> "一起强盗劫财伤人事:会审得,招内既称冯仲良等纠合强劫邓冠家财,……该县亦不审其真伪,止凭邓冠嘱情,又将冯仲良等捉拿,通无追出丝毫赃物,俱各刑逼致死,揆之天理,实可伤悼。所据原问官吏,本当拿问,姑候另行,除将各犯枷项开放,暂发收监外,驳回,仰县连人卷径解关内道分巡官处,从公辩问明白,另招呈祥施行。"[1]

该案会审发现,盗贼被抓完全源于事主指称,并自始至终未搜到一丝一毫赃物,且嫌犯都被拷讯致死。案情不清,证据不足,自须重审。鉴于原问官不良表现,驳回别机构另行审理。

(3)自行收集证据,查明案情。

《大清高宗纯皇帝实录》中有如下记载:

> "乾隆五十年,丁酉,谕曰:海升殴死伊妻吴雅氏一案经步军统领衙门奏交刑部审讯,尸亲贵宁,以伊姓吴雅氏并非自缢,不肯画供。经刑部奏请,特派大臣覆检。随派左都御史纪昀,会同刑部侍郎景禄、杜玉林,带同御史崇

---

〔1〕 (明)王廷相著,王孝鱼点校:《王廷相集》(四),中华书局1989年版,第1182~1183页。

泰郑澄，及刑部熟谙司员王士棻、庆兴、前往开棺检验。据纪昀等奏称：公同检验伤痕，实系缢死。而贵宁仍以检验不实，复在步军统领衙门以海升系大学士阿桂亲戚，刑部显有回护等情具控。又拣派侍郎曾文埴、伊龄阿前往覆检。则吴雅氏尸身，并无缢痕，据实具奏。随令阿桂、和珅、会同刑部堂官及原检覆检之堂官等，公同检验。与曹文埴、伊龄阿所奏相符。因即令研讯海升，始据将殴踢致死，装点自缢情供出。是此案原验覆验之堂官司官，竟因海升系阿桂姻亲，均不免意存瞻顾逢迎之见。从前刑部堂官于福隆安家人富礼善一案，有意瞻徇，竟至正凶几于漏网。经朕看出疑窦，特派大臣复行严审，方得水落石出。……"[1]

该事件中，海升殴死其妻，却谎称其自缢身亡。先由步军统领衙门奏交刑部审讯，定为自缢身死。吴雅氏弟弟贵宁不服，乾隆皇帝派以左都御史纪晓岚为首一行几人重新检验，结果却仍是死于自缢。贵宁再次上告，皇帝于是又派阿桂、和珅会同刑部共同查核，这次检验的结果却发现没有缢痕。研讯海升，始供出是踢死，装点自缢。该案在会审中自行直接收集证据，有了新的扭转案情的检验结论，即没有缢痕，并使真凶招供，获取了定案关键性供词，遂使案情明了。

由此，无论是法律规定抑或司法实践均表明，证据对会审结果起到决定性作用。

（五）证据对临刑称冤复审结果之决定作用

明清时期人犯在行刑之前呼冤，须暂停行刑，请旨以决定案件是否重新审理。如重审，必须重新核实证据、案情，以确

---

[1]《清实录》卷一二二九《大清高宗纯皇帝实录》，中华书局1985年版，第471页。

认人犯是否冤枉。《大明会典》对此规定明确。"如决囚之日，有诉冤者，受状后，批校尉手，传令停决候旨。"[1]"（弘治）十六年议准，该决重囚有与鼓下批手留人事干一连及赴市曹称冤者，俱令覆奏。"[2]并有处决重囚犯人诉冤暂留题本式，"刑部某清吏司等衙门主事等官臣某谨题为处决重囚事。据某道监察御史手本，问得犯人某，犯该某律某罪，监处决。续该刑科官三复奏，节该奉圣旨。钦此。钦遵。手本到司，会同某道监察御史等官某将本犯押赴市曹处决。续该直鼓某、科给事中差校尉某批手，据本犯妻、男某状告冤枉，暂留听候，除将本犯暂留外，缘系处决重囚，未敢擅便，谨题请旨。"[3]在临刑前称冤，重新取证使案件遂明之实例明清均有记载。

> "旧传一事，有巨室主妇，岁当农时，独骑往畎亩督视，朝出暮返为常。一日晚，临城不及入矣，又不可返田舍，因就城下巨室，假宿其家馆之楼寝。诘旦日高不启，户主妇久伺讶，及排闼则杀死于榻矣。居邻闻之，官莫之能明，竟归辜于主翁、后御史监决，翁濒刑，故号称冤，御史乃止。即往其家究察。周视楼居，见楼垣有补甃痕，因问此补垣外何邻，乃一缝人也。召之来，录其家口，缝人曰：'某某在，一女久居母族。'审女去时，正妇死一日前也。御史曰：'得之矣。'立命呼女，谓之曰：'汝奸事吾知之矣，可吐实，毋当吾刑。'女即陈与东邻少年郎私。召

---

〔1〕（明）申时行等修，赵用贤等纂：《大明会典》卷二一三，《续修四库全书·史部·政书类》（第792册），上海古籍出版社2002年版，第527页。

〔2〕（明）申时行等修，赵用贤等纂：《大明会典》卷一七七，《续修四库全书·史部·政书类》（第792册），上海古籍出版社2002年版，第160页。

〔3〕（明）苏茂相辑，郭万春注：《新镌官板临民宝镜》首卷中，杨一凡主编：《历代珍稀司法文献》（第6册），社会科学文献出版社2012年版，第128页。

郎至，亦具状本末，为奸已久，每奸佩刀自卫。是夕，穴墙入，便登床，女拒之，因忿即手刃焉。盖所得者妇，妇以为居停主人拒之耳。狱具斩郎，论女如法。……"[1]

"刑部等奏光绪八年九月十四日奉上谕：河南盗犯胡体安临刑呼冤一案，前经梅启照、李鹤年讯明拟结，当谕令刑部速议具奏。旋据刑部奏称，查阅原奏，疑窦甚多，一俟供招到部，并行定拟。……嗣因人证解到，究出正盗胡体安系被镇平县总役刘学汰贿纵，王树汶系属顶替，……臣等查王树汶呼冤之由，总以是否另有胡体安其人为断。而该犯人有无冤抑，尤以是否同谋上盗为凭。随即亲提研讯，据程孤堆、王牢夭供认听从胡光得行劫张肯堂家，在寨门持杆看人，事后分赃，程孤堆系依素识之刘三、李大黑火烧脸纠约，王牢夭系程孤堆转纠等情属实，……至王树汶一案犯，仅供认五年十月二十五日自家逃出，被胡广德诱胁同行，逼令服役，为之随携烟袋，二十七日晚，伊跟胡广德走至不认识旷野地方，众人将衣服脱下，胡广德令依与不知姓名二人看守，并未告知抢劫情由，质之程孤堆、王牢夭，均供称在外把风，时实无王树汶在内。诘据地保金振梆供称，王树汶是五年十月逃出，并非四年九月，即差役吴全、乔四、牛振江、王城得，营兵王得训、阎城淋，书吏王青元、王棠阶，事主张肯堂，要证赵荣溃、王殿杰，亦将刘学汰如何教供，王树汶如何诬认，在县如何刑逼，在省如何诱串各情，逐细供明，历历如绘。是胡体安实系另有其人，王树汶之不应拟死罪均属确供无

---

[1]（明）余懋学：《仁狱类编》，"御史验补垣"，《续修四库全书》，上海古籍出版社 2002 年版，第 670~671 页。

疑。……"〔1〕

两案中均是因人犯临刑前呼冤，引发复审。在复审中，通过勘查、诘问等方式重新获取证据，知悉案件实情，使人犯冤狱得以平反。

第四节　证据状态与案件审理结果关系

案件审理通常建立在证据基础之上，这一点毋庸置疑。但是审断结果和证据状态之间到底存在着怎样的关系？或者说证据状态怎样影响着案件的处理结果呢？在此所言之证据状态，是指证据是否充分的状态，大致可以涵盖证据充分、没有证据和证据不足三种状况。我们当然不能完全运用现代证据理论对证据状态与审理结果关系给出结论，即依无罪推定原则定案。在中国传统社会实行的恰恰是有罪推定原则，在证据不足甚至没有证据情形下，并非必然将嫌犯无罪释放。这就使得证据和裁断结果之间的关系变得复杂、微妙。

一、证据状态与案件审理结果之一般关系

如果试图在明清时期的法律条文中为这种关系找到确切答案，几乎是不可能的。因此，笔者只有求助于司法实践，希望能在大量的判例判牍中寻找到回答该问题的路径。

---

〔1〕 （清）祝庆祺等编：《刑案汇览三编》（四），"盗犯临刑呼冤据实平反比例分别拟结"案，北京古籍出版社 2004 年版，第 724~727 页。

例 1：

"审得苏子元被掳勒赎。虽实繁有徒，而何文华为之戎首，其自供各分银六两，而故贼何成遇等俱称赃留文华处，至阵伤四人，郭茂相现在可证也。诸犯俱相继犴毙，天正留此巨魁，以正典刑，斩不待时，又何辞焉？具招呈祥，兵巡道转详。军门王批：何文华主盟劫掳，供证详明，允应枭斩，监候详决。余照行，取库收领状檄。察院梁批：何文华合伙捉掳勒赎，名供于真党，赃吐于互质。历审已确，一斩奚辞。依拟监候，会审详决。余如照，库收领状檄。"〔1〕（证据充分）

例 2：

"审得区子驯家有金穴，遂可以其使鬼之钱，蔽其杀人之罪。叶仲芳明死于殴而饰之为疯，叶金可谓俚执命，而坐之为诈。死者喊冤，生者啜泣，天道终不萝萝，以有今日。卑职奉宪檄庭讯之，见金可情词哀迫，而自驯语意支吾，因吊尸亲检以信此案。乃检之前一日，金可以取别府为请，职应之曰：官不肯自看，即别府无益。官肯自看，即本县何伤？职后来简伤，未尝以此辈之眼为眼也。诣尸所，发其骨而片片，手辩之，向之以红报者，今且紫色矣，向之以散漫难量者，今各有分寸矣。原简之仵作，现在亦错愕无语，叩头乞死。子驯至此始知钱神有时而不灵也。伤真矣，可具牍以上矣。而当日里排、干证无一在听者，更发该县拘齐研审，郭晓明之经门见殴，苏云阁之蒸救不

---

〔1〕 （明）颜俊彦：《盟水斋存牍》，"强盗何文华"案，中国政法大学出版社2002年版，第 28 页。

起，种种铁证。三尺者，朝廷之三尺，岂能为富人贷乎？若如许伤真证确之人命，而可以上下相蒙，依回了事，地方亦何庸此法官为也！卑职再四覆审，本犯亦不能更展一语矣。区子驯杀人，绞抵无辞，莫华祝不合居间金息，应杖。仵作何标检验尸伤不以实，并从杖治。余免株求，招详。察院批：区子驯殴死叶仲芳，至数年而简审始确，即钱神有灵，而恢网亦终不可漏矣。分巡岭南道覆确招详。"〔1〕（证据充分）

例3：

　　清朝山东青州府居民范小山，娶贺氏，贩笔为业。行贾未归，四月间某妻独宿，为盗所杀。是夜微雨，房遗诗扇一柄，乃王晟之吴蜚卿者。晟不知何人，吴益都县之素封，与范同里，平日颇有佻僿，里党皆共信之。郡且拘质，坚不服，而惨被械梏，遂以定案。往复历十余官，更无异议，吴亦自分必死，嘱其妻罄竭所有，以济茕独而已。一日，周元亮先生分守是道，虑囚至吴，若有所思。因问吴某杀人有何确据，范以扇对。先生熟视扇，便问王晟何人，并云不知。又将扇书细阅一过，立命脱吴械，自监移之仓，范力争，先生怒曰："而欲枉杀一人便了却耶、抑将得仇人而甘心也？"众疑先生私吴，即莫敢言。先生立拘南郭某肆主人至，问曰："肆壁有东莞李秀诗，何时所题？"答："自旧岁提学按临，有二三秀才饮酒留题，不知所居何里，"遂遣役至某处，拘李秀。数日，秀至，怒之曰："即作秀才，

　　〔1〕（明）颜俊彦：《盟水斋存牍》，"人命區子驯"案，中国政法大学出版社2002年版，第52页。

奈何杀人?"秀顿首错愕,答言无之。先生掷扇下,令其自视,曰:"明系而作,何诡托王晟?"秀审视云:"诗真某作,字实非某书。"曰:"既知汝诗,当即汝友,谁书者?"秀曰:"迹似沂州王佐,佐至,亦如见秀状。佐言此益都巨商张成索其书者,云晟其表兄也。先生曰:"盗在是也!"执成至,一讯遂服。先是,成窥贺氏美,欲挑之,恐不谐。吴之佻健,人所共知,故伪为吴,执扇而往。谐则自认,不谐则嫁名于吴,而实不期至于杀也。逾坦入遍,妇独居,以刀自卫。既觉,捉成衣,操刀而起,成惧,夺其刀不得,贺氏力挽而号,成益窘,遂杀之,委扇而去。三年冤狱,一朝而雪,无不颂神明者。然终莫解其故。后邑绅乘间请之,公笑曰:"此甚易知。细阅告词,贺被杀在三月上旬,是夜阴雨,天气犹寒,扇乃不急之物,岂有夜间携此以增累者,其嫁祸可知。向避雨南郭,见题壁中与簏头之作口角相类,故妄度李生,果因是而得真盗,幸中耳。"闻者叹服。[1](证据充分)

例4:

审得李兆基一案。见在者六犯,其劫失主陈应坤家,得财分赃互证,符合依律正典,诚无说之辞者也。……续获刘瑞先一犯,不特无赃,而诸盗面质无一认伙,虽出里排之攻,其如无失主无证据何?若一既罗入,徒滋冤滥,相应昭释,以豁无辜。具县详奉兵巡道转详。察院批:……刘瑞先既无赃据,什【释】放非纵。余如照,库收缴。军门

---

[1] (清)周尔吉编:《历朝折狱纂要》卷五,全国图书馆文献缩微复制中心1993年版,第401~404页。

批：……刘瑞先准释。余照行，库收领状橄。[1]（无罪开释）

例5：

"审得李应龙、李联芳与李觉一同族构隙，殆非一日矣。天启七年五月应龙失盗，遂指为觉一叔侄行劫。无赃无据，止以火光识认为词。火光识认，盖此中套语也。同族相劫，露面待认，理之所无。况既识认，即不喊破当时，何不投鸣次日？其为仇诬，不待其词之举矣。此中盗案为火光识认，为里排共弃，几于千篇一律。或欲臆而坐之，人人可辟，刑官之子孙无噍类矣。李觉一相应释放，事干盗情，未敢擅变，具縣解详。

兵巡道审批：李应龙、李联芳与李觉一等既关同族，□以宿仇之故，遂以盗情倾陷。试问有何赃据，独不思祖宗一本而忍自相残贼乎？俱免供发落，缴。"[2]（无罪开释）

例6：

"金子之杀死张氏，事虽无据，而理则甚明。盖子之长揖而入也，欲以续旧好，张氏则始以索银而重其羞，继以抛钟而激其怒，故拂袖之去。操戈之来，掷身之盏，碎身之刃也。机露于架贼，勿告之言；词穷于鬼神，共快之语。且始而讬之乎贼，继而始之于男，揆理原情，张氏之死，非子之杀而谁也？乃初审不察，而信其为劫盗。夫盗不过

〔1〕（明）颜俊彦：《盟水斋存牍》，"强盗李兆基等"案，中国政法大学出版社2002年版，第28~29页。

〔2〕（明）颜俊彦：《盟水斋存牍》，"盗情李联芳等审释"案，中国政法大学出版社2002年版，第281页。

利其财，而未必杀其躯；即杀之，亦何至三十刀之惨也。此其积忿所为，一常人能辨之矣。拟以斩罪，尚有余辜。"[1]（据理定罪）

例 1 至例 3 之审理结果均是罪名成立，按律治罪。而认定犯罪的依据是诸多证据综合运用和印证。例 1 综合运用了被告供述（何文华自供各分银六两）、证人证言（何成遇证赃、郭茂相证伤）、物证（赃物）等证据；例 2 则综合运用了五听（见金可情词哀迫，而自驯语意支吾）、检验（诣尸所，发其骨而片片，手辩之，向之以红报者，今且紫色矣，向之以散漫难量者，今各有分寸矣）、证人证言（郭晓明之经门见殴，苏云阁之蒸救不起）等证据；例 3 则综合运用了五听、物证、书证等诸多证据。

对于证据充分案件，司法官当然可以放心定案，所以在判词中常会使用"确""信""真"之类的字眼，以示案情客观真实性。这当然是司法官所追求之最理想状态，即达到证据充分，罪无可疑的定罪标准。尤其是重大案件，更要有真赃实据方可定案。"窝盗重辟，非赃迹可凭，证佐可据，不得悬坐。"[2]

虽说口供是明清时期定案之决定性证据，但是，有责任心的司法审判官员大多并不轻信口供，认为只有口供不足以证实案情，命要有伤、盗要有赃，人赃俱在，方能视为证据充分。汪辉祖曾说："或谓命盗生案，犯多狡黠，非刑讯难取确供，此非笃论也。命有伤，盗有赃，不患无据。且重案断不止一人，

---

〔1〕（明）苏茂相辑，郭万春注：《新镌官板临民宝镜》首卷下，"新奇散体文法审语·仇杀"，杨一凡主编：《历代珍稀司法文献》（第 7 册），社会科学文献出版社 2012 年版，第 762 页。

〔2〕（明）毛一鹭撰：《云间谳略》卷四，杨一凡、徐立志主编：《历代判例判牍》（第 3 册），中国社会科学出版社 2005 年版，第 480 页。

隔别细鞫，真供以伪供乱之，伪供以真供正之，命有下乎情形，盗有攫赃光景，揆之以理，衡之以法，款有不得其实者。"[1]王又槐在其《办案要略》中对重案证据之把握运用作了详解。比如盗案，多处于隐蔽处所或荒郊野外，且多发生在黄昏或黑夜，难以有见证人，所以，必须起获真赃，事主确信，才可定案。"贼既捕获，又必以起失主所报之真赃为据，若无真赃难定盗罪，即盗亦不得硬坐为真盗矣。……"[2]如果是仇杀，则需要明确结仇原委，用凶器的要验明凶器，下毒的要搜查到剩余毒药即寻到卖药之人，最好还能找到有力证人。对于重大案件，如果仅仅凭被告口供，没有真赃实据便定案，一方面容易造成冤案，另一方面极有可能导致被告翻供。"若不执有确据，只凭犯供数语，安知非畏刑而诬认，确保难不翻供而呼冤。"[3]因此，对于疑难案件，若没有切实供据，定要收集获取，然后审办。

由此可见，当证据充分时，证据和裁断结果间关系便比较清晰——证据充分、罪无可疑、依律处断。证据为裁断之依据。

再来分析一下例4至例6。例4中嫌犯没有赃物、同伙不识、失主不认，毫无证据可言，所以无罪释放。例5无赃无据，但有火光识认一说，即失主指认证言，但这一证言显然没被采用，不被采用的理由是"宿仇之故"，所以，嫌犯无罪释放。例6虽无任何实据，但是被定杀人之罪，拟斩。该断罪凭借的不是证据，而是情理——"事虽无据，而理则甚明"，"揆理原情"。

---

〔1〕（清）汪辉祖：《学治臆说》，《续修四库全书》（第755册），上海古籍出版社2002年版，第317页。

〔2〕（清）黄六鸿：《福惠全书》卷十七，杨一凡主编：《历代珍稀司法文献》（第3册），社会科学文献出版社2012年版，第8页。

〔3〕（清）王又槐撰：《办案要略·论命案》，华东政法学院语文教研室注译，群众出版社1987年版，第3~4页。

例 4 的结果看来是理所当然的——没有证据、无罪释放。例 5 较例 4 相比而言，稍有复杂之处，涉及证据认定问题，而认定依据为情理。从常理判断，素有仇隙之人彼此之间所作证言真实性自然要打上问号，如果有其他证据印证，尚存在被采纳可能性，没有，便很难作为有罪认定之依据。没有证据和有证据但不被采纳之结果便殊途同归，无罪释放。但例 6 却让我们看到了一个不一样的情形。虽然毫无证据，但是依然可以定罪，因为定罪依据除了法律，尚有情理。司法官依据自己经验、常识和合理推断（所谓合理推断须要建立在合乎情理的逻辑之上）认定被告有罪。运用情理审判在中国传统司法实践中并非鲜事。司法官追求案件审理结果之实质公平，实质公平即要求结果符合天理、国法、人情。由此看，没有证据的案件，证据和审判结果之间的关系便更多地掺杂了其他因素。从实际判例来看，运用情理裁断之案件多是源于家族内部犯罪，如例 5 是同族构隙，例 6 是夫妻间发生之人命案。

概言之，没有证据并不能当然释放被告（当然从司法实践看，这仍是一种常态），依据情理亦可定罪处罚。亦可以说，虽然通常情况下，证据仍是定罪之根本依据，但并非是决定审判结果之唯一依据。

除证据充分和没有证据两种情形外，证据尚有一种中间状态，即证据不足。证据不足表现为证据不充分、证据相互矛盾、证据真实性值得怀疑等诸多情形。此类案件在明清司法实践中往往作为疑案对待。因疑案之复杂性，在此将其作为一单独问题加以阐释。

二、疑罪裁判结果与证据关系

(一) 疑罪界定

何为疑罪,《唐律疏议》中有明确解析,"……(疑谓虚实之证等,是非之理均,或事涉疑似,傍无证见,或傍有闻证,事非疑似之类)。……【疏】议曰:[疑罪],谓事又疑似,处断难明。……注云[疑,谓虚实之证等],谓八品以下及庶人,一人证虚,一人证实,两人以上,虚实之证其数各等;或七品以上,各据众证定罪,亦各虚实之数等。[是非之理均],谓有是处,亦有非处,其理各均。或[事涉疑似],谓赃状涉于疑似,傍无证见之人;或傍有闻见之人,其事全非疑似。称[之类]者,或行迹是,状验非;或闻证同,情理异。疑状既广,不可备论,故云[之类]。……"[1]《宋刑统》"疑狱"条规定同唐律。从唐律和宋律规定可见,虽然疑罪表现因其广泛性而无法一一穷尽,但能够明确的是,疑罪基本状态是证据不足或模糊。

(二) 罪疑惟轻之处罚原则

对疑罪如何处断,虽各朝各代不尽相同,但"罪疑惟轻"却均为处理疑罪之基本原则。古代之所以要对疑罪从轻处罚,并非完全源于对证据之考虑,更多的考虑是为满足厚德而服民的政治需求以及对公平、允当司法价值之追求。从下例可见一斑:

> "梁尝有疑狱,群臣半以为无罪,梁王亦疑。召陶朱公而问之。朱公曰:'臣家有二白璧,其色相如也,其泽相如

---

[1] 刘俊文点校:《唐律疏议》"疑罪"条,法律出版社 1999 年版,第 617 页。

也，然其价一者千金，一者五百金。'王曰：'何也？'曰：'侧而视之，一者厚倍，是以千金。'王曰：'善！'故狱疑则从去，赏疑则从与，梁国大悦。"[1]梁王领会了陶朱公的意思，即那些薄的事物很难保持的长久，比如墙薄了就容易坍塌，酒薄了（淡了）就容易发酸，丝织品薄了就容易裂开，就如同德薄了就很难使臣民心服。所以统治人民施行政令教化，厚德恤刑实为上策。《审录疏略》言："我祖宗朝五年差官审录，凡死罪情有亏枉皆得辩理，其有情可矜疑者，亦多从轻典，每得生全，实寓舜典钦恤之意。"[2]

正因如此，中国古代对于疑罪处理一直持慎重态度。也正是基于此种慎重考虑，对其审理程序则作出特别安排。从汉代起，对这类案件已经进行重点控制，实行"疑狱上报"。"高皇帝七年，制诏御史：'……自今以来，县道官狱疑者，各谳所属二千石官，二千石官以其罪名当报之。所不能决者，皆移廷尉，廷尉亦当报之。廷尉所不能决，谨俱为奏，傅所当比律令以闻……。'"[3]其后的历朝历代，均有类似安排。"这种特殊司法程序，既与慎重人命的司法伦理有关，也与控制司法官员的裁判权力有关，更与维护中央集权和专制皇权有关。"[4]慎重对待疑罪之特殊程序安排之一便是再审，这在明清时期普遍适用。"万历十六年正月内题奉钦依：各处巡按御史，今后奉单强盗，……

---

〔1〕（明）余懋学：《仁狱类编》卷二，《续修四库全书》，上海古籍出版社2002年版，第606页。

〔2〕（明）应槚等撰：《审录疏略》，明抄本，新加坡国立大学图书馆微缩胶片，第13页。

〔3〕《汉书·刑法志》，高潮、马建石主编：《中国历代刑法志注译》，吉林人民出版社1994年版，第39页。

〔4〕徐忠明："依法裁判？——明清时期刑事诉讼的一个侧面"，载《案例、故事与明清时期的司法文化》，法律出版社2006年版，第307页。

如赃迹未明，招扳续缉，涉于疑似者，不妨再审。……"[1]因疑再审之案例颇多，兹举其一。

案情起因是金日雄等纠集一伙人强劫朱宦。其中，金日雄、陈龙、张学孔、王文等案犯赃证的确，依强盗律处断，自不待言。只是，其中有金长、朱九两人是否为盗贼同伙，并不确实。可疑之处有五：一是该两人被逮并非是在案发现场，亦非是贼盗初供招出，逮捕本身便可疑。"金长、朱九既非原卷歇案，又非初招主名，缘他事被逮于京口，因捕缉转解于松江，其于事发就擒，缉捕续获者终是一间。是踪迹之未确也，可疑也。"二是二犯被逮源于其与他案盗贼同在一条船上，而经与案犯面认并不相识，正当要昭雪时，却被辗转此处，"是招扳之未确也。又可疑也"。三是如果两人确为盗贼，早应带着赃物消失，怎么可能大白天等着被抓？"是情景之未确也。又可疑也。"四是很关键的一个疑点。既没有起获丝毫赃物，且失单上所载未被起认，两人供招又与失单不符。"是招认之未确也。又大可疑也"。五是没有同伙指认。金日雄虽对自己罪行供认不讳，但却坚称不认识两人，如果两人果真为盗，实难理解。"夫日雄常嫖陈龙等家，其为若辈代辩犹曰稔欲狥情，故拼一死而庇之。至于二犯，不过萍逢浪聚。何其自甘痛楚，而反为若辈极口称冤耶？是证据之未确也。又大可疑也。"因此说，"盖此二犯者，当被获之初，未免认鹿为马。及转解之时，未免移甲于乙。追拷讯招认之际，又未免锻炼真似之间，而揣摩影响之说。窃谓此二犯者，宜即开三面之网，以稍苏一线之生。终不得谓之失不经也。"面对这样一个疑案，当然不能主观臆断。依例"不妨再审"。其结果便是"合无请乞宪檄，押解二犯与失主到彼起取所招

---

〔1〕 怀效锋点校：《大明律》附例《真犯死罪充军例》"斩罪"，法律出版社1999年版，第296页。

寄顿诸藏？果系失单开载，果为本主故物，则原拟自确，强辩何为？
若或起之不得，得之不对，即应开豁，以免冤滥。……"〔1〕

西方有学者认为，之所以对疑案反复批驳再审，是因为在
官方不相信有查不清之案件事实。"刑部总是知道所有的有关事
实——而且自我感觉良好，虽然在我们看来并不总是如此——
即使案件具有非常独特的性质也是一样，以至于我们弄不明白
刑部何以能够如此自信。毫无疑问，答案部分地在于司法机关
对那些拒不招供的犯人或证人在认为必要的时候可以行使拷讯
权。但还有一个因素可能更为基本：那就是在一个由绝大多数
文盲构成的社会中，由少数精英组成的官僚集团应当拥有无上
的知识这一心理需要。在一个不允许任何私人法律职业者对自
己构成挑战的司法制度中，司法机关很显然是不会承认自己的
无知和错误的。"〔2〕对于该种说法，笔者存有异议。如果刑部认
为没有查不清的事实，那又哪来的疑案呢？又哪来对待疑案之
特别处理呢？从律例规定看，有针对疑案之特别处罚规定。如
唐代"以赎论"，明清"奏请定夺"（将在下文具体阐释）；从
司法实践判例判牍看，亦有大量以疑罪名义结案之实例。

（三）疑罪对待——皇权制约下之相对自由裁量

明清法律对待疑罪之态度较唐宋有较大变化。唐朝对疑罪
处罚为"以赎论"，"诸疑罪，各依所犯，以赎论。"〔3〕明清律取
消了关于疑罪的规定，也不再"以赎论"。"世宗曰：'律听赎者，

---

〔1〕（明）毛一鹭撰：《云间谳略》卷三，杨一凡、徐立志主编：《历代判例判牍》（第3册），中国社会科学出版社2005年版，第454~455页。

〔2〕［美］德克·布迪、克拉伦斯·莫里斯著，朱勇译：《中华帝国的法律》，江苏人民出版社2008年版，第180页。

〔3〕刘俊文点校：《唐律疏议》"疑罪"条，法律出版社1999年版，第617页。

徒杖以下小罪耳。死罪矜疑，乃减从谪发，不可赎。'"[1]疑罪不再以赎论，法律亦未对此作出其他明确规定，对此，清末刑部尚书薛允升曾批评说："明律取消疑罪的规定，设有实在难明之事，即无办法。"[2]但实际上，明清时期对待疑罪还是有其相应解决措施的。此际，常常矜疑并称，疑罪制度主要为会审制度吸收，遵循可矜可疑者，具奏处置惯例。《大明律》"辨明冤枉"条例规定："法司遇有重囚称冤，原问官员辄难辩理者，许该衙门移文，会同三法司、锦衣卫堂上官，就于京畿道会同辩理。果有冤枉及情罪有可矜疑者，奏请定夺。"[3]《大明会典》载："凡在外五年审录。…死罪可矜、可疑及事无证佐可结正者，具奏处置，徒流以下减等发落。"[4]《皇明条法事类纂》中亦载有"会（同）[审]重囚情可矜疑者奏请定夺"的诏令，定死罪矜疑减死充军之例，其中关于疑罪表述为"人命无尸，强盗无赃"。《大清律例》同样有矜疑重囚，奏请定夺之规定。[5]由此可见，疑罪最后由皇帝拍板定案。换句话说，疑罪最终裁断权掌握在皇帝手中。

虽说疑案最后处断须奏请定夺，但奏请前，无论经过多少次复审，还是必须有一个处断建议，方能呈给皇上批阅。而且此建议须符合，至少要"显得"符合"依法裁断"之法律要求，司法

〔1〕《明史·刑法志》，高潮、马建石主编：《中国历代刑法志注译》，吉林人民出版社1994年版，第894页。

〔2〕（清）薛允升：《唐明律合编》卷三十，法律出版社1999年版，第819页。

〔3〕 怀效锋点校：《大明律》附例《问刑条例》"辨明冤枉"条例，法律出版社1999年版，第440页。

〔4〕（明）申时行等修，赵用贤等纂：《大明会典》卷一七七，《续修四库全书·史部·政书类》（第792册），上海古籍出版社2002年版，第162页。

〔5〕 "法司遇有重囚称冤……及情可矜疑者，奏请定夺。"见田涛、郑秦点校：《大清律例·刑律·断狱》"辨明冤枉"条，法律出版社1999年版，第587页。

官须在判词中注明此判决所援引之律例条文。〔1〕既然在明清律中已经取消了关于疑罪处罚规定，那么司法官又是依据什么来进行裁断的呢？不妨还是从判例判牍中寻找答案。

例 1：

"覆审得黄承轩、炮仔之盗案，已经数审，赃真证真，无辞于一斩矣。唯是周尚明、陈岁辉、黄六仔县审同劫分赃，而分毫无追。夫同案之盗，赃累累贮库者难轻议出，则赃影响无凭者，自难轻议入矣。除六仔已续犴毙，二犯号冤不已，实可矜疑。引例改成委不为纵，覆招候夺，详。……"〔2〕

例 2：

"审得谭亮弘、全瑞贤皆哨兵所擒。谓其扮商搭渡，伺客行劫。据称突起舟中杀死渡夫四命，而众客一无伤害。再四研鞫，苦称一卖腌鱼，一卖网巾，经纪度日，突被擒拿。狡口虽未足全信，然四尸不闻捞获，家属绝无质告。赃凭何据？仗归何所？无怪其呶呶不置也。矜疑改成，似亦持法之平。招详。兵巡道转详。……"〔3〕

---

〔1〕　明律和清律中均有"断罪引律令"的规定。如《大明律》规定："凡断罪皆须俱引律令。"《大清律例》规定："凡官司断罪，皆须具引律例。"而律例没有规定的，还可以援引已经通行为例的成案。"除正律、正例而外，凡属成案，未经通行著为定例，一概严禁，……如督抚办理案件，果有与旧案相合，可援为例者，许於本内声明，刑部详加查核，附请著为定例。"

〔2〕　（明）颜俊彦：《盟水斋存牍》，中国政法大学出版社 2002 年版，第 19 页。

〔3〕　（明）颜俊彦：《盟水斋存牍》，中国政法大学出版社 2002 年版，第 293 页。

例 3:

"审得刘益之与监故冯于禄被获之时,止一独橹小艇尔,若曰有徒实繁,此艇能容几何?且多供姓名皆无是公乌有先生,其为妄报无疑。……夫本犯既为众弃,固属无良,然混称各处失盗而无事主实证,何以死本犯之心。……军门批:刘益之为里排所弃,原非善类,第党止二人,又无赃无证,改配允宜。……察院批:刘益之虽素行不良,保约共弃而获无一赃,辟难悬坐,以不得财配之,亦罪疑惟轻耳,依拟该道定驿摆站。……"[1]

例 4:

"审得李春元纠劫曾桥连家,掠赀伤母,律斩无辞。但桥连原词,初不称春元当场拿获。但称火光识认,叫破贼名。夫既叫破,无次日坐而待擒之理。状审互异,赃单不符。倘以里排捉送其人非良,矜疑改配,于法尽矣。招详。分守道转详。察院梁批:李春元缚自里排,似非善类。以赃单不符,情属疑似,改配非纵。依拟听该道定驿摆站。收管缴。"[2]

例 5:

"审得李柢,与其兄李朴,迎父柩于楚。舟次中途,李朴暴故。初审谓:是日李柢妻舅程元生至,李朴诨之。李

〔1〕(明)颜俊彦:《盟水斋存牍》,"强盗刘益之"案,中国政法大学出版社2002年版,第248~249页。

〔2〕(明)颜俊彦:《盟水斋存牍》,中国政法大学出版社2002年版,第305页。

枨帮助元生,遂殴杀朴。径拟以斩。情节可疑,部院驳之
至详至确,无容再议矣。终变而云毒杀,亦不无可疑焉。
夫毒入者,谋必深,事必秘,地必僻,为时必暇预从容。
今计李朴上岸回船,不过俄顷。偶遇元生,忽相辩哄。朴
与枨皆卒不及谋也。饭内砒霜岂临时之易得?李枨即帮护元
生,思起阋墙旧恨,亦岂能于倏忽之间,陡造深谋?旋买毒,
旋置毒,而令人不知觉耶?此可疑一也。问其置毒之时,供
词又多矛盾。既云饭后上岸,又云饭讫回船,又云回船食
饭,……此可疑七也。罪疑从出,书:罪疑惟轻,言凡罪有
疑处,即当从轻处分。有求其生而不得,则死之者矣。若李
枨似求其死而不得者,生之不为失出乎?理应申豁。"[1]

例6:

"国朝福建昌乐县,民妇李氏年二十五,生一子,越六
月而夫亡,矢志抚孤。家只一婢一苍头,此外虽亲族罕相
见者,里党咸钦之。子年十五,就学外传。一日,氏早纺
绩,忽见白衣男子立床前,骇而叱之,趋床后没。氏惧,
呼婢入房,相伴。及午子自外归,同母午餐,举头又见白
衣男子在床前,骇而呼,男子复趋床下没。母语子曰:'闻
白衣者财神也。此屋自祖居至今,百余年,得无先人所留
金乎?'与婢共起床下地板,有青石大如方桌,上置红缎银
包一个,内白银五锭,母喜,欲启其石,而三人之力有未
逮,乃计曰,凡掘藏宜先祀财神,儿曷入市,买牲礼祭而
后启之。儿即持银袱趋市买猪首。既成交,乃忆未经携钱,

〔1〕(明)佚名撰:《新纂四六谳语》,"斩犯李枨审疑开释谳语",杨一凡、徐
立志主编:《历代判例判牍》(第4册),中国社会科学出版社2005年版,第82~83
页。

因出银袄与屠者曰：'请以五铤为质，更以布袋囊猪首归。道经县署前，有捕役尾之，问小哥袋内盛何物，曰猪头。'役盘问再三，儿怒掷袋于地曰：'非猪头，岂人头耶?!'倾囊出，果一人头，鲜血满地。儿大恐啼泣，役捉到官。儿以买自屠告，拘屠者至，所言合，并以银袄呈上。经胥吏辗转捧上，皆红缎袄。及至案前开视，则绉袄乃一血染白布，中包人手指五枚。令大骇，重讯儿，儿以实对令。亲至其家，饬启其石坑内一无头男子，衣履尽白，右五指缺焉，以头与指合之，相符。遍究从来，莫能得其影响。因系屠与儿于狱。案悬莫结。此乾隆二十八年事。"〔1〕

上述案例均为矜疑之案，但判决结果却迥然不同。例1、例2因疑而"戍"，例3、例4因疑而"徒"，例5因疑而"释"，例6因疑而"莫结"。明《问刑条例》规定："题为钦恤事。该本部历年霜降朝审暨五年热审事例，矜疑两项之外，开有词人犯再行审理。……奉圣旨：'各犯情可矜疑的，都饶死，发边卫充军。笃疾的，放了。有词的，准行再审，今后每年照这例行，毋得拘泥成案，以辜朝廷好生之意。'钦此。"〔2〕该例便成为明朝司法官处理矜疑案件之依据。于是，如例1、例2所言"实可矜疑"，"引例改戍，委不为纵"，"矜疑改戍，似亦持法之平"之类判语便有了其合法性与妥当性。从例3、例4看，因疑而"徒"之裁决依据是"强盗已行不得财"律，所以有"辟难悬坐。以不得财配之，亦罪疑惟轻耳"，"赃单不符，情属疑似，改配非纵"之类判语。但让人疑惑的是，依据《大明律》规定，

〔1〕（清）周尔吉编：《历朝折狱纂要》卷五，"长乐奇冤"案，全国图书馆文献缩微复制中心1993年版，第595~597页。
〔2〕怀效锋点校：《大明律》附例《问刑条例》"辨明冤枉"条例，法律出版社1999年版，第440页。

对强盗已行不得财律之处罚是"杖一百，流三千里"。[1]何以在此均处以"徒"呢？是否我们可以这样理解，依据强盗已行不得财律减轻处罚，由流减一档至徒，以体现所言之"罪疑惟轻"？但，赃仗不明，定为疑案，将赃仗不明视为不得财，进而引不得财律处罚是不是就已经是罪疑惟轻的结果了呢？那么在此基础上又减等处罚，就让人觉得有些含糊了，此问题尚须进一步考证。例5依据的是什么例文却不得而知，只是表明"理应申黜"。从字面上理解，似是依情理而作出之处断。但这毕竟不是最后判词，也尚不知晓最后判词将怎样从法律中寻找到可适用条文，在此不敢妄加臆测。例6是个没有结果的案件，即"悬案"，因此，其依据根本无从谈起。不过，这可以说明，司法实践中确实存在这样的因证据不足悬而不决之案件。

　　总之，疑案处断结果或"戍"、或"徒"、或"释"、或"悬"，表明了司法官拥有自由裁量权。从某种意义上说，这种自由裁量权是法律所赋予的。《大清律例·名例》中"断罪无正"条曰："凡律令该载不尽事理，若断罪无正条者，引律比附，应加应减，定拟罪名，议定奏闻。"通常情况下，断罪一定要引律例，但如果出现了律文没有规定之特殊案件，则可以比附判决，当然，亦是要奏请定夺的。这条规定实为司法官自由裁量提供了法定依据。

　　清朝对待疑案之处理方法与明代最为明显区别在于，清朝将疑案处断为"监候待质"甚或"永久监禁"之情况为常态，而在明朝几乎不用，虽然监候待质之例为明朝旧例。"万历中，左都御史吴时来申明律例六条：……一、强盗肆行劫杀，按赃拟辟，决不待时。但其中岂无罗织仇扳，妄收抵罪者？以后务

──────────

〔1〕　怀效锋点校：《大明律》"强盗"条，法律出版社1999年版，第140页。

加详参。或赃证未明，遽难悬断者，俱拟秋后斩。"[1]而据薛允升研究，该律文极少被使用。"第近来照此办理者，百不得一，以致此例竟成虚设。推原其故，总由例文只云监候处决，并未叙明拟斩监候，亦未叙明监候待质，是以未经援引。"[2]《大清律例》"强盗"条附例中规定："凡问刑衙门鞫审强盗，必须赃证明确者，照例即决。如赃迹未明，招扳续缉，涉于疑似者，不妨再审。或有续获强盗，无自认口供，赃迹未明，伙盗已决无证者，俱引监候处决。"[3]仅仅从律文上来看，字面上并未见"待质"字样，薛允升对其所做释义为："不言待质，而待质之意已在其内，亦即秋审内可疑之意也。"[4]另，《大清律例》"淹禁"条规定："凡恩诏颁到赦款内，除已经刑部法司覆核明白应免罪囚，逐一详查，登时释放，另行题明外，如有情罪可疑者，限赦到一月内即彙疏奏请。其未经法司核覆明白者，俟法司核覆文到之日，即时释放，务得耽延时日。"[5]从该条规定看，认为"情罪可疑者"应包含悬案（疑案）被羁押之嫌犯，如果经刑部法司复核可免，即可被释放。但是，如果未遇到恩赦，或虽遇到恩赦法司审核不同意免，则会被继续关押。

本书认为，监候待质适用条件应包括如下几点：一是，适用案件范围为"事发在逃"。如果本犯均已到案，那就应该讯取

---

〔1〕《明史·刑法志》（一），高潮、马建石主编：《中国历代刑法志注译》，吉林人民出版社 1994 年版，第 874 页。

〔2〕 胡星桥、邓又天主编：《读例存疑点注》，中国人民公安大学出版社 1994 年版，第 422 页。

〔3〕 田涛、郑秦点校：《大清律例》"强盗"条例，法律出版社 1999 年版，第 382 页。

〔4〕 胡星桥、邓又天主编：《读例存疑点注》，中国人民公安大学出版社 1994 年版，第 422 页。

〔5〕 田涛、郑秦点校：《大清律例·刑律·断狱》"淹禁"条，法律出版社 1999 年版，第 564 页。

供词，查明案情，依律处断。二是，已获者称在逃者为首犯，如果已获者已经是首犯，不得监候待质。"监候待质之例，系专指现获之犯称逃者为首，恐有避就情事者而言，从无正犯业经承认，转因余犯及见证未获，令其羁禁待质之理。"[1]三是，没有证据证明已逃者就是首犯，才需待质。如果足以证明在逃者实际就是首犯，也不须待质，依律先将已获从犯定罪处断。"经隔别研讯，实系逃者为首，或事主、尸亲、旁人指证有据者，即依律先决从罪，毋庸监候待质。"[2]在逃首犯按照"众证明白，即同狱成"定罪即可。四是，待质之人犯只能是例应发遣军、流、徒、杖等罪者，死罪人犯不入监候待质，直接按例拟罪入秋审。"人命抢窃等案，有正犯未获，其现获从犯例应发遣军、流、徒、杖等罪，因赃证未明，监候待质。"[3]

清朝司法实践表明，监候待质例文不再像明朝那样成为具文，而是常常被司法官援引作为处理疑案之依据。

> "安抚咨：监候待质盗犯青黄妹在监染患笃疾，应否收赎一案。查例载：监候待质人犯，强盗不准宽释。又笃疾犯一应死罪，俱各照本律本例问拟，毋庸随案声请各等语。又道光元年，核覆直隶省请示案内，以情有可原盗犯恭逢上年八月二十七日恩诏，重责二十板释放，原指罪状已明者而言，至监候待质盗犯，若将来拿获逸犯，供系该犯为首，或入室搜赃，罪在不赦，未便遽准责释，议令酌量监

---

〔1〕　（清）祝庆祺等编：《刑案汇览三编》（一），"正凶业已承认焉能监候待质"，北京古籍出版社2004年版，第172页。

〔2〕　郭成伟主编：《大清律例根原》卷十三"犯罪事发在逃"条例（嘉庆六年例），上海辞书出版社2012年版，第196页。

〔3〕　郭成伟主编：《大清律例根原》卷十三"断狱淹禁"例，上海辞书出版社2012年版，第198页。

禁二十年。如监禁已逾二十年者，重责二十板，即予保释。其犯事在大赦以后，监候待质者仍不准宽释等因，通行在案。此案黄青妹听从胡六临时行强，据供蹲在夹道中间，并未入室搜赃，据伤事主。因胡六等在逃，无可指证，照例监候待质，于嘉庆十九年四月题结在案。今该省以该犯在监染患笃疾，事犯在大赦之前，可否收赎。查该犯系例应免死减等发遣，因罪状不明，监候待质之犯，倘将来拿获胡六等到案，供系该犯入室搜赃，据伤事主，则该犯罪干斩决，虽在大赦之前，且已成笃疾，亦系法无可恕。自应照前议章程，俟监候二十年限满，应行责释之时，准予收赎。此时未便遽议宽释。应将该犯仍监候待质。道光六年说帖。"[1]

从该说帖看，强盗监候待质期限为二十年，即"议令酌量监禁二十年"。强盗案件未见有关于监候待质期限之例文规定，反倒是规定监候待质的强盗是不应宽释的。即上述说帖中所言："查例载：监候待质人犯，强盗不准宽释。"该例文源于嘉庆十九年的"淹禁"条例，[2]后道光十四年（1834年）将该部分内容放于"犯罪事发在逃"条例之中。[3]该说帖中之二十年期限是源于"通行"，即上述说帖中所言"至监候待质盗犯，……议令酌量监禁二十年。如监禁已逾二十年者，重责二十板，即予保释。其犯事在大赦以后，监候待质者仍不准宽释等因，通行

---

[1] （清）祝庆祺等编：《刑案汇览三编》（一），北京古籍出版社2004年版，第160~161页。

[2] 嘉庆十九年例载："倘正犯日久无获，为从监候待质人犯，除强盗案件不应宽释外，其余人命等案，……"见郭成伟主编：《大清律例根原》卷十三《名例律》"断狱·淹禁"，上海辞书出版社2012年版，第198页。

[3] 郭成伟主编：《大清律例根原》，上海辞书出版社2012年版，第199~200页。

在案。""通行"具有较强法律效力，它的时效性甚至要比
"例"强，如果司法官在办案时，所引用旧例与"通行"相悖，
则会遭到部驳。[1]因此，强盗监候待质期限之二十年并非源于
例文，而是"通行"。但在当时恶劣的监狱环境中，很少有人能
在里面熬过二十年。所以，大多时候便与永久监禁的实际效果
无异了。监候待质并非只针对强盗案件，那么其他案件的待质
期限又是多久呢？对此例文倒是有明确规定。"其余人命等案，
如原拟遣军、流罪已过十年，徒罪已过五年，杖罪已过三年者，
该督抚陆续查明，咨部核覆。应遣军、流、徒者，照原拟罪名
即行发配；应杖罪者，取具的保，释放在外，俟缉获正犯之日，
再行质审。……若监禁年限内，恭遇恩赦，如在逃本犯拿获时，
例得减免者，待质之犯准其即行查办，省释。"[2]

　　值得注意的是，在司法实践中，因案件多样化与复杂化，
某个不符合待质之例的案件，却会被司法官们运用技巧婉转的
比附适用。清末最具影响力案件之一——"春阿氏杀夫案"颇
具典型性。我们不妨先来看一下该案判词：

　　　　"查核所供情节，系属误伤，尚非有心干犯。按照律
　　例，得由妻殴夫至死斩决本罪，声请照章改为绞候。惟供
　　词诸多不实，若遽定拟罪名，一入朝审服制册内，势必照
　　章声叙，免其予勾，迟至二年，由实改缓；如逢恩诏查办，
　　转得遂其狡避之计。且万一定案以后，别经发觉隐情，或
　　别有起衅缘因，亦势难免追改成狱。臣等再三斟酌，拟请
　　援强盗伙决无证，一时难于定谳之例，将该犯妇春阿氏改

　　〔1〕　（清）祝庆祺等编：《刑案汇览三编》序，北京古籍出版社2004年版，第
5~6页。
　　〔2〕　郭成伟主编：《大清律例根原》卷十三《名例律》"断狱·淹禁"，上海辞
书出版社2012年版，第198页。

为监禁，仍由臣等随时详细访查，倘日后发露真情，或另出有凭据，仍可据实定断；如始终无从发觉，即将该犯妇永远监禁，遇赦不赦，似于服制人命重案更昭郑重。尸棺即饬尸亲抬埋，凶刀案结存库。

再，此案因未定拟罪名，照章毋庸法部会衔，合并声明。所有杀死亲夫犯妇，他无佐证仅就现供，酌拟办法缘由。是否有当，谨恭折具奏请旨。"[1]

该案中，春阿氏承认自己误杀丈夫，但该案只有本人口供，没有其他证据，并且案件存在诸多疑点，是不折不扣的疑案。但该案并非属于共犯在逃，司法官却费尽心机援引监候之例，"拟请援强盗伙决无证"，并将"该犯妇永远监禁，遇赦不赦"。尽管这样的援引在我们现在看来显得不合逻辑，但在当时又要断案、断案又必须援引律例情况下，司法官总要有找出一种解决问题的办法，进而形成当时特有的一种逻辑思维方式。这种方式就是"有效地利用了相关规则、边缘性情节、因果关系和体制所允许的灵活裁量及规则创设，实现了案件与制定法条文之间的有效联结，尽管这些联结在现代式逻辑上有时显得有点简单生硬。"[2]学者们对这种实用理性的逻辑思维方式有诸多探讨。"中国哲学和文化一般缺乏严格的推理形式和抽象的理论探索，毋宁更欣赏和满足于模糊笼统的全局性的整体思维和直观把握中，去追求和获得某种非逻辑、非纯思辨、非形式分析所能得到的真理和领悟。具有抽象思辨兴趣的名家和墨辩没能得到发展，到了汉代大一统意识形态确定后，实用理性的思维

---

[1] 第一历史档案馆，法部档案，编号24313。注：此后谈到有关该案的案情均来自此档案。

[2] 王志强："清代刑部的法律推理"，载《法律多远视角下的清代国家法》，北京大学出版社2003年版，第91页。

模式便随之确定，难以动摇了。"[1]"这些具有中国传统特色的推理技术体现了职业直觉与法律论证相结合的混合式实用主义法律思维风格。正是在这种法律思维风格引导下，中国古代司法官员们灵活而有选择性地运用纸面规则，建构了法律实践中实在法的恢恢法网。"[2]本书不想对这种实用理性之思维模式进行过多探讨，倒是想用些许笔墨对法官自由裁量权略作剖析。

对于疑案处断结果如此不同，显示了明清时期法官所拥有之自由裁量权力。（这种自由裁量权并非仅仅存在于疑难案件审理中，在此只是以疑案为例。）比如，在盗案中，均为赃证无凭，何以有些判"遣"，有些判"徒"，而有些轻至"释"？依据律例本意，似乎可以理解为，无赃，即根本没有获赃，即可依据"强盗已行不得财"律；如果赃仗情况无法查明，于疑似之间，则应依例"遣"，但笔者集中翻阅了《盟水斋存牍》中疑案判词，无法从中清晰区分"无赃"和"赃仗不明"之界限。无论判"遣"抑或判"徒"基本表述均为"赃仗不明"，"赃证无据"之类。再比如，不符监候待质例的案件，也援引适用，并且可以不顾监候期限规定，判为"永久监禁"。此自由裁量之权力不可谓不大。虽如此，但不可否认的是任何时期、任何法律制度下之自由裁量权均非绝对自由，必定会受到某些规制。西方的法官在进行自由裁量时，要遵循常理和逻辑，并要对自己所为裁量结果作出解释，说明自己是如何达到内心确信的。明清时期的司法官在进行自由裁量的时候一样要受到制约，笔者认为这种制约主要来源于三个方面：其一，皇权。此为最

---

〔1〕 李泽厚：《中国古代思想史论》，生活·读书·新知三联书店2008年版，第322~323页。

〔2〕 王志强：《法律多元视角下的清代国家法》，北京大学出版社2003年版，第17页。

大制约。司法官对疑案作出判决以后，须"奏请定夺"，这表明自由裁量结果并非是最终的，即便司法官自己认为是妥帖的，并作出了一份有理有据之判词，但仍然须由皇帝来裁定是否执行该判决。因此，自由裁量是在皇权制约下的"自由"。其二，法律。再如何自由裁量，司法官仍必须在法律框架内寻求可利用之依据，无论运用多少相关规则、情理推论、边缘性情节以及因果关系等，最后均要将结果和某一具体条文连结在一起，以说明所作出之判决有理有据。因此，自由裁量是在法律制约下的"自由"。其三，自身。司法官对案件处理状况直接关系着业绩评定，事关自身前途，有时甚至事关生死。因此，均会尽量避免上级对案件之反复批驳，更会尽量避免因案件处理不当而承担出入人罪之责任风险。因此其在进行自由裁量时，便会小心翼翼，不能主观臆断，而是对天理、常情诸多因素予以考虑，最大限度地追求客观真实，并使之符合传统司法理念要求。因此，自由裁量并非主观臆断。"用孔夫子的一句话来概括自由心证原则的精神颇为恰当，即它要求司法者在认定事实时做到'随心所欲，不逾矩'。"[1]

由此，我们可以说，明清时期司法官所拥有之自由裁量权是皇权制约下的相对自由裁量权。

鉴于笔者所掌握材料之有限性，对疑案中证据与裁决结果关系之探讨只能及于此，不全面之处，留待以后进一步研究。

第五节　影响法官运用证据之因素

由上可知，明清刑事司法制度与实践中，司法官依据证据

---

[1]　汪建成：《理想与现实——刑事证据理论的新探索》，北京大学出版社2006年版，第96页。

受理案件、认定案情并作出裁断。但证据认定与运用总是要受到诸多因素影响。本书撷其要者，分别从观念、制度设计及司法官自身因素考虑，分析该些因素如何对刑事审判核心——证据施以影响。

一、情理观念

（一）情理内涵

"情理"一词并没有确切、统一定义，大多学者均是对"情"和"理"作单独界定。

何为情？本书将"情"理解为两层含义：一是"人之常情"。感情是"情"即"人之常情"的一个当然因素。在社会生活中，这种感情上当为之事常常被视为自然之理，因此情与理相通。"人情具有伦理性、社会性、时代性，它不是个人的爱恶，或少数人的趋向，而是公认的爱恶和社会绝大多数成员的趋向。人情的标准因时代、阶级、阶层而异，但也有共性，那就是人之常情，亦即人性在正常状态下的反映。"[1]人性是"情"即"人之常情"的又一当然之意。《荀子·正名》云："性之好、恶、喜、怒、哀、乐谓之情"，"不分种族、性别、民族、老幼以及尊卑，是人而一，亦称'缘性之情'。"[2]人情世故即通常所说之事理也当为"人之常情"应有之意，其所蕴含的普遍性逻辑，在事实判断过程中必要而且妥帖。人之常情，重在一个"常"，即具有普遍性，一般性特征，被人们普遍认同

---

〔1〕　张晋藩：《中国法律的传统与近代转型》，法律出版社 2009 年版，第 40 页。

〔2〕　里赞：《晚清州县诉讼中的审断问题——侧重四川南部县的实践》，法律出版社 2010 年版，第 175~176 页。

并接受，绝不是个别法官的个人经验。"这种一般性的知识，是
生活中多数人以特定的社会生活经验为基础并经多次验证之后
逐渐形成的一种确定性知识，是客观存在的反映或表现。"〔1〕因
此，也有人认为：清代法官认定证据所依据之情理，与近现代
自由心证原则中最重要的概念——经验法则相同。"所谓经验法
则，指人类以经验归纳抽象后所获得的关于事物属性以及事物
之间常态联系的一般性知识或法则，它是在人类长期生产和生
活实践中形成的客观存在的不成文法则。"〔2〕二是案件事实情
节，即案情。"情者，两造起衅之由也"，"情者，彼此之情事
也。"〔3〕"每一具体案件都有其各自不同的具体事实，这些个案
的具体情况对州县审断的影响自不言而喻。"〔4〕从清代判词中，
能够明显界定出"情"指称"案情"之意，且使用相当普遍。
例如，判词一般均以"审得……情"开头，在叙述案情的过程
中会用到"情状"〔5〕、"情由"〔6〕这样的词汇来表示事实，以
"假捏情事"〔7〕作出否认案情之表示；以"详核情节"〔8〕表示

〔1〕 刘治斌："经验方法在司法中的地位、作用及其局限性"，载《山东大学
学报》（哲学社会科学版）2005 年第 5 期，第 13~21 页。
〔2〕 刘春梅：《自由心证制度研究：以民事诉讼为中心》，厦门大学出版社
2005 年版，第 78 页。
〔3〕 （清）王又槐撰：《刑钱必览》卷一，杨一凡主编：《历代珍稀司法文献》
（第 3 册），社会科学文献出版社 2012 年版，第 1214 页。
〔4〕 （清）王又槐撰：《刑钱必览》卷一，杨一凡主编：《历代珍稀司法文献》
（第 3 册），社会科学文献出版社 2012 年版，第 1214 页。
〔5〕 （清）祝庆祺等编：《刑案汇览三编》（一），"偶致触犯闻丧哀痛随时呈
办"，北京古籍出版社 2004 年版，第 33 页。
〔6〕 （清）祝庆祺等编：《刑案汇览三编》（一），"殴死妻准承祀此外一概不
准"，北京古籍出版社 2004 年版，第 59 页。
〔7〕 （清）祝庆祺等编：《刑案汇览三编》（一），"捏结留养端丽亲族分别严
惩"，北京古籍出版社 2004 年版，第 54 页。
〔8〕 （清）祝庆祺等编：《刑案汇览三编》（一），"捏结留养端丽亲族分别严
惩"，北京古籍出版社 2004 年版，第 54 页。

重新核实案情,而以"情形属实""供情"〔1〕等表示对案情之确认。

何为理?学者有不同理解。范愉教授认为"理"至少有三层意思:首先是天理,即人与社会共同应该遵循的一些规律。其次是公理,即社会共同的行为规范,包括习惯、传统、共同规则。它与民情和人情两者合用的意义基本上是相同的。最后是公共道德或者公共利益。〔2〕日本的滋贺秀三认为"理"是指"包括习惯、风俗在内的比如'欠债还钱''父在子不得自专'等就中国文明中不成文却为人们广泛承认的种种原理原则。"〔3〕同范愉教授所表述之第二层意思有相近之处。本书将"理"理解为具有普遍性之道理,这种道理可以表现为一种规律,也可以表现为某种原理规则,亦可以表现为人伦理念。

虽说情理是常情、常理,但其毕竟只是人们对过去经验的一种不完全归纳。因为任何人都无法对过去所有的经验进行归纳,所以,在此前提下所归纳出之常情、常理必然具有盖然性。比如,运用"五听"方法获取证据时,法官依据的是当事人之表情及状态,而依据表情和状态作出判断时所依据之常理——不直"言则烦""色则赧然""气则喘"等——均会受到多种因素影响,据此所获取之证据并非一定真实。所以据情理判断证据真伪及证明力时,实应慎重。

(二)以情理判断证据真实性

在长期司法审判实践中,明清法官意识到由于受到多种因素影响,现存证据并不一定真实可靠。"两造控争,各持一理。

〔1〕 (清)祝庆祺等编:《刑案汇览三编》(一),"发遣到配闻母病故逃回被获",北京古籍出版社 2004 年版,第 34 页。
〔2〕 范愉:"情理法的冲突",http://www.cctv.com/lm/131/61/85930.html.
〔3〕 [日]滋贺秀三等著,王亚新·梁治平编,王亚新、范愉、陈少峰译:《明清时期的民事审判与民间契约》,法律出版社 1998 年版,第 122 页。

理之是者，固据事直陈；即理之非者，亦强为附会，以争一胜。"[1]为获胜诉，当事人不乏装点情节行为，也不乏实施贿赂，使人证、物证作假行为，甚至人为制造证据行为。"如证佐可凭也，而多贿托；契约可凭也，而多伪赝；官册可凭也，而多偷丈；族谱可凭也，而多栽估。"[2]有时证人碍于情面不愿吐露实情，亦是常有之事。"词列证见皆瞻循情面，未肯递吐真情，或且窥官意以为左右祖，未可据以为实。"[3]而这些证据不会自己给自己印上真假标签，于是，对证据真伪之判断便落在法官身上。而法官又会如何判断呢？"惟有准情酌理，详细推鞫"，"揆之以理，衡之以情，未有不得其实者。"[4]司法官又是如何依情理认定证据真伪抑或依据情理分辨、寻找证据并查明案件真情呢？可以从司法判例中得到比较直观的认识。

　　"潘滋婺源人，为登州推官。民赵文昌夜至田中偷豆，守者逐捕，已离其所，因而格斗，更以窃盗拒捕论罪。滋覆勘驳之。状称将李成身穿棉披袄二件、布裙二腰、裤一件剥去。彼时是八月十七夜，本年有闰月，八月间当如常年七月天气，安得有棉披袄二件？且一男子，亦无着两裙之理。原案甚枉，今止依窃盗得财，初犯右小臂刺字足矣。"[5]

---

〔1〕（清）徐栋:《牧令书》，清道光二十八年刊本，转引自官箴书集成编纂委员会编:《官箴书集成》（第7册），黄山书社1997年版，第403页。

〔2〕（清）徐栋:《牧令书》，清道光二十八年刊本，转引自官箴书集成编纂委员会编:《官箴书集成》（第7册），黄山书社1997年版，第382页。

〔3〕（清）徐栋:《牧令书》，清道光二十八年刊本，转引自官箴书集成编纂委员会编:《官箴书集成》（第7册），黄山书社1997年版，第403页。

〔4〕（清）徐栋:《牧令书》，清道光二十八年刊本，转引自官箴书集成编纂委员会编:《官箴书集成》（第7册），黄山书社1997年版，第386页。

〔5〕（明）余懋学:《仁狱类编》，"覆勘驳拒捕"，《续修四库全书》，上海古籍出版社2002年版，第645页。

　　"雍正壬子六月某夜下大雷雨，献县城西有村民被雷击死。县令明公晟前往勘验，饬官殓藏。过半月忽然逮捕某人讯问：'你买火药做什么？'回答说用来打鸟。明公晟诘问：'用铳打鸟，少不过数钱，多也就是一两左右，足够一日用了。你买了二三十斤火药，如何解释？'回答说准备为多日所用。又问：'你买火药未满一月，算算所用不过一二斤，其余火药现藏何处？'村民哑口无言，对他刑鞫，果然发现因奸谋杀案情，与妇人一同伏法。有人问明公晟如何知其是罪犯，他解释说：'火药没有几十斤是不能伪装为雷的。要合成火药必用硫黄，现在是盛夏，又非年节放爆竹之时，买硫黄的人屈指可数。我悄悄派人到市场上调查谁买的硫黄最多，都回答是某匠，又暗里调查某匠卖药给谁，都回答说某人，所以知道是他所为。'又询问如何知雷乃伪作，明公晟说：雷击人，自上而下，不裂地。其或毁屋，亦自上而下。今苦草屋梁皆飞起，土炕之面亦揭去，知火从下起。又此地去城五六里，雷电相同。是夜雷电皆盘绕云中，无下击之状。是以知之。尔时其妇先归宁，难以研问，故必先得是人，而后妇可鞫。"[1]

　　以上两案中，司法官所依据之情理均为很容易被民众所理解之常识。第一案中之常识为：夏天没有穿棉披袄二件的道理；且一男子，亦无穿两裙的道理。第二案中之常识为：首先雷击人，自上而下，而现场勘查所知火从下起，因此村民非死于自然界的雷；其次，不是自然灾害，即是人为。而制作火药需要大量硫磺，因此购入大量硫磺之人便有极大嫌疑。两案正是基

---

　　[1]　陈重业主编：《〈折狱龟鉴补〉译注》，北京大学出版社2006年版，第195页。

于这些常理，判定证据真伪，从而判定案情。

（三）情理影响证明力强弱

同样的证据在不同案件中所起作用却不尽相同，是因为这些证据在运用时常受到情理影响。中国自古就有"原情定罪"一说。原情，便是要考虑犯罪动机、缘由等主观因素。如，同样数量赃物，如情有可原，则说赃物甚微，如屡犯恶徒，多微小的赃物也说赃证明白。因此，不同案件，证据所起之作用亦不同。"然古人制律之心，原存恺恻，盖因所犯之罪虽一，而所犯之情不一，故又原其情，……今人用律之心，与古人制律之心，本无殊异，是贵原其情，而分别之矣。"[1]"凡拟人之罪，最贵原情，……又如强盗行劫，不分得财与未得财皆斩，亦律之无可议矣。然有贫难小民，为饥寒所迫，无知乡愚，为匪类所引，计所得之赃，衣不过数件，银不过数两，而遽令駢颈就戮，不亦惨乎。"[2]原情，直接影响到证据证明力的强弱。

此外，证据认定时，被告个人品行也常常作为情理因素影响司法官判断。笔者在翻阅判例判牍时，常常发现有如下表述："里排共击，更其铁据也。"[3]又"里排坚结为良，情有可原。"[4]"里老李余庆等多人保良，不得一笔抹杀。"[5]"为里

―――――――――――

〔1〕（清）黄六鸿：《福惠全书》卷十一，杨一凡主编：《历代珍稀司法文献》（第3册），社会科学文献出版社2012年版，第829页。

〔2〕（清）黄六鸿：《福惠全书》卷十一，杨一凡主编：《历代珍稀司法文献》（第3册），社会科学文献出版社2012年版，第835~836页。

〔3〕（明）颜俊彦：《盟水斋存牍》，"强盗余觉斯斩"，中国政法大学出版社2002年版，第27页。

〔4〕（明）颜俊彦：《盟水斋存牍》，"强盗李亮伯等四斩"，中国政法大学出版社2002年版，第31页。

〔5〕（明）颜俊彦：《盟水斋存牍》，"强盗朱琢新陈献宇斩改戍"，中国政法大学出版社2002年版，第245~246页。

排共摈，必系无良。"〔1〕从这些用词中不难看出，虽说不能仅仅
凭借被告个人德行来作为判断证据真伪依据，但可以肯定的是，
其确能对司法官之判断施加正面或负面影响。

古代司法官认为，审理案件最理想状态应是情、证迭用。
《隋书·裴政传》："……政奏曰：'凡推事有两，一察情，一据
证。审其曲直，以定是非。'……"〔2〕宋代郑克在《折狱龟鉴》
中为"韩亿引乳医为证"一篇中所作的按语中也说："尝云推事
有两：一察情，一据证，固当兼用之也，然证有难凭者，则不
若察情，可以中其肺腑之隐，情有难见者，则不若据证，可以
屈其口舌之争。两者迭用，各适所宜也，……"〔3〕证据不足的
时候，以情来作补充；情理不明的时候，以证来作补充，两者
交相运用，互为补充，各适所宜。

二、司法官自身素质

司法官是收集、判断、运用证据之主体，其个人知识结构、
道德修养等因素均会直接影响到证据运用之实际效果。

第一，知识结构对证据运用之影响。明清时期司法官员
（当然也就是行政官员）之选取以科举为正途，明代尚有荐举，
清代尚有捐官、门荫等其他途径。明清时期科举考试内容较以
前朝代最大变化便是八股取士制度的建立。从明太祖朱元璋开
始，规定专用四书五经命题，明宪宗时又创立了"八股"格式，

---

〔1〕（明）颜俊彦：《盟水斋存牍》，"盗情梁荣新斩改杖"，中国政法大学出版
社 2002 年版，第 251 页。

〔2〕（唐）魏徵、令狐德棻撰：《隋书·裴政传》，中华书局 1973 年版，第
1548 页。

〔3〕刘俊文：《折狱龟鉴译补》卷六，"证慝"，上海古籍出版社 1988 年版，第
376 页。

对文章形式上有严格要求。不以律例为考试内容选拔出来的州县官，其知识结构主要为经义和礼学。而通过荐举、捐官、门荫形式入官之士人，其中不乏科举落榜者，他们的知识结构和通过科举选拔出来的官员大致相同。当然，捐官等形式选拔出来的士人也有不学无术之人，完全不具有真才实学，更无需说法律专业知识。所以，总体来说，司法官员知识结构是以四书五经儒家经典为核心，其拥有之法律知识极其有限。因此，司法官为官以前所拥有之知识与其上任后处理司法实务所需要之专业知识差距甚远，其在面对司法审判事务时，因法律专业知识欠缺必然导致捉襟见肘状况出现。当然，可以通过不断学习和经验积累来缩短这种差距，但无法期许在较短时间内达到这样的目标，尤其是清朝，法律条文愈加繁琐，难以掌握。另外，在当时司法行政事务不分情况下，地方官有众多繁琐工作要做，潜心学习法律的时间和精力均很难保障。（不过，这主要是针对地方司法官员而言，中央司法机关，特别是刑部，拥有大量具有专业法律知识与司法技能之人才，因此，中央一级司法官普遍对律例较为精通。）

因缺乏法律知识，可以想见之直接结果便是案件裁断的准确性无法保障，司法效率低下。就证据而言，必然会造成证据认定不准确，甚至缺乏积极态度去搜集证据，这当然会影响到他们在案件审理中对证据之判断和运用。"一再传审而临时率不得审者，即使开堂提讯，亦必装腔作势，偏布爪牙以壮声威，所询供词又有牛头不对马嘴，一任差役等颠倒其间者，以欲使涉讼之人畏其伎俩伙多索差费地步耳，又或于申诉之际故意高声笞喝，使不得尽其词，致涉讼者负屈含冤，欲一白苦衷而无可。"[1]

---

〔1〕（清）何良栋辑：《经世文编四编》卷四十一，台湾文海出版社1966年版，第753页。

　　另外，司法官儒家化的知识结构使得其在案件审理过程中，当然也包括在证据判断过程中，自觉或不自觉地运用儒家化原理和知识进行审判。换句话说，怀揣这种伦理法倾向之法律知识结构的司法官员，必然会将其儒家思维理念带入到司法实践中去。当然，从另一个角度来看，"州县的知识背景是州县获得皇帝对其治理能力的信任，以及实现'治道合一'的文化基础"，"皇帝信任士子之基础，不是别的，只是士子所受到的知识训练以及由此形成的这一群体所独有的文化气质。这一气质在州县审断中，恰恰有利于贯彻经义而非严格依律而断。"[1]

　　第二，道德素养对证据运用之影响。司法官本身所具有之道德素养亦会关乎证据运用与案件审理结果。中国古代官吏有酷吏与循吏之分，有清官与贪官之分。"酷吏"通常以滥施酷刑为特征，表现为残忍、冷酷；"循吏"通常以擅于教化为特征，表现为"仁""慎""公"。清官以清廉著称，相反，贪官则以敛财为能事。但是，这种划分并非绝对，循吏也有残忍一面，酷吏往往是贪官，彼此之间会有交叉。

　　在此，笔者以酷吏和循吏为例，阐明因其各自素养差别，对证据认定与运用所产生之不同影响。酷吏和循吏均为统治者所需要，使用循吏来教化民众，以恤民、仁政的策略来维持长远统治，而特别时期，则需要酷吏用暴力手段稳定统治者宝座。所以，每当社会矛盾激化、动荡不安时，统治者就起用酷吏，奉行"猛以济宽"之治世原则，所以有重典治世之说。酷吏是最高统治者进行政治斗争和维持统治地位之需要，因此酷吏的出现可以说是应封建君主专制需要而产生。霍存福先生认为酷吏任用往往是"统治阶层内部及官民矛盾斗争的结果"，其产生

---

〔1〕　里赞：《晚清州县诉讼中的审断问题——侧重四川南部县的实践》，法律出版社2010年版，第193页。

的条件不外乎这样几条："统治集团内部的宗派矛盾"；"官署与地方豪强大姓的矛盾"；"官府与百姓的矛盾"。[1]

酷吏与循吏处理案件方式不同，其对证据运用之影响自有不同。酷吏崇尚酷刑，所以拷讯是他们最为擅长之取证方式，"为恶不同，同归于酷。种其毒螫，多行残忍。残人肌肤，同诸木石；轻人性命，甚于刍狗。"[2]在他们看来这也是最有效获取证据的手段，被告口供远比其他任何证据形式重要。

酷吏往往也是贪官，宋代理学家真德秀说："访闻诸县间有轻置人图圈，而付推鞫龄吏手者，往往写成草子，令其依样供写，及勒令立批出外索，稍不听从，辄加捶楚，哀号惨毒，呼天莫闻。"[3]酷吏滥施酷刑看来跟经济利益不无关系，这在整个中国古代都具有普遍意义。所以清人姚元之说："古来'贪''酷'二字连缀而言，贪则鲜有不酷，酷则鲜有不贪者，盖酷正所以济其贪也。作法转凉，古人深戒。"[4]

反之，公正廉洁、忠厚勤奋、平恕持正，是评判循吏之标准。虽然，那些为了"立威"的循吏们事实上也吸收继承了法家衣钵，会动辄大刑伺候。有人对此颇有微词，"清官则自以为我不要钱，何所不可，刚愎自用，小则杀人，大则误国。"[5]但是，相对于酷吏来说，对拷讯还不至于如此热衷。循吏在对待案件上一般会持慎重态度，追求公正、合理之审判结果。在此以清代循吏汪辉祖为例，其在处理案件过程中，以"慎"作为

---

〔1〕 霍存福：《权力场》，辽宁教育出版社1998年版，第371页。

〔2〕 （北齐）魏牧编撰：《魏书》卷八十五《酷吏传》，转引自阎晓君："酷刑、酷吏与中国法律传统"，载《中西法律传统》2004年第12期，第228页。

〔3〕 （明）张四维辑编：《名公书判清明集》卷一，杨一凡、徐立志主编：《历代判例判牍》（第2册），中国社会科学出版社2005年版，第9页。

〔4〕 （清）姚元之：《竹叶亭杂记》，台湾文海出版社1969年版，第57页。

〔5〕 （清）刘鹗：《老残游记》，齐鲁书社1981年版，第203页。

行事基本原则，强调不可轻信草供[1]，一定要慎为审讯，"经他处理之案，甚至有讯至四五次、八九次的"。[2]汪辉祖不轻用刑讯，而是灵活运用多种审讯方法，认为"三木之下，何求不得"？所得也大多是怨抑之词，上司覆勘时被告往往翻供。因此，他自己审案绝少用拷讯作为获取证据之方法，而是尽量利用其他手段，比如色听。两造当前，他"必先定气凝神，注目以熟察之，情虚者良久即眉动而目瞬，两颊肉颤不已。出其不意，发一语话之，其真立露，往往以是得要犯。"[3]再比如，晓之以理动之以情。"峋峋以好语开导，犯人百方狡饰，终不以盛气凌之，词穷卒吐实。"[4]他相信："有狡黠者，与言家常生理，辄得其情。"[5]再比如疲劳战和心理术并用。汪辉祖经常彻夜审案，他对此解释说："官坐堂上，可茶、可烟、可小食，从容自如；犯跪堂下，外则饥惫，内则畏惧，虽甚刁橘，言多必失。静听其隙而严诘之，受之以需，何患不得。"[6]在其看来，事多"虚词""伪证"，所以必须小心辨别，多方求证，才能确认。除"慎"，其还坚守一个"公"字。"不敢徇私得钱，总无成心。"如发现审判有误，"必反复体访，果有屈抑，必示期再鞫，不惮

---

[1]　按照清代审理刑案之习惯，州县官在审讯之前，大多先由佐杂等取得嫌犯草供，但往往出于刑求，故汪辉祖认为殊不足信。

[2]　（清）汪辉祖撰：《续佐治要言》，《续修四库全书·史部·政书类》（第755册），上海古籍出版社2002年版，第4页。

[3]　（清）汪辉祖撰：《学治臆说》（上卷），《续修四库全书·史部·政书类》（第755册），上海古籍出版社2002年版，第18页。

[4]　张伟仁："良幕循吏汪辉祖"，载《中西法律传统》2008年第1期，第289页。

[5]　（清）汪辉祖撰：《病榻焚痕录》（下卷），《续修四库全书·史部·政书类》（第555册），上海古籍出版社2002年版，第47页。

[6]　（清）汪辉祖撰：《学治臆说》（上卷），《续修四库全书》（第755册），上海古籍出版社2002年版，第18~19页。

平反。"[1]并认为做到公正之方法之一便是公开审理，防止暧昧之事发生。因此主张大堂理讼，不仅可以防私，尚能对听审之人起到教化作用。

酷吏过于依赖酷刑，口供真实性很难保证，相对而言，循吏所取证据更接近客观性。

三、制度设计

司法官履行义务、享受权利、承担责任必在制度范围之内。那么，无论是政治制度抑或法律制度规定对司法官本人以及司法官处理司法实务均会产生直接或间接影响。在此，仅对笔者认为影响较大之几种制度加以论述。

（一）捕限和审限制度

明清律均设有捕限专条，不能在限期内捕获强窃盗贼的，应捕弓兵和捕盗官均会受到处罚。"凡捕强窃盗贼，以事发日为始，当该应捕弓兵，一月不获强盗者，笞二十；两月，笞三十；三月，笞四十；捕盗官罚俸钱两个月。弓兵一月不获窃盗者，笞一十；两月，笞二十；三月，笞三十；捕盗官罚俸钱一月。限内获贼及半者，免罪。若经隔二十日以上告官者，不拘捕限。捕杀人贼，与捕强盗限同。"[2]另对办案时限亦有限制，"直隶各省审理人命，及抢夺、发掘坟墓事件，定限六个月；盗案，定限一年。如案内正犯及要证未获情事，未得确实者，题明展限。按察司自理事件，限一个月完结。府、州、县自理事件，俱限二十日完结。上司批审事件，限一个月审报。……如有迟

---

〔1〕 （清）汪辉祖撰：《病榻梦痕录》（下卷），《续修四库全书·史部·政书类》（第555册），上海古籍出版社2002年版，第47页。

〔2〕 怀效锋点校：《大明律·刑律·捕亡》，法律出版社1999年版，第210页。

延情弊，该督抚察参，若该督抚将迟延各官徇情不行题参，察出一併交部议处。"[1]

司法官也好，捕役也好，为了不受处罚，想方设法亦要将盗贼抓获并在期限内审结。如采用正常途径仍不能在捕限内抓获嫌犯，又该如何呢？从实例看，便出现了找替罪羊蒙混，伪造证据，以便抵罪之情形。这对证据制度的破坏可想而知。乾隆年间有一案例颇能说明此状况。

　　"国朝乾隆初年，有某省孝廉，入都会试。报罢，意兴索然，独行市上。遇两妪同声曰：'姑爷胡久不归，夫妇即有勃溪，过即忘耳，决绝如此，令我主母望眼穿矣。'孝廉曰：'汝误矣，我非尔姑爷也'。两妪曰：'姑爷出门两月，主母日遣人寻找，今日遇之，务请一见主母，免吾辈日遭呵责'。不由分辨，强牵以行。孝廉大怒，两妪且劝且行，坚不释手。旁观皆以为夫妻反目，岳家邀归，遂无过问者。行里许至一处，曰到矣。视之高门大厦，宛然阀阅世家。孝廉遂入，登其堂，则见珠帘画栋，华丽绝伦，壁上皆名卿书画，意主人必显者也。伺主人出，再白其诬。忽传主人命，请书房少坐，即有雏姬持镫引至书室。明窗几净，布置优雅，上横一榻，亦颇精洁。随送来肴酒几样，香气缤纷。三五小鬟，殷勤把盏，孝廉即勉强饮之。坐于榻上，不觉睡去。比醒四面黔黑，不知何处。用手摸之，周围皆壁，无可展动，闷极大呼隔壁房。人曰：'老七来乎？'孝廉曰：'此何处？汝何人？如何若此呼我？'其人曰：'我辈皆被诳至此，前有五人，我来而六，汝非老七乎？'呼之果有六人。

〔1〕　怀效锋点校：《大清律例·刑律·捕亡》"盗贼捕限"条例，法律出版社1999年版，第553页。

据言来时，皆不自知，到后大声呼救，迄无应者，不如少休以观其变。孝廉曰：'来几时矣？'曰：'最先者，已年余，每日自上掷下炊饼四枚，聊以充饥。'言次闻顶上有声，有物从空坠下，摸之得饼四。从此饥则食，倦则睡，或呼同囚者与谈。如是者三四月。忽闻顶上启板声，仰视有竹筐缒下，则灯一，饭箸酒肴具备。问诸六人，皆同。不解何意，来则食之耳。孝廉食之，觉异香喷溢，与初到时相同。疑之，遂辍其大半。又复睡去，及醒觉周身束缚，张目视之，身在菜市口法场，彼六人已身首异处矣。遂大声呼冤，向例临刑呼冤，皆得停刑。监斩官呼问何冤，曰：'我某省举人，不知何故坐大辟？'询其姓氏大惊，令暂缓决。招其同乡官，问之良是，因详细具奏，请其开释，而另缉正凶焉。七人者皆巨盗，不知如何更换。……"〔1〕

本案中，七个无辜之人分别被骗关押，最后服药失去知觉用以抵七个巨盗之罪。嫌犯都是假的，何况定罪证据？

抓获嫌犯以后，如果在审限内不能查清案情，结不了案，还是要被追究责任。在其他证据收集不到的情形下，司法官大多会利用严刑逼取口供作为定案依据，法外用刑便成为可能，冤假错案便成为可能。另外，亦不排除制造一些假证据来及时结案。明朝吕坤曾指出此弊端，就盗案而言，盗赃有时并不足信。因为，办案人员为抓获盗贼破案邀功，擅于伪装赃物；主审官为了避免因治狱不力负罪愿意下属弄到赃物；失主贪恋财物，讨厌案件久不能决所致拖累，愿意认取现有赃物，假赃也变真赃了。有时，造假很是明显；如几十个盗贼，每个人都对

〔1〕（清）周尔吉编：《历朝折狱纂要》，全国图书馆文献缩微复制中心1993年版，第409~413页。

所盗财物、所分财物了如指掌，不差分毫，勿言盗多为乌合之众、愚蠢之人，即便聪明人也很难做到。所以说，此供词根本不足为信，最大可能性便是事先先照失单所载将供单拟好，让各盗贼记下，招供时失单与招供赃物完全吻合，各赃物与各失主也完全吻合，"此其故可知矣"。又如，问取口供之方法本身就存在问题，快壮手拿失主所报失单，"曰：某物某人分去？盗曰：某人。某物某人分去？盗曰：某人。口词具矣。而解之捕官，捕官不过指名问赃，称说一番，令之招服而已。捕官解之正官，正官亦不过指名问赃，称说一番，令之招服而已。"事先作假内容嫌犯如果当堂忘记，就拷打。"彼何暇顾所招之非盗，指赃之非真哉！"[1]

更有诸多实例作为佐证：

"万历十四：八赋岭有盗杀商劫财，伙计报所失于官矣，监司督捕急巡检，严逼弓兵更急，计无所出，偶见乞儿数人，弓兵执之巡检，忘失单矣，信口问赃，乞儿亦信口认之，起无一获，皆称花费。州县解审，拷杀及毙于狱者多人，乃查巡道失单，大半不合，而真盗乃获之他省，一一招前事焉。"[2]

"宣歙间，有强盗夜杀一行旅，弃尸道上，携其首去。将晓，一人继至，而践其血，亟走避之，寻被追捕，系狱半年不决。有司欲得首结案，乃严督里胥，遍行搜索，会一丐者病卧窑中，即斩而应命。囚亦久厌拷掠，遂伏诛。

〔1〕（明）吕坤撰：《实政录》，《北京图书馆古籍珍本丛刊》，书目文献出版社2000年版，第192页。
〔2〕（明）吕坤撰：《实政录》，《北京图书馆古籍珍本丛刊》，书目文献出版社2000年版，第192页。

后半年，强盗始败于仪真，狱成。验所斩首，乃瘗于歙县界。彼里胥之滥杀，与平民之枉死皆缘有司急于得首以结案也。然则追则责赃证可不审谨乎？"〔1〕

该两案均是为了完结案件，制造假证滥竽充数的典型。第一案随便捉拿几个乞丐冒充强盗，施以酷刑，致死多人，且供词与失单多不服。待真盗被获，才使案情明晰。第二案亦是以一乞丐的头冒充死者头，然后拷打一路过犯罪现场嫌犯，致其诬服，后真盗被拿获，死者头亦被寻到。这样为应付审限规定，破坏证据制度情形并非只此一二。

（二）官僚考核指标制度

在官僚考核指标中，听狱讼是其一。一旦在此问题上出现差错，将直接关系到官员政治生涯，甚至有牢狱之灾。因此，司法官多持消极态度，不求有功，但求无过。"以模棱为晓事，以软弱为良图，以钻营为进取之阶，以苟且为服官之计。"〔2〕"当纠纷成为州县的一个正式指标被纳入其所在的官僚考核体系之中，并可能影响到州县官自身政治生涯时，趋向以'不出错'为基本标准来解决纠纷，或许就是大部分官僚体制中的人的为官之道。"〔3〕于是，官员们勤勉的不是公事，而是把精力都放在巴结上司上，因为这才是决定是否升迁之关键。

在此风气下，司法官对待案情，自然也包括对待证据制度之态度难免是消极的。《按吴亲审檄稿》中一份批词颇能证明此

〔1〕（明）余懋学：《仁狱类编》卷二十一，《续修四库全书》，上海古籍出版社 2002 年版，第 809 页。

〔2〕转引自林乾："清代衙门的潜规则"，载《决策与信息》2007 年第 4 期，第 67 页。

〔3〕里赞：《晚清州县诉讼中的审断问题——侧重四川南部县的实践》，法律出版社 2010 年版，第 175 页。

种状况之存在。

> "一件出巡事。行据昆山县解犯庞文祥等到院，审得庞
> 文祥与金允元比邻而居，皆力田之人也。插秧而归，允元
> 家有笆篱，怒文祥拆毁，故骂詈之。乃两人各乘酒兴，文
> 祥又有父子多人，遂扭殴允元。时方薄暮，次日则允元死
> 矣。允元之命，将谁问哉？文祥以为缢，则干证云亦无缢
> 痕。况文祥之原词，乃云是病死，岂本日尚能致力于田，
> 不崇朝而即等鬼箓。允元之命，将谁问哉？干证称但见乱
> 殴，无从知其致命何处，自须一简方得明白也。本院每吊
> 审昆山之词，积案不知几许，从无一结案审明者，只见牌
> 票愈多，波累愈甚，昆民受词讼之苦久矣，可慨也。仰县
> 于十日内，确简具详定夺，……"[1]

在人命案中，被告死于何致命伤对定罪至为关键，该案却
连一个确切的检验报告都没有，其消极态度自不待言。

（三）俸禄制度

明清时期以司法、审判官员俸禄之薄而著称。尤其是明朝，
官员品俸只给禄米，禄米数量为：

> "正一品：月支禄米八十七石，计岁共该支米一千四十
> 四石。从一品：月支禄米七十四石，计岁共该支米八百八
> 十八石。正二品：月支禄米六十一石，计岁共该支米七百
> 三十二石。从二品，月支禄米四十八石，计岁共该支米五
> 百七十六石。正三品，月支禄米三十五石，计岁共该支米
> 四百二十石。从三品，月支禄米二十六石，计岁共该支米

[1]（明）祁彪佳撰：《按吴亲审檄稿》，杨一凡、徐立志主编：《历代判例判牍》（第4册），中国社会科学出版社2005年版，第519页。

三百十二石。正四品。月支禄米二十四石，计岁共该支米
二百八十八石。从四品，月支禄米二十一石，计岁共该支
米二百五十二石。正五品，月支禄米十六石，计岁共该支
米一百九十二石。从五品，月支禄米十四石，计岁共该支
米一百六十八石。正六品，月支禄米十石，计岁共该支米
一百二十石。从六品，月支禄米八石，计岁共该支米九十
六石。正七品，月支禄米七石五斗，计岁共该支米九十石。
从七品，月支禄米七十，计岁共该支米八十四石。正八品，
月支禄米六石五斗，计岁共该支米七十八石。从八品，月
支禄米六石，计岁共该支米七十二石。正九品，月支禄米
五石五斗，计岁共该支米六十六石。从九品，月支禄米五
石，计岁共该支米六十石。"〔1〕

　　和前朝相比这是一个什么样的水平呢？"汉制官最卑者，食
禄百石。名为百石而月俸十六石，实岁百八十石也。唐、宋自
俸田外，又有职田，春冬衣仗身入役等，以优其力。而县令圭
租有至九百斛者。"〔2〕就拿最低等比较，汉代月俸十六石，明代
是五石，相差三倍多。明代正七品的一个知县额定岁俸九十石，
唐、宋时一个县令仅仅是租就能到九百斛，就此一项算下来两
者就相差五倍。明代学者于慎行亦进行过这种比较："唐时，一
品月俸八千，后以防阁庶仆俸银杂用，以月给之，总称月俸，
为钱三万一千。比以今制，俸薪直堂算之数亦相仿。然唐进犹
有职田、禄米，一品岁七百石，此为优尔。""唐世俸钱……尚

　　〔1〕（明）苏茂相辑，郭万春注：《新镌官板临民宝镜》首卷中，杨一凡主编：
《历代珍稀司法文献》（第6册），社会科学文献出版社2012年版，第160~161页。
　　〔2〕（清）顾炎武著，黄汝成集释：《日知录集释》卷十二《俸禄》，转引自
单学勇："试论明代的薄俸制及危害"，载《南京社会科学》2002年第2期，第42
页。

书、御史大夫百万，节度使三十万。盖计一岁言之也。万当为十缗，二百万则二千缗矣。……宰相月俸止百缗，节度使止三十缗，较之唐末已为大减矣，乃今一统之盛，宰相月俸犹不能半此，则近代之俸可谓至薄也。"[1]明史亦言，"自古官俸之薄，未有若此者。"[2]

同时，明朝只在初期实行过自秦历代一直沿用的职田制度，随之就被取消。"明初，勋戚皆赐官田以代常禄，其后令还田，给禄米。"[3]"周自卿以下有田不税，晋有刍田，后魏宰人之官有公田，北齐一品以下公田有差，唐制内外官给职田，五代以来遂废。"[4]然"惟本朝官仰俸薪，别无所赐，郡邑所在，田皆起科，亦不闻有公田之名。"[5]

清朝吸取了一些教训，在俸之外，尚有恩俸和养廉银。

因薄俸制，官员生活拮据，甚至都无法养家糊口。于是，一方面他们不能尽心尽力工作，另一方面只好依靠制度外途径去解决经济问题，从而出现普遍的公与私不分，多征多占乃至贪污受贿现象，影响吏治风气和司法公正。而且，在明代中叶以后，对司法、审判官吏之考核逐渐流于形式，贪腐之风愈演愈烈。贪腐之风影响司法公正，又怎能不对司法运行之核心因素——证据产生负面作用呢。

---

〔1〕（明）于慎行：《谷山笔尘》卷九，"月俸"，转引自单学勇："试论明代的薄俸制及危害"，载《南京社会科学》2002 年第 2 期，第 42 页。

〔2〕《明史》卷八十二《食货六》，《二十四史全译》，汉语大辞典出版社 2004 年版，第 1584 页。

〔3〕《明史》卷八十二《食货六》，《二十四史全译》，汉语大辞典出版社 2004 年版，第 1582 页。

〔4〕（元）脱脱等撰：《宋史》志一二五《职官十二》，中华书局 1977 年版，第 4145 页。

〔5〕（明）于慎行：《谷山笔尘》卷十二，中国社会科学研究所主编：《明史资料丛刊》（第 3 辑），江苏人民出版社 1986 年版，第 96 页。

小　结

依证据裁断案件是明清司法之基本原则，即整个刑事审判过程以证据为核心。案件受理需证据支撑，案件定性需证据支撑，案件裁断需证据支撑。但在一定框架内，法官拥有自由裁量之权力，尤其是在疑难案件中，因证据不足，法律规定缺失，其自有裁量权之运用相对广泛。然而，无论怎么运用，司法官都必须要受到规制，即他们的自由裁量只能是在皇权制约下之相对自由裁量。这种自由裁量权的存在，既有其积极一面，当然也有其消极一面。积极一面主要体现在赋予了司法官为追求实质意义之司法公正而灵活处断的现实性和可行性，避免使法律陷入机械、僵化之危险，以协调法律、客观真实和平允结果之关系，以实现个案正义与公平。消极一面是其阻碍了持久法律制度之建立。同时，运用自由裁量对司法官之专业水平、个人素养、知识结构等均有较高要求。因此，其运用难度较大。况且，在其运用过程中很难避免因其本质特征所带来的任意性或说随意性，也难免为法官提供一种借以出入人罪之机会。

复审复核制度之设立，初衷是为实现"慎""公"等司法价值理念，避免冤假错案产生。某种程度上说，也确实起到了纠正下级司法官所犯错误之作用。但是，多重复审难免在繁复中流于形式，起不到其应有效果。时人也会不断总结经验，对制度作出某些调整，如清朝便取消了明朝差官审录制度，因其大多流于形式之弊端凸显。就证据而言，多重复审可能会导致两种结果，一是在反复审理中不断收集补充新证据，使证据越来越充分，案情越来越明晰；反之，则是为使案情"显得"确定，粉饰、编造证据，使证据丧失客观真实性。另外，在案件不断审转中，也容易使证据走样。尤其是到了中央司法机构进行复审复核时，大多进行书面审理，证据真伪在下级转详材料中多难分辨，因为下级司法官员大多懂得运用写作技巧，使得案情"看上去"无可批驳。鉴于此，证据客观性与合法性在复审复核中实难保证。

第七章

结　论

纵观明清刑事证据制度与司法实践，因当时社会形势、统治阶级政策与社会思想潮流等因素影响，较唐宋时期既有递嬗，亦有创新，也存有不足，总的趋势是有了进一步的丰富和完善，并形成了属于自己特有之时代特点。

一、明清刑事证据制度共性特征

（一）依法据证定案

明清时期刑事诉讼，各环节的展开均以证据为核心，体现了依法据证定案的特点。

首先，案件受理以证据为依据。当事人起诉时须附带所需证据材料，此通常为案件受理之基础。换言之，缺乏证据材料的起诉将面临着不予受理的风险，且该种风险颇大。

其次，案件性质区分与确定以证据为依据。在司法官审案过程中，如何对案件尤其是较易混淆案件定性，须建立在证据认定的事实基础上。如，区分强盗和窃盗须凭证据证明是否"公然"使用了"威力"，有，方可能为强盗，无，才可能是窃盗。区分强盗与抢夺须凭证据证明是否有凶器以及人数是否众多，是，方可能为强盗，非，才可能是窃盗。

　　再次，案件处断以证据为依据。司法官之所以能够依据律文具体规定对被告作出有罪判决，并裁量以具体刑罚，是以证据为依据。因此，在司法实践中，司法官会采用各种手段收集证据，甚至不惜采用非法手段。有时，甚至会人为制造证据来作为定罪依据。而这些表现正从另一个角度反映了当时在刑事司法中对于证据是何等重视，证据如何为定罪量刑之终极凭证。

　　最后，案件审理结果走向以证据形态为依据。证据由当事人、证人等提供或有司法机构主动采集，但是鉴于各个案件实际情况有所差异，司法官所掌握证据形态多有不同。证据充分为案件审理所追求之最佳状态，如达到该状态，便可依律定罪裁断。毫无证据，则一般将嫌犯无罪释放。但在如此重视情理的传统社会，有时，即便没有证据亦可直接依情理作出有罪裁定。当证据不足时，情况便愈加复杂，处理结果差异颇大，或释、或判、或押，不一而足。明清法律不再如唐宋律那样明确将疑罪列入律文，但在司法实践中，多将这种证据不足案件仍以疑罪对待。亦取消了唐宋律"疑罪从赎"之规定，但也赋予其特殊解决程序和解决途径，即复审和"奏请定夺"。通过多重复审，尽量获取更多证据，以明案情，如仍无法使证据达到充足之程度要求，则奏请皇帝裁决。因此，实质上明清疑案最终裁决权掌握在皇帝手中。而交与皇帝裁决的处断建议是司法官自由裁量的结果，因此，对于明清时期疑难案件，可以说，法官拥有着皇权制约下之自由裁量权。其实，对于证据不足的疑案的处理方式，恰恰说明了明清时期在案件审理中重视证据。证据不足，反复复审或监候待质，直至程序用尽仍无法使证据达到定罪标准时，则只有奏请皇帝裁决，以示慎重。

　　（二）口供地位提升

　　明清时期，从国家大法刑律层面，取消了唐宋律"若赃状露验，理不可疑，虽不承引，即据证断之"的"零口供"定罪规定，在立法上有所倒退。口供，尤其是被告的口供视为定罪必不可少之依据，"断罪必取输服供词"。由此带来了诸多弊端，一是口供真实性难以保证，以此作为定案核心证据，易造成冤假错案；二是因口供必不可缺，使得明清非法拷讯泛滥，更易造成冤假错案。

（三）刑事证据客观性相对减弱，主观性相对加强，合法性相对淡化

刑事证据具有客观性与主观性相结合的属性特点。一方面证据以其客观性再现案件事实，另一方面又因对证据的主观认定过程，使得证据客观性可能偏离案件事实，两者之间此消彼长。明清时期，刑事证据呈现出客观性减弱、主观性加强的特点。其表现主要有三：其一，口供地位提升使得证据主观性加强。明清取消了唐宋时期仅凭物证即可定罪之规定，反将被告口供视为必不可少的定案依据。而在案件审断过程中，司法官往往依据自己的想法或看法，迫使嫌犯作出符合其判断之口供，甚至不惜动用重刑。并且在向上级通详或转详时，为避免被驳，常常对被告口供进行"剪裁"，带有浓厚的主观色彩。此外，因口供地位提升也使得非法拷讯泛滥，被告诬服现象频发，此时被告口供难有客观性可言。其二，明朝厂卫特务机构严重破坏了证据客观性。厂卫作为皇帝耳目，主要职责是为皇帝探听、侦查、缉捕"试图"谋反及"妖言"惑众之人，哪怕仅仅凭借"风闻"即可抓人。另外，为诓诈勒索钱财、挟仇诬陷，任意编造证据以定罪名。加之，例有论功行赏规定，锦衣卫极尽造假能事，以为升授。因此，证据、司法制度所受破坏可想而知，证据客观性遭到漠视。其三，主观臆测构建证据使得证据主观性加强。明清时期对政治性犯罪极力镇压，《大明律》专门增设

了"奸党罪"，《大清律例》则特别规定对异姓结盟予以严厉制裁。这种犯罪因常常可能危及统治阶级地位，所以，一有风吹草动，统治者便疑心顿起，常常以主观臆测构建证据，定罪处断。清朝文字狱的兴起更是极尽牵强附会，罗织证据之能事，对文字百般苛责，从中"寻找"以文字罪人之书证，使证据客观性减弱。

　　另，明清时期刑事证据制度合法性淡化。司法实践与法律事实之间不可能存在着绝对统一，它们之间永远存在着无法消除的裂痕。对传统中国社会而言，这种困境显得愈加明显。"律"确立了非常固定的罪与罚之对应关系，司法实践却有着千变万化之情态。"例"虽说较律有着较大灵活性与补充性，但不能根本改变条文僵化与事实变化间的矛盾关系。但这种关于法律规定与司法实际运作关系普遍意义上之表达，适用于任何一个朝代，甚至是现代社会。这里阐释的则是明清时期因为不同于其他朝代之特别因素所导致的两者间背离，是某些特有因素叠加在固有因素上所引发的更加严重的背离。其一，法外用刑现象严重，证据合法性淡化。明清法律对采用刑讯获取口供的条件均有规定，如刑讯主体、刑讯的"度"、刑具规格及使用等，并明确了非法刑讯所要承担之相应法律责任。但是，在司法实践中，不顾法律规定，滥用拷讯现象仍较为普遍，如非法定采集主体的捕役对嫌犯实施拷掠，使用非法刑具进行拷掠，拷掠非法定部位等。尤其是明朝厂卫更是将非法刑讯发挥到了极致。这使得法律规定与司法实际运作发生了严重背离，偏离了证据合法属性。其二，伪造证据，证据合法性受到破坏。获取证据自有其法定途径，也只有这样才能使获取的证据更加接近真实，使案情更加接近真实。但囿于当时社会条件和刑侦水平，有时证据的获取难免陷入困境，而案件又必须审结，且须在规定期限内审结，司法官及其手下为避免因办案不力而遭到制裁，便想方设法人为制造证据，并将其强加于被告身上。明朝厂卫特务为构陷人罪，更是随意伪造证据。此时，证据合法性早已无从保证。

明清刑事证据制度属性之所以发生如此变化，是诸多因素影响的结果。其一，从形势政策方面看，明清社会已经走到了封建社会晚期，阶级矛盾、民族矛盾、社会结构变化、吏治腐败等一系列问题威胁着统治阶级地位，封建统治已经整体走向衰败。因此，为了巩固政权，维持社会秩序，统治者力在加强集权，在各个领域采取利于集权的政策措施，专制主义遂因而得到高度发展。如，为加强集权，明太祖罢废中书省、宰相，由皇帝亲自统领六部，帝权与相权相互制衡的机制完全丧失，明代皇帝权力达到有史以来之巅峰。可以说，厂卫特务机构兴起便主要源于宰相的废除。皇帝政务繁多，仅凭借自己的力量无法实现其诸多权力之良好运作，为此，便产生了皇权专制之维持与皇帝力所不及之间的矛盾。为解决该矛盾，皇帝选择了利用对其依附性最强亦是最贴心的两大队伍作为维持其专制的帮手，即锦衣卫和东、西厂。尽管批评锦衣卫之朝臣颇多，但是明朝多数皇帝仍是对锦衣卫信任有加并倍加呵护。又如，皇帝独揽国家大权，亦将司法案件最终裁决权握在自己手中。一切京师案件，刑部均无结案权，须由皇帝裁决；各省、直隶死刑案件，刑部复审后，须由皇帝裁决；疑难案件从轻发落，亦须奏请皇帝定夺。在执行时，皇帝可以赦免或减轻刑罚，不受案件效力之拘束。依明代典制，皇帝是至高无上的大法官。清沿明制。各省、京师死罪案件，须奏闻皇帝裁决，斩、绞立决案件奉旨后始可执行死刑，斩绞监候案件奉旨后经秋审或朝审复核之后，仍需奏闻皇帝裁决。司法审判出自上裁，皇帝牢牢掌握司法大权，绝不轻易授予臣僚。因此可以说，明清时期生杀予夺在于皇帝一人，带有极大随意性。再如，重典治世，重法治吏。明初，明太祖基于"刑罚世轻世重"原则，为巩固统治地位，确立统治秩序，也为惩治元末法律废弛之弊端，重法治世，尤其是重典治吏。明《大诰》中族诛、凌迟、枭首的案例多达几千件，足见法外酷刑应用之广。明初发生的著名四大案——丞相胡惟庸奸党案、大将军蓝玉奸党案、户部贪污空印案和郭恒案，便是重典治吏之典型表现。明律中增设"奸党"条，"交结近侍官员""上言大臣德政"条，为唐律所不载。这些条文的制定，皆是对源于官吏的防范，一旦出现问题，则立即严惩不贷。朱元璋设立奸党等制度，一方面是为重典治吏，防止明朝贪污腐败，另一方面是防止中央大权旁落，以此加大中央集权。因形势政策调整所实施的一系列加强专制集权的政治措施，均会直接或间接对司法领域施以影响。罢黜宰相，厂卫横行，滥用刑罚；皇帝独揽司法终极权力，其可以全然忽视法律规定而对案件处理过程与结果进行左右；增设专门条款治理官吏，大兴狱讼。这些对司法实践的影响也必将作用于刑事证据制度，使得证据脱离其应有之客观性、合法性。其二，从思想方面看，明清时期，八股取士和理学体系严重阻碍着文化发展与思想进步，人们要求冲破束缚，追求个性，反对专制集权，倾向于经世致用。同时，随着近代科学传入，人们的视野得以开阔，思想得以解放，先进知识分子社会责任感增强，出现了一大批卓越的启蒙思想家。他们反对君主专制独裁，提出了"为天下之大害者君而已矣"，"天下为主，君为客"，"君臣共治"思想，挑战儒家思想正统地位，批判道学家虚伪，抨击封建社会不良传统观念，尤其是封建等级观念及先天决定论。在清代，除这些进步启蒙思想外，更有反满思想存在。清王朝以少数民族身份入主中原，在以儒家文化为正宗的汉族知识分子中间充斥着反满情绪。除武装斗争，反满思想亦通过文字形式表达，并在民间广为流传，这使得清朝统治者倍感不安。对于统治者来说，一切对其统治地位与利益的威胁均必须不择手段地清除。因此，配合政治上专制集权，思想上亦是对民众大加钳制，对异己思想极力镇压。明律、清律均有"造妖书妖言"律条，用严刑对"妖书""妖言"加以禁绝，最终形成清朝严厉打击"邪教"之方针与措施。当然，思想专制的极致表现当属清朝大兴文字狱。文字狱不仅针对汉族知识分子的反满问题，尚针对朋党问题。文字狱打击的地域范围以江浙一带为主，源于那里经济、文化发达，士子结盟风气盛行，且与朝中朋党遥相呼应，在皇上看来，这无非是对专制皇权之挑战。可以说，在清朝文字狱案中，某些案件便是故意"作"出来给朝中官员和士子们看，以示警戒。清之文字狱主要集中在顺治、康熙、雍正、乾隆四朝，乾隆朝最甚。自称不以文字罪人的乾隆帝，其所制造的文字狱却比任何一位皇帝都多。将思想领域之专制延伸至司法领域，必将对司法实践产生负面影响。《大清律例》没有以文字罪人之正条，定罪量刑时，遂比附"谋反""谋大逆"条款拟断，对犯罪者施以极重处罚，且株连甚广。文字狱之定罪证据完全出于统治者之主观臆测，牵强附会，这对明清刑事证据制度属性所产生之影响是深刻的，不仅偏离了客观性，亦偏离了合法性。

二、明清刑事证据制度差异

清承袭明制，因此，无论在证据种类、证据采集、证据运用上同明律大体一致。这也是本书之所以将明清刑事证据制度放在一起进行研究的最主要原因。但，有承袭，亦有改变，清较明而言，刑事证据制度差异主要体现为以下几点：

第一，取证经验更为丰富。虽然在证据收集手段上并没有多大突破，拷讯仍为口供收集基本手段，搜查与现场勘查仍为物证收集基本手段，检验仍为人命案件尸伤证据收集基本手段，但清朝取证经验却较明朝更为丰富。如，口供之获取，黄六鸿依据长期司法实践经验，总结归纳出七字审问法——钩、袭、攻、逼、摄、合、挠。该审问方法具有针对犯罪心理而为之意味，对于不用刑获取口供具有重要指导意义。同时，在口供获取上，为尽量避免刑讯所带来之不利后果，并使其施行尽量公平，司法官积累了丰富的有关刑具和用刑人员使用经验。对刑具使用的把握全面、精准，其新旧、干湿、型号大小各有不同说法，准确了解用刑人员手法、施刑部位与伤害程度大小的关系。又如，勘验结论之获取，王明德提出"检地法"，以解决尸体被烧，无尸骨可检验之情形。王又槐《办案要略》检验是否自缢之记载最为详细，标志着清代法医检验技术已然相当高超。

第二，取证主体的变化，使得法外用刑稍缓。厂卫特务机构作为明代特别刑事审判机构，超越法律，滥用私刑，锻炼成狱为常态，对司法制度，亦当然包括证据制度的破坏极为严重。清废厂卫，不再有披着合法外衣的司法机构滥用刑讯，非法取证。虽然在清朝的司法实践中，法外用刑现象依然较为普遍，但相对明朝而言，非法刑讯程度稍缓。

第三，书证运用更为广泛。书证在刑事诉讼领域的应用不如民事诉讼领域广泛，主要集中在诈伪、妖书妖言等犯罪案件中。清代书证之所以在刑事诉讼中应用较明代更为广泛，主要源于两类案件：一是文字狱案，一是科场案。清朝文字狱大兴，此类案件中，文集、小说、笔记、诗词中所载文句为定罪核心依据。当时出现了许多起著名的文字狱，如胡中藻案、庄廷龙案、南山集案、吕留良案，等等。虽说这些案件中定案之"证据"只是牵强附会的结果，但事实上确是依据这些所谓的"证据"——书证进行了判决。而科场案在清朝亦是影响颇大，如咸丰年间最大的一起科场案——"戊午科场"案，总计惩处91人，其中斩决5人，遣戍3人，遣戍改赎罪者7人，革职7人，降级调用者16人，罚俸一年者38人等。还有顺治丁酉科场案、康熙辛卯科场案均牵涉多人被斩、被流、被抄家。科场案定罪最基本证据即为书证——试卷。因文字狱和科场案在清发生之多、影响之大，使得清代书证运用较明代为广。

第四，加大了对伪证的打击力度。清律规定，如果不是证人挺身而出硬行作证，等同于诬告一样被治罪，这比对普通伪证的处罚要严厉得多，因为诬告要加等反坐。另外，清代对生员这一类特殊群体作伪证亦作出了特别规定，如果生员代人作证，审理发现是子虚乌有，则会申请革掉其身份，并照教唆词讼罪，以枉法从重论处。如果查明事出有因，并非捏造证词的，也要将该生员严加训诫。如果不知悔改，则查明再犯案之证据，申请罢黜。这表明清朝加大了对伪证行为的打击力度。

第五，律例条文详尽，依证据定案可操作性强，司法官自由裁量权限相对小。《大清律例》中，附于律文之后大量例文，这些例文为证据采集、认定，以及依证据明晰案情提供了更直接明确的依据，使司法官在司法实践中更易操作。如，"伪造印信"罪。清律中便明确了伪造、伪造未成、描摹间之区分，该区分主要依据物证（形质）、书证（篆文），并要求当堂雕刻，以进行证据比对。又如，"斗殴"条例中，对于使用特殊凶器，造成特别伤害、特别身份之伤害者以及特殊地域之伤害案件均有特别规定。而在"斗殴及故杀人"条例中，详细规定了如何用凶器和伤痕共同认定罪犯责任，如何认定致命伤，如何划分同谋共殴人责任等。再如，"强盗"条附例有 27 条之多，涉及证据达到什么标准便可处断，捕役私自拷打责任，盗案失单记载和认赃等。这些细致的规定为司法官在司法实践中对证据的把握和认定提供了凭据。也因此，司法官自由裁量权之运用必然受限。

三、明清刑事证据制度价值评析

明清刑事证据制度在传统刑事证据制度中的地位有其值得肯定之处，采集证据的手段得以完善，运用证据的经验得以丰富，优良证据价值理念得以发扬。即便有退步之处，据证定罪仍是贯穿于司法实践始终的基本原则，证据充分仍是司法官追求之定罪目标，并在证据不足时，能够审慎地运用自由裁量权。这些均为对证据制度尊重之显现。

但是明清刑事证据制度作为封建社会形态最后阶段之制度存在，无可避免地受到社会情势左右，导致缺陷明显。即，随着封建社会逐渐衰败，封建专制集权不断加强，为政治统治服务的法律制度与实践亦呈现出衰微迹象。就刑事证据制度而言，主观属性增强，使得证据不仅不能无限接近于客观真实，反而容易造成离真实渐行渐远之情状。不言而喻，依其所作出的案件事实认定之可靠性无从保障，这也势必导致对司法制度的破坏。另外，明清刑事证据制度之践行与文本背离情况愈加严重，弱化了证据合法性，这不仅是对证据制度的破坏，亦是对整个司法制度的破坏。这样辩证地分析研究明清刑事证据制度是比较理性、客观的，也符合当时实际状况。

历史总是能给今人提供某些启示，无论是以积极方式，抑或以消极方式。本书通过对明清刑事证据制度与实践之考察，得出如下启示：

（1）任何时代的司法制度必与该时代的社会现实状况与民族传统习惯相适应。这给我们以深刻启发，立法者一方面要深入基层，了解社会及司法实际状况，另一方面要知悉民族传统习惯，在移植国外有益的刑事证据制度时，力图实现其本土化，使立法具有可行性和实效性，防止生硬地照搬照抄与闭门造车的不良后果发生。

（2）传统社会的优良司法价值理念仍值得传承与借鉴。对待案件审理所持有之审慎态度、情理考量、实质正义之追求等，这些理念在当代司法实践中仍有较高参考价值。

（3）明清时期对证据制度的破坏是造成冤假错案之根本原因，如践踏法制非法刑讯，留给后人深刻教训。欲完善刑事法律制度，必先规范刑事证据制度，刑事证据制度的规范与执行是刑事法律制度得以贯彻执行之关键因素之一。

参考文献

一、史料类

1. 李慧玲、吕友仁注译：《礼记》，中州古籍出版社 2010 年版。
2. 王世舜、王翠叶注译：《尚书》，中华书局 2012 年版。
3. 张宗友译注：《左传》，中州古籍出版社 2010 年版。
4. 吕友仁、李正辉注译：《周礼》，中州古籍出版社 2010 年版。
5. （清）阮元校刻：《十三经注疏》，中华书局 1980 年版。
6. 睡虎地秦墓竹简整理小组编：《睡虎地秦墓竹简》，文物出版社 1990 年版。
7. 颜昌峣：《管子校译》，岳麓书社 1996 年版。
8. （清）王光慎撰，钟哲点校：《韩非子集解》，中华书局 1998 年版。
9. （汉）班固著，（唐）颜师古注：《汉书》，中华书局 1962 年版。
10. （汉）董仲舒著，周桂钿译注：《春秋繁露》，中华书局 2011 年版。
11. 甘肃省文物考古研究所等编：《居延新简》，文物出版社 1990 年版。
12. （汉）许慎：《说文解字》，中华书局 1963 年版。
13. 高潮、马建石主编：《中国历代刑法志注译》，吉林人民出版社 1994 年版。
14. 刘俊文点校：《唐律疏议》，法律出版社 1999 年版。
15. 薛梅卿点校：《宋刑统》，法律出版社 1999 年版。
16. （宋）司马光编纂：《资治通鉴》，中华书局 1956 年版。

17. （宋）郑克撰：《折狱龟鉴》，杨一凡、徐立志主编：《历代判例判牍》（第1册），中国社会科学出版社2005年版。

18. （宋）宋慈著，杨奉琨校译：《洗冤集录》，群众出版社2006年版。

19. （宋）宋慈：《洗冤集录》，杨一凡主编：《历代珍稀司法文献》（第9册），社会科学文献出版社2012年版。

20. 怀效锋点校：《大明律》，法律出版社1999年版。

21. （明）李东阳等纂：《大明会典》，江苏广陵古籍刻印社1989年版。

22. （明）申时行等修，赵用贤等纂：《大明会典》，《续修四库全书》编委会编：《续修四库全书·史部·政书类》（第792册），上海古籍出版社2002年版。

23. 《御制大诰》，刘海年、杨一凡主编：《中国珍稀法律典籍集成》乙编（第1册），科学出版社1994年版。

24. 《明太祖实录》，北京大学图书馆藏影印本。

25. 《明宣宗实录》，北京大学图书馆藏影印本。

26. 《明宪宗实录》，北京大学图书馆藏影印本。

27. 《皇明条法事类纂》，刘海年、杨一凡主编：《中国珍稀法律典籍集成》乙编（第5册），科学出版社1994年版。

28. 杨一凡主编：《皇明制书》（上），黑龙江人民出版社2004年版。

29. （清）王鸿绪等编：《明史稿》，文海影印清敬慎堂刊本。

30. 《明史》，《二十四史全译》，汉语大辞典出版社2004年版。

31. （清）张廷玉等撰：《明史》，中华书局1974年版。

32. （清）薛允升：《唐明律合编》，法律出版社1999年版。

33. （五代）和凝编纂，（北宋）和㟧附续，（明）张景续编：《疑狱集》，杨一凡主编：《历代珍稀司法文献》（第9册），社会科学文献出版社2012年版。

34. （明）邱浚撰：《大学衍义补》，京华出版社1999年版。

35. （明）张四维辑编：《名公书判清明集》，杨一凡、徐立志主编：《历代判例判牍》（第2册），中国社会科学出版社2005年版。

36. （明）颜俊彦：《盟水斋存牍》，中国政法大学出版社2002年版。

37. （明）毛一鹭撰：《云间谳略》，杨一凡、徐立志主编：《历代判例判牍》（第 3 册），中国社会科学出版社 2005 年版。

38. （明）余懋学：《仁狱类编》，《续修四库全书》，上海古籍出版社 2002 年版。

39. （明）苏茂相辑，郭万春注：《新镌官板临民宝镜》，杨一凡主编：《历代珍稀司法文献》（第 6 册），社会科学文献出版社 2012 年版。

40. （明）张九德辑：《折狱要编》，台湾大学馆藏本。

41. （明）张肯堂：《𪠡辞》，杨一凡、徐立志主编：《历代判例判牍》（第 4 册），中国社会科学出版社 2005 年版。

42. （明）苏茂相：《临民宝镜》，杨一凡、徐立志主编：《历代判例判牍》（第 4 册），中国社会科学出版社 2005 年版。

43. （明）李清：《折狱新语》，杨一凡、徐立志主编：《历代判例判牍》（第 4 册），中国社会科学出版社 2005 年版。

44. （明）佚名撰：《新纂四六谳语》，杨一凡、徐立志主编：《历代判例判牍》（第 4 册），中国社会科学出版社 2005 年版。

45. （明）应槚等撰：《审录疏略》，明抄本新加坡国立大学图书馆微缩胶片。

46. （明）吕坤撰：《实政录》，《续修四库全书》，上海古籍出版社 2002 年版。

47. （明）王廷相著，王孝鱼点校：《王廷相集》，中华书局 1989 年版。

48. （明）祁彪佳撰：《按吴亲审檄稿》，杨一凡、徐立志主编：《历代判例判牍》（第 4 册），中国社会科学出版社 2005 年版。

49. 黄宗羲著，孙卫华校译：《明夷待访录校译》，岳麓书社 2011 年版。

50. （明）文林撰：《温州府约束词讼榜文》，杨一凡、刘笃才编：《中国古代地方法律文献》甲编（第 2 册），世界图书出版社 2009 年版。

51. （明）董其昌辑：《神庙留中奏疏汇要》，《续修四库全书》（第 470～471 册），上海古籍出版社 2002 年版。

52. （明）于慎行：《谷山笔尘》，中国社会科学研究所主编：《明史资料丛刊》（第 3 辑），江苏人民出版社 1986 年版。

53. 田涛、郑秦点校：《大清律例》，法律出版社 1999 年版。

54. 郭成伟主编：《大清律例根原》，上海辞书出版社 2012 年版。

55. 姚雨芛原纂，胡仰山增辑：《大清律例会通新纂》，台北文海出版有限公司 1987 年版。

56. （清）昆冈等修，吴树梅等纂：《大清会典》，《续修四库全书》，上海古籍出版社 2002 年版。

57. （清）昆冈等修：《钦定大清会典事例》，上海古籍出版社 2003 年版。

58. （清）昆冈等修，刘启端等纂：《大清会典事例》，台湾新文丰出版公司 1976 年版。

59. 《清实录》卷一二二九《大清高宗纯皇帝实录》，中华书局 1985 年版。

60. （清）文孚等纂：《六部处分则例》，沈云龙主编：《近代中国史料丛刊》（第 34 辑第 332 册），台湾文海出版社 1969 年版。

61. （清）赵尔巽等纂：《清史稿》，中华书局 1977 年版。

62. （清）刚毅辑：《秋献辑要》，沈云龙主编：《近代中国史料丛刊》，台湾文海出版社 1968 年版。

63. （清）祝庆祺等编：《刑案汇览三编》，北京古籍出版社 2004 年版。

64. （清）周尔吉编：《历朝折狱纂要》，全国图书馆文献缩微复制中心 1993 年版。

65. （清）徐栋：《牧令书》，《续修四库全书》，上海古籍出版社 2002 年版。

66. （清）汪辉祖撰：《佐治药言》，（清）张廷骧编：《入幕须知五种》，台湾文海出版社 1967 年版。

67. （清）汪辉祖撰：《续佐治要言》，《续修四库全书》编委会编：《续修四库全书·史部·政书类》（第 755 册），上海古籍出版社 2002 年版。

68. （清）汪辉祖撰：《学治臆说》，《续修四库全书》，上海古籍出版社 2002 年版。

69. （清）汪辉祖撰：《病榻梦痕录》，《续修四库全书》，上海古籍出版社 2002 年版。

70. （清）王又槐撰：《办案要略》，华东政法学院语文教研室注译，群众出版社 1987 年版。

71. （清）黄六鸿：《福惠全书》，清康熙三十八年金陵濂溪书屋刊本。

72. 徐珂编撰：《清稗类钞》（第 3 册），中华书局 1984 年版。

73. （清）周梦熊辑：《合例判庆云集》，杨一凡、徐立志主编：《历代判例判牍》（第 3 册），中国社会科学出版社 2005 年版。

74. （清）全士潮等纂辑：《驳案新编》，杨一凡、徐立志主编：《历代判例判牍》（第 7 册），中国社会科学出版社 2005 年版。

75. （清）李渔：《资治新书》，《明清法律史料辑刊》（第 1 编），国家图书馆出版社 2008 年版。

76. （清）吕芝田撰：《律法须知》，杨一凡主编：《历代珍稀司法文献》（第 3 册），社会科学文献出版社 2012 年版。

77. （清）何乔新：《勘处播州事情疏》，王世贞：《民国丛书集成初编》，商务印书馆 1937 年版。

78. （清）素尔纳等纂修：《钦定学政全书》，沈云龙主编：《近代中国史料丛刊》（第 30 辑第 293 册），台湾文海出版社 1968 年版。

79. （清）盛康辑：《皇朝经世文编续编》，沈云龙主编：《近代中国史料丛刊》（第 85 辑第 847 册），台湾文海出版社 1970 年版。

80. 四川省档案馆编：《清代巴县档案汇编：乾隆卷》，档案出版社 1991 年版。

81. （清）清泰莽编：《说帖摘要抄存》，道光辛卯木刻本，中国政法大学图书馆藏。

82. 四川大学历史系编：《清代乾嘉道巴县档案选编》（下），四川大学出版社 1989 年版。

83. （清）方大湜：《平平言》，资州官厩清光绪十八年刊。

84. （清）王又槐撰：《刑钱必览》，杨一凡主编：《历代珍稀司法文献》（第 3 册），社会科学文献出版社 2012 年版。

85. （清）白元峰：《琴堂必读》，道光二十一年（公元 1841 年）芸香馆刻本，杨一凡主编：《中国律学文献》（第 3 辑第 5 册），黑龙江人民出版社 2006 年版。

86. （清）阮其新：《重刊补注洗冤录集证》，清光绪三年浙江书局套印本。

87. （清）王明德：《读律佩觿》，法律出版社 2001 年版。

88. （清）纪昀：《阅微草堂笔记》，中国华侨出版社 1994 年版。

89. 胡星桥、邓又天主编：《读例存疑点注》，中国人民公安大学出版社

1994 年版。

90. 刘俊文点校：《折狱龟鉴译补》，上海古籍出版社 1988 年版。

91. （清）姚元之：《竹叶亭杂记》，台湾文海出版社 1969 年版。

92. （清）刘鹗：《老残游记》，齐鲁书社 1981 年版。

93. 中国第一历史档案馆：《清代档案史料丛编》（第 14 辑），中华书局 1990 年版。

94. 中国第一历史档案馆：《顺天府宝坻县档案》缩微胶片。

95. 中华民国史研究室：《孔府档案选编》，中华书局 1982 年版。

96. 上海书店出版社编：《清代文字狱档》（增订本），上海书店出版社 2011 年版。

二、著作类

1. 陈顾远：《中国法制史概要》，商务印书馆 2011 年版。

2. 梁启超：《中国历史研究法》，上海古籍出版社 1998 年版。

3. 汪建成：《理想与现实——刑事证据理论的新探索》，北京大学出版社 2006 年版。

4. 陈光中、徐静村主编：《刑事诉讼法学》，中国政法大学出版社 1999 年版。

5. 何家弘主编：《证据学论坛》（第 1 卷），中国检察出版社 2000 年版。

6. 龙宗智：《证据法的理念、制度和方法》，法律出版社 2008 年版。

7. 张晋藩：《中国法律的传统与近代转型》，法律出版社 2009 年版。

8. 徐朝阳：《中国古代诉讼法·中国诉讼法溯源》，中国政法大学出版社 2012 年版。

9. 徐珂编撰：《清稗类钞》，中华书局 1984 年版。

10. 杨鸿烈：《中国法律发达史》，中国政法大学出版社 2009 年版。

11. 徐忠明：《案例、故事与明清时期的司法文化》，法律出版社 2006 年版。

12. 里赞：《晚清州县诉讼中的审断问题——侧重四川南部县的实践》，法律出版社 2010 年版。

13. 沈德咏、宋随军主编：《刑事证据制度与理论》，人民法院出版社 2006 年版。

14. 张琼军：《秦汉刑事证据制度研究》，中国政法大学出版社 2013 年版。

15. 张晋藩主编：《中国司法制度史》，人民法院出版社 2004 年版。

16. 谢安平、郭华：《证据法学》，中国人民公安大学出版社 2009 年版。

17. 杨雪峯：《明代的审判制度》，黎明文化事业股份有限公司 1981 年版。

18. 罗昶：《伦理司法——中国古代司法的观念与制度》，法律出版社 2009 年版。

19. 李文玲：《中国古代刑事诉讼法史》，法律出版社 2011 年版。

20. 那思陆：《清代州县衙门审判制度》，中国政法大学出版社 2006 年版。

21. 尤韶华：《明代司法初考》，厦门大学出版社 1998 年版。

22. 杨一凡主编：《皇明制书》（上），黑龙江人民出版社 2004 年版。

23. 丁易：《明代特务政治》，中华书局 2006 年版。

24. 靳学仁：《刑讯逼供研究》，中国警察出版社 2007 年版。

25. 《马克思恩格斯全集》（第 1 卷），人民出版社 1956 年版。

26. 翁礼华：《县官老爷：解说县史两千年》，浙江古籍出版社 2007 年版。

27. 钱钟书：《管锥篇》，中华书局 1986 年版。

28. 赵晓华：《晚清狱讼制度的社会考察》，中国人民大学出版社 2001 年版。

29. 郭成伟主编：《官箴书点评与官箴文化研究》，中国法制出版社 2000 年版。

30. 陈光中、沈国锋主编：《中国古代司法制度》，群众出版社 1984 年版。

31. 瞿同祖：《瞿同祖论文集》，中国政法大学出版社 1998 年版。

32. 瞿同祖著，范忠信、晏锋译：《清代地方政府》，法律出版社 2003 年版。

33. 王世荣：《中国历代判词研究》，中国政法大学出版社 1997 年版。

34. 那思陆：《明代中央司法审判制度》，北京大学出版社 2004 年版。

35. 王志强：《法律多元视角下的清代国家法》，北京大学出版社 2003 年版。

36. 蒲坚编著：《中国古代法制丛钞》，光明日报出版社 2001 年版。

37. 霍存福：《权力场》，辽宁教育出版社 1998 年版。

38. 梁治平：《寻求自然秩序中的和谐：中国传统法律文化研究》，中国政法大学出版社 1997 年版。

39. 李泽厚：《中国古代思想史论》，生活·读书·新知三联书店 2008 年版。

40. 刘春梅：《自由心证制度研究：以民事诉讼为中心》，厦门大学出版社 2005 年版。

41. ［日］滋贺秀三等著，王亚新、梁治平编，王亚新、范愉、陈少峰译：《明清时期的民事审判与民间契约》，法律出版社 1998 年版。

42. ［法］孟德斯鸠著，张雁深译：《论法的精神》，商务印书馆 1961 年版。

三、期刊论文类

1. 易延友："证据法学的理论基础——以裁判事实的可接受性为中心"，载《法学研究》2004 年第 1 期。

2. 祖伟："中国古代'据供辞定罪'——刑事证据首要规则及理据解析"，载《法制与社会发展》2008 年第 1 期。

3. 李国荣："咸丰戊午科场案史实考辨"，载《文献》1986 年第 4 期。

4. 高中华："肃顺与戊午科场案考论"，载《广西师范大学学报》（哲学社会科学版）2003 年第 4 期。

5. 郑牧民："论中国古代获取证据的方法"，载《吉首大学学报》（社科版）2009 年第 1 期。

6. 刘治斌："经验方法在司法中的地位、作用及其局限性"，载《山东大学学报》（哲学社会科学版）2005 年第 5 期。

7. 阎晓君："酷刑、酷吏与中国法律传统"，载《中西法律传统》（哲学社会科学版）2004 年第 12 期。

8. 张伟仁："良幕循吏汪辉祖"，载《中西法律传统》2008 年第 1 期。

9. 林乾："清代衙门的潜规则"，载《决策与信息》2007 年第 4 期。

10. 单学勇："试论明代的薄俸制及危害"，载《南京社会科学》2002 年第

2 期。

11. 顾元："中国衡平司法传统论纲"，载《政法论坛》2004 年第 2 期。

12. 郑牧民、易海辉："论中国古代证据制度的基本特点"，载《湖南科技大学学报》（社会科学版）2007 年第 3 期。

13. 尤欣欣："中国古代证据制度研究综述"，载《法律文献信息研究》2008 年第 1 期。

14. 徐唐棠："略论我国古代的刑讯制度"，载《当代法学》2002 年第 9 期。

15. 张陈铖："明代三司会审制度考"，载《贵州民族学院学报》（哲学社会科学版）2011 年第 5 期。

16. 柏桦："清代州县司法与行政——黄六鸿与《福惠全书》"，载《北方法学》2007 年第 3 期。

17. 王海燕："古代中国证据制度刍议"，载《研究生法学》2000 年第 4 期。

18. 郑显文、王喆："中国古代书证的演进及司法实践"，载《证据科学》2009 年第 5 期。

19. 祖伟："中国古代'据众证定罪'证据规则论"，载《当代法学》2012 年第 1 期。

20. 徐忠明、杜金："唐明律例刑讯规定之异同"，载《北京大学学报》2009 年第 7 期。

21. 王立志："中国古代刑讯逼供刑事政策之历史镜像——从语境论研究进路展开"，载《信阳师范学院学报》（哲学社会科学版）2008 年第 5 期。

22. 徐忠明："明清时期的'依法裁判'：一个伪命题?"，载《法律科学》2010 年第 1 期。

23. 徐忠明："明清刑事诉讼'依法判决'之辩证"，载《法商研究》2005 年第 4 期。

24. 孙笑侠："中国传统法官的实质性思维"，载《浙江大学学报》2005 年第 7 期。

25. 王艳："中国传统恤刑思想的审刑制度体现——以明代为例"，载《法学研究》2009 年第 10 期。

26. 张磊："论明代厂卫干预司法——基于明代政府不平衡治理的视角"，载《中南财经政法大学研究生学报》2007 年第 2 期。

27. 徐忠明、杜金："清代司法官员知识结构的考察"，载《华东政法学院学报》2006 年第 5 期。

28. 张晓蓓："清代四川地方司法档案的价值评述——以清代巴县、南部县衙门档案为例"，载《四川档案》2007 年第 5 期。

29. 孙家红："视野放宽：对清代秋审和朝审结果的新考察"，载《清史研究》2007 年第 3 期。

30. 邓建鹏："清代州县讼案和基层的司法运作——以黄岩诉讼档案为研究中心"，载《法治研究》2007 年第 5 期。

31. 王志强："清代成案的效力及其运用中的论证方式——以《刑案汇览》为中心"，载《法学研究》2003 年第 3 期。

32. 李彤："古代书证制度的司法运行及制约因素——以司法案例为中心的制度考察"，载《证据科学》2008 年第 2 期。

33. 郑牧民："中国古代诉讼中审查判断证据的主要方法"，载《法学研究》2011 年第 5 期。

34. 闫召华："口供何以中心——'罪从供定'传统及其文化解读"，载《法制与社会发展》2011 年第 5 期。

35. 乔芳芳："中国古代证人制度探析"，载《法制与社会》2008 年第 36 期。

36. 蒋铁初："伦理与真实之间——清代证据规则的选择"，载《中外法学》2008 年第 5 期。

37. 姜小川："中国古代刑讯制度及其评析"，载《证据科学》2009 年第 5 期。

38. 徐忠明："关于明清时期司法档案中的虚构与真实"，载《法学家》2005 年第 5 期。

39. 汪雄涛："明清判牍中的'情理'"，载《法学评论》2010 年第 1 期。

40. 胡永恒："略论中国传统司法的'不确定性'——以清代司法为例"，载《福建法学》2009 年第 1 期。

41. 王改萍、王勇："从《详情公案》看明代诉讼制度"，载《法学研究》2005 年第 12 期。

42. 吴高庆："明朝宦官特务司法探究"，载《当代法学》1998 年第 3 期。

43. 徐忠明："清代中国司法裁判的形式化与实质化——以《病榻梦痕录》所载案件为中心的考察"，载《政法论坛》2007 年第 3 期。

44. 高峰雁："从讼师问题看清代地方司法的表达与实践"，载《史学月刊》2007 年第 6 期。

45. 姚旸："清代刑案律例发展的内因浅析"，载《历史档案》2007 年第 2 期。

46. 尤陈俊："中国传统法律文化的重新解读与韦伯旧论的颠覆——《韦伯论中国传统法律：韦伯比较社会学的批判》评介"，载《法制与社会发展》2006 年第 2 期。

47. 王立民："中国古代的死刑复核制度及其思想基础"，载《政治与法律》2002 年第 6 期。

48. 马特："五听——断狱与自由心证"，载《法律与生活》2005 年第 2 期。

49. 沈大明："中国古代的证据制度及其特点"，载《社会科学》2006 年第 7 期。

50. 何家弘："让证据走下人造的神坛——试析证据概念的误区"，载《法学研究》1999 年第 5 期。

51. 李彤："古代书证制度的司法运行及制约因素"，载《证据法学》2008 年第 2 期。

52. 蒋铁初："中国古代罪疑惟轻"，载《法学研究》2010 年第 2 期。

53. 蒋铁初："清代的疑罪处理——原则、例外与价值追求"，载《南京大学法学评论》2011 年第 2 期。

54. 符世峰："浅论我国古代对疑罪的处理原则"，载《法制与社会》2009 年第 3 期。

55. 熊志海："论证据的本质"，载《现代法学》2002 年第 8 期。

56. 张弢、王小林："诉讼证据客观性的理性定位——与绝对肯定说、否定说和统一体说商榷"，载《现代法学》2002 年第 3 期。

57. 肖建华：“诉讼证明过程的主观性分析”，载《北京科技大学学报》2001 年第 5 期。

58. ［日］滋贺秀三：“中国法文化的考察——以诉讼的形态为素材”，载《比较法研究》1988 年第 3 期。

四、学位论文类

1. 祖伟：“中国古代证据制度及其理据研究”，吉林大学 2009 年博士学位论文。

2. 吴萃：“清代证据制度研究”，中国政法大学 2009 年博士学位论文。

3. 黄延廷：“清代刑事司法中的缘法断罪与权宜裁判”，中国政法大学 2009 年博士学位论文。

4. 于晓青：“清代刑讯制度考辨”，华东政法大学 2008 年博士学位论文。

5. 金大宝：“清代州县司法与刑讯问题研究”，中国政法大学 2009 年博士学位论文。

6. 张勇：“中国古代司法官责任制度及其法文化研究”，中国政法大学 2002 年博士学位论文。

7. 章燕：“清代法官的司法观念”，吉林大学 2008 年博士学位论文。

8. 孙向欣：“论古代刑事诉讼证据”，吉林大学 2007 年硕士学位论文。

9. 姚莹：“《盟水斋存牍》研究”，中国政法大学 2007 年硕士学位论文。

10. 王亚琼：“试论唐代的证据制度”，中国政法大学 2008 年硕士学位论文。

11. 李奉峡：“明代刑讯制度特点研究——与唐宋比较”，西南政法大学 2011 年硕士学位论文。

12. 杨森：“清代州县官的多重责任及其对对方司法之影响”，吉林大学 2005 年硕士学位论文。

13. 王磊：“明清刑事法律文化研究”，安徽大学 2005 年硕士学位论文。

14. 李筱研：“明末的强盗案件及府级推官的司法审判——以《盟水斋存牍》为对象”，吉林大学 2011 年硕士学位论文。

15. 彭斌：“清代情理审判研究”，湘潭大学 2010 年硕士学位论文。

16. 李敦："古代法官自由裁量运用研究——以《刑案汇览·户律·婚姻》为中心"，吉林大学 2007 年硕士学位论文。

17. 徐晓慧："南宋司法检验制度研究——以宋慈《洗冤集录》为中心"，南京师范大学 2008 年硕士学位论文。

18. 展凌："明清判词研究"，山东大学 2006 年硕士学位论文。

19. 李华："宋代证据制度研究"，河北大学 2003 年硕士学位论文。

五、其　他

1. 郭成伟："略论中国传统司法文化中的文明精神"，载《人民法院报》2012 年 6 月 8 日。

2. 王立民："唐律的疑罪和有罪推定原则"，载《法制日报》2010 年 11 月 17 日。

3. 范愉："情理法的冲突"，载 http://www.cctv.com/lm/131/61/85930.html，最后访问时间：2017 年 7 月 10 日。

六、外　文

1. Charles Nesson, "The Evidence or the Event? Judicial Proof and the Acceptability of Verdicts", 92 *Harv. L. Rev.*, 1359.

2. William Andrew Noye, *Evidence: Its History and Policies*, 1991.

后 记

　　三年前，为博士论文画上最后一个标点符号的时候，我的心情是矛盾的。欣喜之情自然是有的，历经两年终于完成了这篇论文，所有的那些曾经——曾经在浩瀚如烟的古文献中寻寻觅觅时所经历过的茫然、艰辛，曾经在论证观点时所经历过的一次次疑问与自我说服，曾经在构架设计上所经历过的一处处纠结——都已尘埃落定；忐忑之情自然也是有的，自知才疏学浅，论文尚有诸多不足之处，以其示人总有些不安。博士毕业后的两年里，本希望能够对论文进行更多的完善，但功底实为有限，在其即将出版之际，仍不免存有遗憾，仅为抛砖引玉吧，希望学界同仁多多批评指正。

　　感谢导师郭成伟教授，没有他细致入微的指导，论文不会完成得这么顺利。从选题到框架、从观点到论据、从一稿到三稿，他总是能够指点迷津，拨允赐教，尤其是其独到的研究视角总能使我有豁然开朗之感。在整个论文写作过程中，无不凝聚着恩师的心血。只是从师三载，时间短暂，且自觉才识浅薄，所以未能全部掌握恩师的学术精华。但其治学严谨的态度、谦虚豁达的胸襟、善良真诚的品格将使我获益终生。我也会时刻铭记恩师的谆谆教诲：做好学问的前提是先学会做人。

　　感谢林乾老师、郭世佑老师、徐世虹老师、张生老师在资料查找、论文写作上提供的帮助。你们的帮助一方面使得论文得到及时修正，另一方面也使得我在学术视野、研究思路、材料运用等诸多方面受益匪浅。同时，也让我深深感受到各位老师让人敬畏的治学精神和品格力量。

感谢同门师兄、师姐的帮助，感谢你们不仅给予我论文写作上的指导与鼓励，也感谢你们在生活上给予我的关心与爱护，我会记得那份情谊。也感谢博士同学提供的诸多支持，感谢有你们和我共度三年美好时光，留下那么多值得回忆的过往。

最后，我要感谢敬爱的父亲、母亲。不仅感谢你们的养育之恩，更感谢你们一直以来对我的信任和支持。尤其是我的父亲，从小在我心目中就是一个善良、正直、温和、与世无争的人，也一直是我想成为的人。虽然你已经离开我这么多年，我也为此遗憾了这么多年，但你永远都在我心里最温暖的地方。同时也想在此对母亲表达深深的歉意，为了我曾经的任性，也为了我现在太少的陪伴。

杨晓秋

2016 年 7 月 26 日

生活必备法律丛书

李显冬 ◎ 主编　刘知函 ◎ 执行主编

QIYE ANQUAN SHENGCHAN
FALÜ FENGXIAN YU FANGFAN

企业安全生产
法律风险与防范

（案例应用版）

路　正　李金宝 ◎ 著

常见问题解答　　经典案例分析
最新法律法规　　常用法律文书

中国政法大学出版社

2015 · 北京

声　明　1. 版权所有，侵权必究。

　　　　2. 如有缺页、倒装问题，由出版社负责退换。

图书在版编目（ＣＩＰ）数据

企业安全生产法律风险与防范/路正，李金宝著. —北京：中国政法大学出版社，2015.6

ISBN 978-7-5620-6118-2

Ⅰ. ①企…　Ⅱ. ①路…　②李…　Ⅲ. ①企业管理－安全生产－安全法规－中国　Ⅳ. ①D922.54

中国版本图书馆CIP数据核字(2015)第124159号

出 版 者	中国政法大学出版社
地　　　址	北京市海淀区西土城路 25 号
邮寄地址	北京 100088 信箱 8034 分箱　邮编 100088
网　　　址	http://www.cuplpress.com（网络实名：中国政法大学出版社）
电　　　话	010-58908285（总编室）　58908334（邮购部）
承　　　印	固安华明印业有限公司
开　　　本	880mm×1230mm　1/32
印　　　张	12.375
字　　　数	340 千字
版　　　次	2015 年 6 月第 1 版
印　　　次	2015 年 6 月第 1 次印刷
定　　　价	39.00 元

生活必备法律丛书编委会

主　　编	李显冬
执行主编	刘知函
编委成员	薛晓雪　房保国　吴丹红　刘炫麟 付继存　罗宗奎　罗　娇　陈　啸 刘卫军　杨源哲　武志孝　吴　坤